새로운 인류
알파세대

새로운 인류
알파세대

노가영 지음

매일경제신문사

들어가는 말

    2016년 《유튜브온리》라는 책은 출판 시장의 내 입봉작이다. 미디어 시장이 모바일로 이동해가던 즈음, 모바일 시청과 라이브 스트리밍 트렌드를 발 빠르게 예측한 책이다. 책에서 2010년 이후에 출생하여 당시 기준으로 7세 이하인 아이들을 '알파세대(인구통계학자 마크 매크린들이 최초로 명명)'로 다루는데, 세대 순서로 보면 '포스트 Z세대'(Z세대의 다음)인 셈이다. 온 지구가 'MZ마케팅'만을 외치던 시절이라 그렇게 '알파세대'는 유야무야 잊혀졌다. 그러나 6년 전이었음에도 내가 이들을 설명했던 건, 모바일 미디어를 IT기술과 소비 행태의 진화로 파헤치다 보니 그 중심에 알파세대가 보였기 때문이었다. 당시 4세였던 내 아이조차도 기저귀를 찬 신생아 시절부터 유튜브가 들려주는 자장가에 잠이 들었으며, 어린이집에 입소할 즈음에는 본인 입맛에 맞는 유튜브 채널을 스스로 골라 시청하고 있었다. 이렇게 알파세대는 IT테크놀로지가 지배하는 디지털 세상에서 태어났고, 아날로그를 경험한 바 없으며, 그 어떤 디바이스에서도 터치스크린만으로 소기의 목적을 달성할 수 있는 아이들이다. 그러나 당시의 알파세대는 물리적인 나이가 어려 주체성이 부족했고 세대 규모가 작았기에 시장 관심 밖의 존재였다.

이제 2023년이다. 알파세대가 출생한 지 14년째로 접어들어 알파세대의 연장자들이 중학교에 입학했다. 또 내년이면 전 세계적으로 알파세대가 22억 명에 달해 역사상 가장 큰 인구 집단을 형성할 예정이다. 현존하는 세대 중 모두가 온전히 21세기에 태어나, 유일하게 22세기까지 살아 있을 세대라는 점도 애틋하다. 어느덧 내 아이도 집안의 중요한 소비 결정에 따박따박 관여하며 영향력을 행사하는 초등학교 4학년이 되었다. 이렇게 알파세대는 아직 제대로 돈을 벌고 있지 않음에도 불구하고, 조부모는 물론이고 사돈의 팔촌에게까지 금전적인 지원을 받으며 시장에서 영향력을 행사한다. 이 지점이 바로 기업과 브랜드가 지금 알파세대에 관심을 보이고 있는 이유이다.

2020년 전 세계적으로 코로나가 강타하던 때, 한창 유치원과 초등 저학년에 걸쳐 있던 알파세대는 확진자 순증 그래프에 따라 줌zoom 수업과 등교를 번갈아해야 했다. 거기엔 유치원 졸업식과 초등학교 입학식을 못하고 소풍, 운동회를 경험해보지 못한 2013년생도 끼어 있다. 나를 포함한 전국의 2013년생 부모들은 '입학'이라는 자식의 중대사가 있었으나 학교에는 보내지 못하는 상황이었고 공교육도 팬데믹 첫 해에는 시행착오가 많았다. 줌 수업은 제대로 되고 있는 건지, 차라리 홈스쿨링을 해야 하나 갈팡질팡 하던 즈음에 남편이 툭 던진 몇 마디에 간담이 서늘해졌다.

"○○는 2030년대에 대학에 입학하고, 경제활동을 할 즈음엔 2040년이잖아. 그런데 우리가 자라온 방식으로 키우는 게 맞아?", "인간과 AI와 함께 살아갈 세상에서도 아이비리그와 SKY 출신들이 여전히 앞서 있을까?", "세계적으로 1,500만 부가 팔린《메가트렌드》라는 책에 '하이테크 하이터치High Tech High Touch'라는 개념이 나와. 그 책을 한 번 읽어봐!"

결국 이날의 대화는 내게 '새로운 인류이자 새로운

종'인 알파세대를 분석하게 된 물꼬를 터주었다. 더불어 이후 북미시장에서 알파세대를 고객으로 둔 몇몇 IT 키즈테크 서비스가 유니콘 기업(기업가치 1조 원 이상의 비상장 스타트업)이 되었고 대한민국 트렌드를 대표하는 책 《트렌드 코리아》는 2023년의 핵심 키워드로 '알파세대'를 선정하기도 했다. 또, 2023년 '챗GPT'의 급발진은 알파세대가 AI과 '경쟁하며' 살아가는 것이 아닌 '공존하며' 살아가야 할 존재임을 여실히 증명하고 있다. 이 책의 구성은 알파세대의 출현을 소개하고, 알파세대가 산업에 주는 영향을 다루고, 알파세대를 어떻게 교육하고 소통해야 하는지로 마무리된다. 알파세대를 고객으로 둔 기업(브랜드)과 IT서비스, 교육기관과 부모까지 이 모두를 연결지어 참고할 필요가 있다.

얼핏 알파세대를 어른의 눈으로 보면 스마트폰을 손에서 떼지 못하는 '디지털 키즈'로만 비춰질 수 있다. 그러나 면밀히 들여다보면 이들은 우리보다 단단하고 세련된 정신체이다. 팬데믹 기간 알파세대는 유튜브와 틱톡에서 즐거움을 찾았고 메타버스에서 친구를 사귀며 커뮤니티 소속감과 공감능력을 비대면으로 배운 아이들이다. 그런데 동시에 그 어느 세대보다 회복탄력성에 대한 근육이 짱짱하다. '예기치 못한 시련은 시간이 해결해 주고 가족과 지역사회가 함께 노력하면 회복된다는 것'을 눈으로 보고 가슴으로 느낀 아이들이다. 이로 인해, 일부 전문가들은 어려움에 처했을 때 Z세대보다 더 끈질기게 해낼 것이라 설명한다. 이들은 또 팬데믹 3년 동안 믿기 힘들 만큼 발전한 IT기술과 시대적 대응력을 보면서 'Technology(기술)'라는 긴 단어의 정의는 몰라도 그 진화는 뼛속 깊이 체감했다. 실제로 내 아이는 로봇 공학계의 다빈치라고 불리는 '데니스홍'의 축구 로봇을 보며 "6학년 되면 AI로봇과 농구팀 짤 수 있겠지? 로봇 이름은 Mr. '배스킷Basketball'이야 '비스킷Biscuit'이 아니라"라며 씩 웃는다. 로봇의 미래를 꿈꾸는 것이 아니라 확신하며 믿는 것이다. 뉴스는 믿지 않지만 오히려 기술의 진화는 믿는 아이들이다.

따지고 보면 오픈AI(챗GPT 개발사) 진영이 생성형 AI 서비스를 혁신하든, 실리콘밸리가 스트리밍 OTT(넷플릭스 등)의 다음을 준비하든, 스페이스X가 화성을 탐사하든, 테슬라가 완전 자율주행 기술을 출시하든 간에 인류에게 미래 세대를 고민하는 것보다 더 중요한 일이 있을까? 알파세대를 최초로 정의한 마크 매크린들은 '떠오르는 세대를 관찰하면 우리가 다음에 무엇을 준비해야 할지 통찰력을 얻을 수 있다'고 했다. 이 책《새로운 인류, 알파세대》가 기업과 개인, 모두의 위치에서 각자의 '넥스트'를 준비하기 위한 유연한 지침서가 되기를 바란다. 혹자는 고작 초등학생인 알파세대를 소비자로 규정하고 산업에서 들여다봐야 하는 것에 고개를 갸웃걸릴 수 있다. 그러나 본문에서 충분한 논거와 사례로 설명하듯이, 알파세대는 IT기술 소비자로 글로벌 시장을 연결하며, 소셜미디어 주 소비자로서 마케팅을 폭발시키는 잠재성을 갖고 있다. 연결과 확장에 있어서 이보다 더 능할 수 없으나, 반면 그들의 커뮤니티 철학을 흡수하고 소통법을 익히지 않으면 지극히 폐쇄적일 수밖에 없는 세대이기도 하다.

우리는 알파세대의 언어와 서비스로 들어와야 한다. 적어도 이해하려 노력해야 한다. 그리고 그 근간에는 이 특별한 세대에 대한 애정이 필요하다. 얼마 전, 작가 '진고로호'의 그림책을 읽으며 '알파세대'가 떠올라 울컥했던 기억이 있다. 고양이 부부가 아이를 낳았는데 '야옹' 하고 우는 방법을 아무리 가르쳐도 아이는 따라하지 못했다. 부부는 오랜 습관과 하던 방식으로 애썼지만 아무런 소용이 없었다. 부부가 낳은 아이가 고양이가 아닌 '물고기'였던 것이다. 결국 아이는 바다로 뛰어들었고 따라 들어오려는 엄마를 육지로 밀어내며 "미안해, 엄마"라고 외치며 헤어진다. 그런데 이게 끝이 아니다. 책의 마지막은 고양이 엄마가 매일 물안경을 쓰고 수영복을 입고 수영장에 다니는 그림이었다. 당연히 헤엄치는 법을 배우고자 함이다. 새로운 세대와 살아가기 위해서는 소통과 이해 그리고 애정이 쌓인 노력이 요구된다는 성인을 위한 그림책이다.

수년간 IT미디어 전문가로 기업 강연을 다니면서 자주 받은 질문이 있다. "아이에게 몇 살 때 스마트폰을 사줘야 하나요?"라는 이 질문에 매번 난 "부모의 교육 가치관에 따라 정답은 없습니다"라는 안전한 답변을 드리며 한 사례를 설명드리곤 한다. 실리콘밸리에서 성공한 창업주 엄마들에게 "자녀에게 언제 IT기기를 사줬나요?"라는 조사를 했는데 아이러니하게도 미국 평균 대비 늦은 나이로 나왔던 것이다. 하이테크 최전방의 실리콘밸리 CEO들이 IT기기를 오히려 늦게 접한 것이다. 전문가들은 이를 IT기기의 사용량과 창의력 간의 상관관계로 연결지어 "스마트폰을 일찍 접하면 창의력이 떨어질 것이다"로 설명하곤 했다. 그리고 여전히 많은 이들이 이 논리에 수긍한다.

이마저도 지난날의 조사이다. 시간은 늘 움직이고 실리콘밸리에는 이미 '슈퍼 뉴비들Super Newbie'이 등장했다. FAANG(페이스북, 애플, 아마존, 넷플릭스, 구글)을 비롯하여 마이크로소프트, 테슬라, 엔비디아가 건재하지만, PUPLS(핀터레스트, 우버, 팔란티어, 리프트, 슬랙)가 등장한 것도 한참 전 일이다. 지금은 마크 저커버그(페이스북)와 드류 휴스턴(드롭박스), 케빈 시스트롬(인스타그램)을 필두로 한 80년대생의 시대가 아니다. 팬데믹 때 급부상한 '오픈씨'의 창업자 데빈 핀저Devin Finzer는 1990년생이고, 존 콜리슨John Collison은 기업가치 120조 원을 육박하는 핀테크 기업 '스트라이프'를 23살 때 설립했다. 의심할 여지없이 데빈과 존은 10대 초입부터 스마트폰을 갖고 놀았을 것이다. 그 옛날의 조사 결과를 근거로 창의력을 논하며 시대를 거스를 수는 없다는 뜻이다. 입을 떼는 순간부터 헤이 시리Hey Siri, 기가지니 AI스피커와 끝말잇기를 하며 자란 'AI네이티브' 알파세대에게 스마트폰을 늦게 쥐어줄 수는 없는 노릇이다.

우리는 그들의 특징과 디지털 언어를 '노력해서' 익

혀야 한다. 이제 알파세대와 빠르게 소통하는 기업과 브랜드만이 지속성을 갖고 미래의 주도권을 잡을 것이다. 지금은 알파세대를 면밀히 들여다볼 시점이다. 이 책이 그 시작이 되길 바란다.

2023년 5월 첫째 날
연필과 종이로 교육받고, O15B를 추억하며,
삐삐와 PCS를 기억하는 아날로그와 디지털
모두의 경험으로 하이브리드 정서를 가진 'X세대'

노가영 씀

Contents

PART 01

알파세대의
출현

Chapter 01

새로운 인류,
새로운 똥

알파세대는
누구인가?

한 번도 보지 못했던 새로운 종족의 등장

책상에 앉은 11살 소년이 오른쪽 왼쪽 스크린을 번갈아 보며 무언가를 시청한다. 오른쪽 랩탑의 넷플릭스에서 흐르는 건 〈포켓몬스터〉처럼 보이고, 왼쪽 태블릿의 디즈니플러스에서는 〈엔칸토〉가 영문 자막으로 흐른다. 그렇게 한참을 양쪽 모두에 집중하던 소년은 '지우'가 포켓몬을 잡고 외치는 대사인 "너로 정했다!"를 따라하기도 하고, 〈엘칸토〉에서 줄곧 흐르는 신나는 선율(〈엔칸토〉의 OST이자 빌보드 '핫100'에서 1위를 차지했던 '위 돈 토크 어바웃 브루노We Don't Talk About Bruno'라는 곡)을 흥얼거리기도 한다.

이처럼 한 번에 여러 일을 동시에 처리한다는 멀티태스킹을 넘어, 이처럼 각각의 디바이스에서 서로 다른 동영상을 시청하며 아무렇지 않게 흡수하는 이들이 바로 알파세대이다. 2023년 기준으로 중학교 1학년 아이들까지, 즉 2010년 이후에 태어났고 2024년까지 앞으로 태어날 아이들까지이다. 알파세대Alpha Generation라는 단어는 2010년대 초반, 호주의 미래학자이자 인구통계학자인 마크 매크린들Mark McCrindle이 처음으로 명명했다. 이후 기관들이 이 네이밍을 이어받아 활용하며 이들을 규정하기 시작했다. 그동안 대중매체를 통해 우리에게 친숙해진 MZ세대가 1980년대 이후에 태어난 밀레니얼세대와 1995년 이후에 태어난 Z세대를 일컫는 표현이니, 알파세대란 Z세대의 다음 세대를 말한다.

마크 매크린들은 "X · Y · Z를 지나 왜 A로의 회귀가 아니라 알파(α)라는 그리스어를 사용했나"라는 질문에 대해 이들 모두가 21세기에 태어난 첫 번째 세대이니 알파벳으로 돌아가는 것이 아니라 새로운 세대의 시작이라는 점에 가치를 부여했다고 말한다. 생각해보면 알파

● 마크 매크린들 외(2023), 《알파의 시대》, 더퀘스트

세대는 기저귀를 차던 시절부터 유튜브 시청을 하고 걸음마를 뗄 무렵이면 30% 정도는 이미 부모 도움 없이 스마트폰을 사용하는 새로운 종족이다. 어느 식당을 가더라도 높은 아기 의자에 앉아 스마트폰에 빠져 있는 베이비들을 모두가 한 번쯤 본 적이 있을 것이다. 이들에게 IT기술과 스마트 디바이스는 도구가 아닌 생활 그 자체인 것이다.

포스트 Z세대인 알파세대를 본격적으로 풀어내기 위해서는 바로 그 전 세대인 Z세대의 개념과 특성부터 짚고 넘어가야 한다. 이들은 밀레니얼세대와는 다르게 유치원 시절부터 스마트폰을 접하며 성장한 중학생부터 20대 후반까지의 세대다. 디지털 언어와 디바이스를 특정 언어의 원어민처럼 사용한다는 의미로 '디지털 네이티브Native(원주민)'라고 부른다. 또 온라인, SNS, 스트리밍 기반의 모바일 앱 환경이 라이프스타일 그 자체이며 특히 유튜브 시청 시간은 밀레니얼세대보다 3배 이상 많은 특성을 갖고 있다. Z세대는 TV보다 유튜브가, 전화보다 메신저 소통이 편안하다.

요즘은 같은 초등학생 학부모라고 해도 나이대가 워낙 다양하다 보니 유난히 어린 학부모와의 나이 차이가 꽤 된다. 학부모 모임에서 한창 식사를 하다가 어린 학부모가 총무님께 "전화하시면 제가 깜짝 놀랄 때가 있어서요. 톡으로 말 걸어주시면 좋겠어요"라며 정중히 운을 뗀다. 그러자 총무님은 "어머, 그랬구나. 저희가 친해졌다고 생각했어요"라고 무안해하며 웃는다. 이런 상황은 친밀도나 개인 성향의 차이에서 오는 것이 아니다. '전화'라는 도구가 애초부터 Z세대에게는 소통의 필수적인 장치가 아니기 때문에 발생한다. 그들에게 소통을 위한 채널은 직접 전화하는 것 말고도 무궁무진하다.

10포켓을 찬 골드키즈이자 스크린에이저

그렇다면 다음 세대인 알파세대는 어떻게 규정할 수 있는가? 이를 위해서는 알파세대 부모의 대부분이 청소년기부터 IT기기를 능숙히 사용해온 밀레니얼세대라는 지점에서 출발해야 한다. 알파세대들은 밀레니얼 부모들이 유튜브에서 검색해 재생하는 〈섬집아기〉를 들으며 새근새근 잠이 들었으며, 세 살 즈음부터는 스스로 유튜브 채널의 구독 버튼을 클릭하고 시청하는 데 아무런 어색함 없이 자라왔다. 이쯤하면 이들을 '디지털 네이티브'를 넘어 '디지털 온리Only' 세대라고 부르는 것도 과장이 아니다. 또 이들은 온전히 디지털 테크놀로지가 지배하는 세상에서 태어난 탓에 그 어떤 환경에서도 터치스크린만으로 지구의 끝까지 닿을 수 있는 세상에서 살게 될 것이라는 뜻의 스크린에이저Screen Ager라는 별칭도 갖고 있다.

이들은 말을 배우고 글을 익히기 훨씬 전부터 스크린을 위아래 좌우로 넘기거나 클릭하는 법을 익혔다. 알파세대 부모라면 누구나 한번쯤은 경험해본 에피소드가 바로 아이들이 TV나 모니터 화면 위에서 엄지와 검지를 쭉 늘려 보다 확대가 안 되니 갸우뚱하는 모습일 것이다. 알파세대를 2010년 출생을 기점으로 규정하는 이유도 터치스크린과 관련 있다. 2010년은 글로벌 양대기업이 최초의 태블릿을 출시하며(2010년 1월 애플의 첫 태블릿 '아이패드' 출시, 2010년 9월 삼성전자의 첫 태블릿 '갤럭시탭' 출시) 그동안 PC 접근성이 낮던 아이들에게 스마트 디바이스를 일상적으로 사용할 기반을 마련해준 해이다. 알파세대가 모바일, 태블릿 같은 터치스크린 기반의 스마트 디바이스와 한 몸처럼 자라날 스크린에이저임을 예고한

세대별 출생 구분 및 디지털 환경 특징

출생년도	세대	디지털 환경	특징
2010~ 2024년	알파세대	디지털 온리 AI 네이티브 챗봇 네이티브	기저귀를 차고 있을 때부터 유튜브 시청을 시작하며 오프라인 경험을 특별하다고 인지하고 3~4살 때부터 AI챗봇과 친구처럼 성장함
1995~ 2009년	Z세대	디지털 네이티브 모바일 네이티브	유치원생부터 스마트폰을 접하며 디지털 디바이스를 특정 언어의 원주민처럼 활용함
1980~ 1994년	Y세대 (밀레니얼세대)	디지털 이민자	청소년기부터 스마트폰 등의 IT기기를 사용함
1965~ 1979년	X세대	아날로그	아날로그 환경에서 성장한 이후 디지털 환경을 학습함
1946~ 1964년	베이비 부머 세대	아날로그 (텔레비전)	인생의 절반을 넘긴 이후, 카카오톡과 유튜브를 통해 디지털 환경을 익히는 중

시점인 것이다.

그렇다면 지금 우리는 왜 알파세대를 알아야 하는 가? 전 세계적으로 매주 280만 명이 태어나고 있다지만 (인도, 중국, 인도네시아가 높은 비율이며 50% 이상이 아시아 출생) 기성세대에 비해 아직 인구수가 적고, 절대적으로 나이가 어린 탓에 산업적으로 사회적으로 그 영향력에 주목하지 않았다. 그런데 비혼족, 딩크족의 돈 주머니가 주변 일가친척의 한 아이에게 집중되며 시장이 이들을 따라가기 시작했다. 돈을 쓸 수 있고, 가정의 구매력에 영향력을 행사한다는 경제적 관점에서 알파세대는 벌써부터 시장에 큰손이라는 시그널을 주고 있다. 동시에 이 지점이 알파세대를 왕자나 공주처럼 자란다는 뜻의 '골드키즈' 또는 양가 할아버지와 할머니(알파세대 조부모의 상당수는 베이비부머 세대)를 비롯해 이모, 고모, 삼촌, 외삼촌 등까지 8~10명의 친척과 지인들이 돈 지갑을 연다는 뜻의 신조어 '8포켓', '10포켓'으로 부르는 이유이기도 하다. 다르게는 VIPVery Important Person에서 'Person'을 'Baby'로 바꾸어 알파세대를 'VIB(매우 소중한 어린이)'로 부르기도 한다.

호주 재무계획협회에 따르면, 알파세대는 Z세대에 비해 40% 이상의 높은 용돈을 받는다. 알파세대는 이렇게 초등학교 시절부터 넉넉한 소비력을 갖춘 것에 더해, 세계 경제의 흐름이 제조와 통신업을 지나 금융과 IT서비스로 이동하던 시대에 활약한 밀레니얼 부모의 영향을 받아 일찌감치 '돈에 밝은 아이', '돈에 밝아야만 하는 아이'로 자라고 있다.

또 이들은 1900년대에 비롯된 WWWWorld Wide Web 검

알파세대는 일찌감치 '돈에 밝은 아이'로 자랄 수 밖에 없는 환경을 갖추고 있다.

색의 시대를 지나, 2020년대 소셜미디어 전성기가 가져온 실시간 검증의 세상에서 성장해왔기에 스스로 정보를 습득하고 탐색하는 것이 당연한 아이들이다. 기존 세대에 비해 이것저것 아는 것이 많은 알파세대를 마크 매크린들연구소는 업에이저UpAgers라고 부른다. 알파세대는 매일같이 다양한 IT서비스들에 접속하면서 왕성한 정보를 얻으며 다방면으로 성숙해지다 보니, 절대적인 나이와 무관하게 소비에 대한 주도적인 의사결정이 가능한 것이다.

물론 여기에는 그 의사결정을 지원해주는 밀레니얼 세대의 부모가 존재한다. 이렇게 알파세대는 경제적인 힘은 없으나 지출에 대한 결정은 내리는 참 얄궂은 권력

한눈에 보는 알파세대

수치적 특성

밀레니얼세대 부모

2012년생~2024년생
(2023년 기준 중학교 1학년 이하)

전 세계적으로 매주 280만 명
출생 (50% 아시아)

2025년 22억 명 규모로 성장

**알파
세대**

디지털온리,
스크린에이저,
AI네이티브
(=챗봇 네이티브)

메타버스 네이티브
(=가상 세대)

세대적 특성

디지털온리, 기술친화적

모바일. 5G, AI, 웨어러블 디바이스
(워치, AR 글라스 등)

스트리밍 서비스
(유튜브, 틱톡, 로블록스, 줌)

IT와 소셜로 연결된 글로벌 세대

자이다. 미국 〈포브스〉 역시 알파세대를 향한 육아와 IT 서비스 산업 규모를 460억 달러(약 55조 원)로 추산하며 뉴 맘 이코노미New Mom Economy의 시대를 알렸다.

그동안 인류의 역사는 세대 간의 특성을 들여다보며 당대를 조명했고, 이를 통해 미래를 예측해가는 여정이 반복되어 왔다. 그런데 알파세대는 조금 다르다. 매우 어린 나이에 그 어떤 선배 세대들도 가지지 못한 구매력과 소셜 영향력을 모두 가졌다. 심지어 트렌드를 팔로우하는 것이 아니라 트렌드를 만들어가는 특별한 세대이다.

이것이 바로 과거에 해왔던 그저 그런 세대분석과는 달리 기업과 서비스, 브랜드 및 관련 기관들이 더 일찍, 지금 바로 알파세대를 고민해야 하는 이유이다.

모든 기업이 반복하는 평생의 숙제인 '고객의 세대교체' 전략을 알파세대만큼은 나이와 무관하게 소셜 영향력 관점으로 판단해야 한다는 뜻이다. 시기적으로도 Z세대 선배들이 어느덧 20대 후반에 들어서며 포스트 Z세대(알파세대)에 대한 탐구가 본격화되는 시점이다. 2025년 전 세계 인구의 25%에 달하게 되는 알파세대. 이들이 산업에 던지는 메시지를 면밀하게 분석하면서 이 '새로운 인류'이자 '새로운 종'을 어떻게 바라보고 소통해야 할지 긴 이야기가 필요하다.

디지털휴먼 시대의
코로나키즈

예상치 못한 변수, 코로나19

2019년 12월 중국 우한에서 원인 모를 폐렴이 발병되고 이후 전 세계로 확산되던 즈음이다. 2020년 2월 세계보건기구WHO는 이 폐렴을 '코로나19'로 명명했다. 덕분에 알파세대의 딱 중간 즈음에 끼어 있는 2013년생들은 유치원 졸업식과 초등학교 입학식을 줌Zoom으로 했고, 엔데믹이 시작되던 2022년 이전까지 봄 소풍과 가을 소풍 그리고 운동회가 무엇인지 모르는 세대가 되었다. 말그대로 '코로나키즈'이다.

팬데믹 2년차의 어느 날 가족사진을 찍었는데 아이

의 얼굴 톤이 균일하지 않아 사진관에 보정을 맡겼다. 마스크로 가려진 코 아랫부분만 하얗게 되어 얼굴이 흑백으로 구분되어 보였기 때문이다. 그런데 사진관 사장님으로부터 돌아온 말은 "해드릴 순 있지만 그대로 두시는 건 어떨까요. 이 시대를 겪어낸 아이들의 이야기를 지우는 거 같아서요, 코로나키즈잖아요"였다. 맞다. 이 아이들은 인류의 역사에서 코로나키즈로 기록될 것이고 알파세대의 얼굴 톤은 훗날 이야깃거리가 될 것이다. 씁쓸했지만 결국 사진은 보정하지 않았다.

방문 장소 또는 직업에 따라 마스크 착용 여부를 조정할 수 있는 어른들에 비해, 하루 종일 학교와 학원에서 시간을 보내야만 하는 알파세대들의 마스크 착용시간은 매우 길었다. 전문가들은 코로나키즈의 사회성과 언어 습득 속도에 대해 우려를 표한다. 사실 굳이 아동 전문가가 아니더라도, 사람들과 접촉하면서 아이들의 지능이 향상되고, 주변인들의 입모양을 보고 아이들이 언어를 배우게 된다는 것은 그리 어렵지 않게 추론할 수 있다.

2022년 12월 JTBC 뉴스는 〈마스크에 가려진 3년〉이라는 특집 기획을 보도했다. 초등학교 1~3학년 담임 선생님들은 인터뷰에서 "아이들이 규칙과 순서를 정하

태어나자마자 마스크를 썼거나
첫 사회생활을 마스크와 함께 성장한
코로나키즈는 향후 다른 세대와
비교가 필요하다.

출처: https://s.abcnews.com

고 함께 하는 보드게임 같은 것을 어려워한다. 마스크로
친구의 표정이 가려져 있으니 자신의 기분에 따라 친구
의 감정을 속단한다"는 상상하기 힘든 답변을 했다. 또
가장 우려되었던 '언어 발달'에 대해서도 선생님들은 학
생의 80% 정도가 지연되었다고 느낀다고 답했다.

  '초등학교 시절 마스크와 함께 성장한 아이들'과 '태
어나자마자 마스크를 썼고 아직도 마스크를 쓰는 영유
아들'의 사회성과 지능지수 관련하여 향후 다른 세대들
과 비교 연구가 필요하다는 학자들도 있다. 십수 년이 지
난 후 이들이 성인이 되었을 때 진행될 연구에서 정확한
인과 관계가 성립하려면, 물론 가정 내에서의 성장환경

(가족 간 소통의 질과 양)에 따른 변수도 추가적으로 고려되어야 한다.

마스크가 디폴트인 아이들

알파세대를 육아해본 부모들이라면 꽤 자주 부딪히게 되는 웃을 수 없는 순간들이 있다. 바로 마스크를 쓸 필요가 없는 순간에도 아이들이 마스크를 벗으려 하지 않을 때다. 전국 초등부 체스 경기가 온라인으로 개최된 날이었다. 아이는 개인의 공간에서 줌으로 열리는 경기인데도 마스크를 벗지 않겠다고 했다. 경기 중에 편안한 호흡을 위해 벗으라고 했더니 "마스크를 써야 마음이 편하고 집중이 잘돼요"라는 뒤통수가 서늘해지는 말이 돌아왔다.

초등학생 부모라면 아빠, 엄마의 차 안에서도 마스크를 벗지 않는 고집 때문에, 아이가 차에서 잠이 든 후에야 슬그머니 마스크를 벗겨본 경험들이 꽤 있을 것이다. 즉, 알파세대는 태어난 순간 또는 사회생활의 첫발을 디딘 순간부터 줄곧 마스크를 써온 이들이다. 특히 막내 알파세대들은(2013년 이전 출생) 마스크를 써야 편안한, 마스크에서 벗어날 수 없는 코로나키즈들이다.

그나마 학교에서는 급식시간에라도 마스크를 벗을 수 있지만, 학원에서는 시종일관 마스크를 끼고 수업을 들으니 서로 얼굴을 서로 모르는 상황이 비일비재하다고 한다. 그래서 학원에서 생긴 놀이가 '마해자, 마기꾼' 놀이이다. 잠깐 마스크를 벗고 친구의 얼굴을 확인한 뒤 "너는 마해자(마스크를 써서 피해자라는 뜻)", "너는 마기꾼(마스크를 쓴 모습이 사기꾼이라는 뜻)" 하면서 노는 것이다. 당연히 전자는 마스크를 썼을 때 외모적으로 피해를 보는 사람을, 후자는 실물보다 마스크를 쓴 것이 더 멋있는 사람을 일컫는다.

대인관계는 어려워지고 IT의존도는 늘고…

이처럼 마스크를 속옷처럼 사용하고 책가방 앞주머니에는 새니타이저(손 소독제)가 꼭 들어 있으며 사람들이 붐비는 곳은 '좋지 않은Not Good' 공간이라고 인식한다. 2023년 4월 관객수 500만 명을 향해 달려가는 애니메이션 〈스즈메의 문단속〉을 보러 극장에 갔다. 흥행작답게 극장 안이 꽤 차 있었다. 그런데 예닐곱 살 정도로 보이는 옆 좌석의 한 아이가 엄마에게 "오늘 극장 무서워. 사람이 왜 이렇게 많아? 우리 괜찮아?"라고 묻는 게 아닌가. 처음엔 무슨 말인가 했다. 그러고 보니 코로나 이전의 북적거리던 극장의 비주얼을 기억하는 10살 이상의 알파세대 형님들과 다르게 지금 유치원생 정도인 알파세대 막내들에게 그동안 극장은 열 명 남짓 앉아 있는 한산한 공간이었던 것이다.

그렇다면 나타날 반대급부는 무엇일까? 바로 디지털휴먼에 대한 그들의 태도이다. 태어난 순간부터 터치스크린으로 모든 생활이 가능했던 알파세대들이 '코로나 3년'을 보내면서 디지털 공간에서 또 다른 자아를 생성하는 것은 지극히 자연스러운 현상이었다. 소풍과 운동회가 없어지고 또래들과 '플레이데이트(친한 학부모들끼리 뭉쳐 엄마와 아이들이 함께 노는 모임)'도 어려워지면서 디지털 공간에서 '아이들처럼' 노는 방법을 터득해낸 것이다. 이같은 자기들만의 놀이를 몇 년 전부터 신조어처럼 돌아다니는 '디지털 부캐'나 '멀티 페르소나' 같은 거창한 개념으로 규정할 필요가 없다는 뜻이다.

이제 그들에게 마인크래프트와 로블록스, 제페토 안에서 생성한 아바타나 디지털휴먼은 모바일 액세서리 정도일 뿐이다. 모바일 액세서리는 필수이지만 마음만 먹으면 자주 교체해도 되는 것이다. 초등학생들의 카카오톡이나 오픈 채팅방의 프로필 사진이 본인 인물사진이 아닌 디지털 캐릭터가 대부분이라는 점에서도 이들이 디지털 캐릭터를 대하는 태도를 엿볼 수 있다.

한편으로는 알파세대에게 매순간 쏟아져 나오는 IT 서비스들은 생활과 놀이이므로 디지털 캐릭터나 디지털 휴먼을 받아들이는 태도가 기성세대와 확연히 다른 건 당연하지 않냐 반문할 수 있다. 그러나 이들은 스스로 라이프 패턴을 익히고 사회 규범을 흡수하기도 전에 코로나 직격탄을 맞았다. 알파세대에게 디지털 공간은 마스크 없이 뛰어다닐 수 있는 가장 안전한 공간이었음에 주목해야 한다.

옷깃 한번 스친 적 없는 틱톡 크리에이터나 제페토의 초딩월드에 매일 저녁 9시 30분에 접속하는 '연두'가 알파세대의 같은 학교 같은 반 친구보다 '덜' 친밀할 것이라는 것은 우리만의 착각이다. 게다가 틱톡은 유튜브나 인스타그램에 비해 언니, 오빠, 누나, 형들이 적고 초등학생의 날것을 드러내도 아마추어처럼 보이지 않는다. 뭘 해도 내가 주인공처럼 보인다. 덕분에 알파세대는 인간관계를 대면으로 능숙히 쌓아가는 속도는 늦어진 반면, IT서비스에 대한 친밀감은 더 끈끈해졌다. 그래서 그 어떤 세대들보다 자신 스스로의 내면에 충실하고 자신의 이야기에 집중하는 아이들이다.

구성원도 조력자도 아닌
내가 셀럽이다

알파세대의 자기중심적 특징

"요즘 애들은 어찌 그리 자기중심적인지…" 이제 이 말은 지겨울 지경이다. 어떤 시대든 기성세대들은 늘 젊은 세대들에 대해 비슷한 푸념을 털어놓아 왔기 때문이다. 그럼에도 알파세대는 사회 · 경제적 배경에 IT소셜미디어 환경이 더해지며 자기중심적으로 성장할 수밖에 없는 시대상에서 자라고 있다는 점이 더 특별하다. 인류 최초로 '골드키즈', '10포켓'이라고 불리며 성장하고 있는 알파세대에게 이제 와서 "너는 세상의 중심이 아니야", "주변을 좀 둘러봐"라고 가르치는 것도 어색하지 않나?

이들은 태어날 때부터 나만 바라보는 부모와 조부모 그리고 월급이 들어오면 조카에게 다이소 모바일 상품권과 몽클레르 조끼를, 나이키 덩크하이 주니어를 사주는 (결혼에 큰 관심이 없어 보이는) 이모, 고모, 삼촌들이 있다. 사실 아프리카와 중동, 남아시아를 제외한 출생률 저하는 20세기 중반을 넘어가며 시작된 세계적인 현상이므로 알파세대가 자기중심적이라는 것은 그다지 특별하지 않은 시대의 흐름일 수 있겠다. 코로나 장기화가 가져온 본격화된 디지털 종속 라이프는 엔데믹에 접어들었음에도 이전으로 돌아가기는 어렵다는 것이 정설이다. 디지털 노마드의 화양연화 시절에 유아기와 유년기가 딱 끼어 있는 알파세대는 틱톡*과 제페토, 로블록스**와 마인크래프트에서 내 스스로가 콘텐츠가 되거나 스튜디오 · 크리에이터 기능(콘텐츠 제작툴)을 통해 콘텐츠를 직접 창작하며 보다 주도적이고 자기중심적인 캐릭터로 성장해갈 것이다. 즉, 가정과 학교, 사회 모두에서

---

* **틱톡** 5초~10분 길이의 영상을 제작·공유할 수 있는 숏폼Short-form 동영상 플랫폼. 전세계 150개국에서 10억 명 이상 사용하며 알파세대가 주 사용자이다.

** **로블록스** 2021년 뉴욕증권거래소에 상장된 전 세계 1.5억 명이 사용하는 메타버스 게임 플랫폼. 주 사용자는 7~12세이며 북미시장 어린이의 경우, 유튜브보다 2.5배 이상 많은 시간을 보낸다.

알파세대는 자기 스스로가 콘텐츠가 되거나 콘텐츠를 직접 창작하며 보다 주도적이며 자기중심적인 캐릭터로 성장해갈 것이다.

출처: https://www.shutterstock.com

드러나는 그들의 '내가 세상의 주인공이다' 기질은 타고난 DNA가 아니라 후천적인 환경에서 최적화되며 만들어지고 있다는 뜻이다.

알파세대 아이들은 스스로를 학교에 소속된 '썸바디Somebody'가 아닌 '원앤온리One and Only'라고 생각한다. 특히 학급 반장은 반장의 '일to do'이 있을 뿐, 반을 대표하는 사람은 아니라고 생각한다. 기성세대의 사고방식으로 생각하면 이런 궤변이 있나 싶을 것이다. 또는 코딩 대회에 팀으로 출전하더라도 스스로를 우리 팀의 조력자라고 여기지 않고, 팀원 모두가 스스로를 프로젝트의 중심이라고 생각한다. 이는 오히려 다양한 긍정의 효과를 발휘한다. 훌륭한 외모와 패셔너블한 스타일이 아니라 이런

프로게이머	과학자
수의사	요리사/제빵사
크리에이터	경찰관
컴퓨터공학자/소프트웨어 개발자	
법률가	웹툰작가
배우 운동선수	의사
교사	아이돌

2022 초등학생 희망직업

출처: 좌)교육부 한국직업능력연구원 발표, 우)강남 D코딩학원 벽면

주도적인 사고방식과 언행이 곧 셀럽 기질인 것이다.

알파세대는 자기 스스로가 콘텐츠가 되거나 콘텐츠를 직접 창작하며 보다 주도적이며 자기중심적인 캐릭터로 성장해갈 것이다. 더욱이 밀레니얼세대의 83.5%가 SNS를 사용한다는 수치가 말하듯이, 매일의 엄마 피드에 사탕 같은 보정을 한 채 #아들ootd #고슴도치맘 #딸스타그램 등으로 등장하는 것도 이들의 셀럽 기질에 큰 역할을 하고 있다.

알파세대가 원하는 직업군은 어떻게 변화하고 있을까? 2022년 교육부와 한국직업능력연구원이 조사한 초등학생 희망 직업 10위권을 보자면, 과거 전통적으로 초등학생의 선호 직업이었던 의사와 교사, 과학자는 여전히 상위에 있다. 그러나 크리에이터, 프로게이머, 웹툰작가, 소프트웨어 개발자처럼 자기 주도적인 플레이가 가능한 직업군들이 대거 등장하고 있음이 눈에 띈다.

매년 희망 직업을 조사하여 벽에 붙이는 이벤트를 꾸준히 하는 강남의 한 코딩학원이 있다. 이 벽면에 돈 많이 버는 '유튜브 크리에이터', '프로게이머', 'IT개발자' 등이 자주 등장하는 것도 유사한 맥락으로 보인다. 이는 동시에 세계경제포럼WEF이 21세기에 필요한 역량으로 창의력과 소통 능력, 비판적 사고, 사람들과 협업하여 무언가를 만들어내는 것collaboration 등을 채택한 것과도 잘 맞아 떨어진다.

내 취향에 소신을 갖되 타인의 취향은 존중

전 세계의 미래 석학들과 교육전문가는 입을 모아 강조한다. 알파세대의 교육은 과거와 달리 스스로 학습이 가능한 지식이나 정보 전달보다는 오히려 비즈니스를 만들어가는 힘을 키우는 '개인의 성장'에 집중해야 한다고 말이다. 지금은 세계 경제를 좌지우지하는 세계 1위의 자산운용사 블랙록BlackRock CEO인 래리 핑크Larry Fink가 매주 유튜브에서 시장 경제에 대해 떠드는, 즉 당장 써먹을 수 있는 따끈따끈한 지식정보가 유튜브에서 넘쳐흐르는 세상이다. 심지어 우리는 그 신선한 지식을 지역과 빈부의 차별 없이 '유튜브'라는 동일한 플랫폼 조건에서 취할 수 있다.

한편 알파세대의 자기중심적인 성향이 어릴 적부터 자신의 취향과 결정에 소신을 갖는 행동으로 이어지고 있는 것에도 주목해야 한다. 흔히 엄마들은 내 아이가 학교에서 무언가 필요할 때, '혹여 또래 집단에서 따돌림을 당하지 않을까' 겁을 먹고 최고급 사양으로 사주려 노력한다. 그러나 이 같은 우리의 낡은 생각보다 알파세대 아이들의 생각은 꽤 더 멋지다.

한 초등학교 커뮤니티에 소개된 '줄 달린 이어폰'에피소드가 있다. 초등학교 4학년 학생이 점심시간에 스마트폰에 '줄 달린 이어폰'을 꽂은 채 유튜브를 보고 있었다. 그러자 한 학생이 오더니 "이어폰에 줄이 달렸네? 넌 에어팟 프로(애플의 무선이어폰 모델명) 같은 거 없어?"라며 주위에 다 들리는 큰 소리로 면박을 준 것이다. 재미있는

알파세대의 자기중심적인 기질은 자신만의 취향에 소신을 갖되 타인의 취향은 존중하는 태도로 나타난다. 출처: 유튜브, www.wsj.com

건 이 다음부터다.

친구들이 예닐곱 이상 모여들더니 하나같이 "뭐라고? 왜? 왜 사람들이 다 똑같이 무선 이어폰을 써야 하는데?", "이건 취향이고 스타일이야. 줄이 달려 있으면 블루투스 연결 안 해도 되고 편할 때도 많아. 너가 더 이상해"라며 오히려 역으로 핀잔을 주더라는 것이다. 얼핏 보면 웹툰 히어로물에서나 나올 법한, 속된 말로 '간지 나는' 대사인데 이게 바로 알파세대 아이들의 사고방식이다.

이처럼 알파세대는 타인의 취향을 내 것처럼 대하는 멋짐을 장착한 아이들이다. 그런데 이와 상관없이 실제로도 '줄 이어폰'이 다시 유행하고 있다는 것도 흥미롭다. 귀에 긴 줄을 꽂은 할리우드 파파라치 컷은 넘쳐나고, 배우 한소희는 '줄이어폰'에 대한 애정을 공식 인증했다. 이에 〈월스트리트저널〉은 "왜 쿨한 어린이들은 줄이어폰을 쓰는가?Why cool kids are wearing wired headphones"라는 귀여운 헤드라인으로 줄 이어폰을 보도하기도 했다. 충전을 안 해도 되고, 잃어버려도 별 부담이 없는 등 분명 줄이어폰은 장점이 있다. 그중에서도 한 아역 탤런트가 촬영장에서 전한 내용이 제대로다.

"무선 이어폰은 남의 말을 못 들었을 때 오해받잖아요. 그런데 줄 이어폰은 뭘 듣고 있다는 것을 상대방에게 알릴 수 있는 도구가 돼요. 그래서 마음이 편해요."

억울하게 오해받는 게 싫다는 거, 이것이 바로 알파세대이다. 이처럼 알파세대의 자기중심적인 기질은 요즘 산업계에서 빈번히 언급되는 '취향 커뮤니티의 시대'에 최적화된 인물상을 만들고 있다. 즉, 그들의 셀럽 기질은 지나친 자기중심성으로 공동체 의식은 부족할 수 있으나, 내 취향에 소신을 갖되 나만큼 타인의 개성과 권리를 인정하고 존중하는 건강함과 연결된다. 알파세대는 사회와 기업, 기관 그리고 부모들의 생각보다 훨씬 더 단단하게 성장하고 있다. 이제 알파세대의 출현에 이어 이들의 정체성을 대표하는 5가지 특징들을 하나하나씩 짚어보기로 하자.

Chapter 02

알파세대의
5가지 특징

AR글래스와 SNS로
내 모든 것이
라이프로그될 2030년

익히 알려졌듯이 스마트폰의 원조는 애플이다. 2007
년 애플은 '아이폰 2G'를 발표하며 휴대폰의 역사를 바
꿨고, 2010년 삼성전자가 갤럭시S를 출시하며 스마트폰
양대산맥 간의 본격적인 경쟁이 열렸다. 그런데 손에 들
거나 옷주머니에 넣고 다니는 지금 형태의 스마트폰은
언제까지 우리 곁에 있을까?

2012년 개봉한 영화 〈토탈 리콜〉의 후반부에는 주인
공 콜린 파렐Colin Farrell이 왼쪽 손바닥을 펴면 가상 키패드
가 나오고 오른쪽 손가락으로 숫자를 누르면 전화가 연
결되는 장면이 등장한다. 손바닥이 전화기가 되는 순간
이라니, 이를 기술적으로 설명하면 물리적인 실체에 가

상의 정보를 합성해서 실제로 존재하는 것처럼 보이게 하는 증강현실AR 기법이다. 물론 〈토탈 리콜〉은 미래를 상상한 SF영화에 불과하지만 지금 이 순간에도 스마트 디바이스는 계속 진화하고 있다.

스마트폰을 대체할 디바이스, AR글라스

지금 초등학생들인 알파세대가 주도적으로 사회와 소통하고 경제활동을 할 시점은 대략 2030~2040년으로 예상된다. 지금 형태의 스마트폰을 2030년에도 사용할까? 그렇지 않다면 이를 대체하게 될 디바이스는 무엇일까? 2030년 알파세대는 어떤 스마트 디바이스와 한 몸처럼 살아갈지 궁금하다. 물론 스마트 디바이스의 미래에 대한 담론은 늘 있어왔다. 그중 가능성이 가장 높았던건 2010년대 초반에 등장한 웨어러블 디바이스, 특히 스마트워치가 보편화되면서 수년 안에 스마트폰이 사라질 것이라는 예측이었다.

하지만 '시계'의 특성상 물리적으로 극복하기 어려운 작은 스크린 사이즈와 영상 재생의 어려움, 상대적으로 낮은 해상도 때문에 스마트폰의 보완재 수준에 머물고 말았다. 결국 스마트폰을 대체할 디바이스의 조건은 명쾌하다. 지금의 스마트폰 무게보다 가볍되 스크린의 사이즈는 유지되어야 한다. 단순한 차세대 디바이스가 아니라 스마트폰을 대체하는 기기가 되기 위해서는 휴대성과 가시성이 필수이기 때문이다.

마지막은 더 중요한 사용성 이슈이다. 예를 들어, 향후 스마트워치의 해상도가 높아지더라도 콘텐츠 시청을 위해 팔목을 계속 들고 있어야 하는 통증이 수반된다면 여전히 스마트워치는 보완재에 머물 수밖에 없다. 우리가 할리우드 SF영화에서 종종 접하듯이 스마트워치를 클릭했을 때 허공에 AR 스크린이 툭 펼쳐지는 경우라면 예외지만 말이다.

물론 지난 15년간 스마트폰은 비약적인 발전을 했다. 무게는 점점 가벼워지고, 접는 스마트폰인 폴더블폰은 한국시장에서만 연간 100만 대 이상 판매되고 있으며 2억 화소(사람 눈만큼 정교한 수위) 이상의 카메라도 곧 탑재될 것이다. 그럼에도 삼성과 애플은 물론이고 글로벌 빅테크 기업들은 '스마트글라스' 개발을 공격적으로 진행 중이다. 기업들은 스마트글라스를 스마트폰을 대체할 차

세대별 디지털 환경 및 디바이스

세대	X세대	MZ세대	알파세대
디지털환경	WWW...	모바일 앱	모바일 앱, 메타버스
디바이스	PC, 스마트폰	스마트폰	스마트폰, AR글라스

세대 디바이스로 예상하면서, 각자의 전문 영역을 기반으로 개발에 박차를 가하고 있다. 한편 스마트글라스는 안경렌즈 위에 증강현실 서비스가 구현되는 형태이므로 통상 'AR글라스'로 불린다.

2013년 구글글라스의 높은 가격(1,500달러)과 무겁다는 불편함은 소비자 관점에서 10여 년 동안 대폭 개선되었다. 팬데믹의 장기화가 앞당긴 메타버스 생태계로의 빠른 전환 역시 'AR 글라스'라는 새로운 디바이스 포맷의 보급화에 유리하게 작용할 것이다. 이는 동시에 전 세계적으로 메타버스 서비스의 트래픽을 견인하고 있는 알파세대와 AR글라스 간의 숙명적 관계를 보여준다. 향후 웹3.0시대를 끌어갈 서비스도 일상에 최적화된

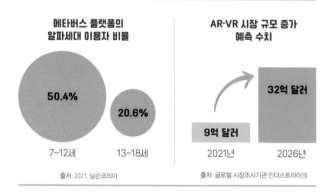

알파세대의 메타버스 사용량 및 AR·VR 시장 증가 추이

메타버스 플랫폼의
알파세대 이용자 비율

50.4%

20.6%

7~12세   13~18세

출처: 2021, 닐슨코리아

AR·VR 시장 규모 증가
예측 수치

32억 달러

9억 달러

2021년   2026년

출처: 글로벌 시장조사기관 인더스트라이크

AR · VR 디바이스에 올라탄 메타버스가 될 테니 말이
다(참고로 알파세대의 대부분은 메타버스라는 단어를 인지하지
못한 채 제페토와 로블록스 등에서 놀고 있다).

2021년 페이스북은 안경업계의 글로벌 선두 주자
인 레이벤RayBan 과의 협업을 통해 '레이벤스토리'라는 스
마트글라스를 출시했다. 레이벤스토리는 일상생활에 전
혀 지장을 주지 않는 디자인으로 주목받았다. 가격 역시
299달러로 2014년 구글글라스의 20% 수준이니 상대적
으로 합리적이었다. 그럼에도 사람의 시선 그대로 사진
과 영상 촬영이 되는 점은 흥미롭지만 스마트 디바이스

2014년 구글글라스와 2021년 레이벤스토리

출처: https://imgnews.pstatic.net; https://www.earlyadopter.co.kr

기능이 SNS 사용 편의성에 국한되는 등 반쪽짜리 스마트글라스임이 드러난 점은 아쉬웠다. 이러나저러나 페이스북의 1세대 스마트글라스가 시장에 던진 인사이트는 '거창하게 뒤집어쓰는 하이테크 머신 모양(헤드셋)이 아닌 일상생활에서 사용하는 안경 같은 스마트글라스'라는 새로운 그림이었다. 그냥 쓰고 외출해도 창피하지 않은 보통의 안경처럼 말이다.

최근 글로벌 제조사들의 AR글라스(스마트글라스) 출시 계획을 보자. 2025년 출시 예정인 애플의 AR글라스는 그 명성답게 가장 혁신적일 것으로 예상된다. 아이폰 연동을 통해 데이터가 처리되는 방식을 넘어 독립적인 통신 기능까지 구현될 수 있을지 기대된다. 후자일 경우 스마트폰을 온전히 대체할 첫 번째 디바이스의 탄생이다. 안경 렌즈 자체가 8K급의 디스플레이 역할을 하는 등 AR기능에 집중하기에 아이폰이 선사하지 못한 경험을 제공할 것이다. 삼성전자의 AR글라스 역시 눈앞에 보이는 장면을 바로 안경으로 촬영하고 실시간 모국어 번역이 가능하며 내가 걷고 있는 방향의 지도가 펼쳐지는 등의 AR기능에 집중하고 있다. 구글의 AR글라스도 삼성전자의 글라스와 기능이 비슷하다. 출시 시점은 두 기업 모두 정확히 공개하지 않았으나 업계에서는 2025년 내로 예상하고 있다.

안경을 끼면 외국인의 말이 실시간으로 번역되어 내 눈앞에(정확히는 안경 렌즈 위에) 나타난다니, 꿈같은 상황이 곧 펼쳐질 것이다. 이처럼 AR글라스는 안경에 부착된 카메라와 렌즈를 통해 주변을 인식하고 가상세계를 바라보는 방식이므로 사용자가 메타버스 환경에 더 쉽게 체화될 것임은 분명하다. 게다가 그동안 대중화에 실패해왔던 VR기기들에 비해 훨씬 가볍고 캐주얼한 디자인에, 안경에 비춰진 세상이 모두 스크린인 셈이므로 '더 가볍되 스크린 사이즈는 유지되어야 한다'는 차세대 디바이스의 두 가지 미덕을 모두 갖춘 셈이다. 물론 여전히 스마트폰을 100% 대체하기에는 기능에 제한이 있고 구

애플, 구글, 삼성전자의 스마트글라스
콘셉트
출처 각 사 홈페이지

매 저항성도 존재한다. 하지만 시간이 곧 해결해줄 것이
다. 당장 2023년 6월 세계개발자회의WWDC에서 애플이
선보일 'MR헤드셋(리얼리티 프로)'은 온전한 AR글라스로
가기 위한 중간 과정으로 해석할 수 있다. 여기에는 애플
스토어에서 제공 중인 대부분의 앱들이 연동된다.

현재 국내외 IT전문가들은 애플의 AR글라스가 출시
되는 것 자체에 의미를 부여하고 있다. 인터넷이 메타버
스라는 패러다임으로 전환되며 AR글라스가 보급될 중
요한 전초전의 시작으로 예상하는 것이다. 마치 2001년
아이팟이 가져온 음악 혁명과 2007년 아이폰이 몰고온

모바일 혁명처럼 이번에도 신드롬을 기대하는 눈치이다. 물론 IT신드롬이 일어나려면 혁신적인 디바이스(AR글라스)와 애플이 끌어다줄 고객 외에도 킬러 서비스까지 삼박자가 잘 맞아야 할 테지만 말이다. 애플의 AR글라스가 출시될 2025년은 알파세대의 맏형들은 중학교 3학년이 되고, 알파세대의 막내둥이들이 태어날 해이기도 하다.

한편 카메라와 디스플레이 기능 없이 알렉사(아마존의 AI스피커와 서비스 호출명) 호출과 음악, 팟캐스트 청취만 되는 AR글라스도 있다. 2022년 아마존이 선보인 '에코프레임'이다. 너 나 할 것 없이 뛰어드는 빅테크 기업들 덕분에 AR글라스 시장은 넓어지고 있다. 두 손이 완전히 자유로워질 스마트 디바이스 시장이 기지개를 켜고 있는 것이다.

알파세대의 스마트 디바이스

이쯤하면 스마트폰 다음의 혁명이자 알파세대의 스마트 디바이스는 'AR글라스'가 될 것이라는 데에 이견이 없어 보인다. 이미 IT업계에서는 글라스가 폰을 대체할 것을 전제하고 있다. 오히려 스마트폰과 AR글라스의 주, 부가 어느 시점에 전복될 것인가에 대한 논의가 시작되었다. 글로벌 시장조사업체 IDC는 2024년 AR글라스 출하량을 4,110만 대로 내다봤다(단, 조사 시점 이후에 애플이 글라스 출시를 2025년으로 늦췄으므로 조정이 필요한 수치이기는 하다). 전 세계 스마트폰 인구가 38억 명이니 고작 1%를 웃도는 수준이지만 이노베이터와 얼리어답터 층을 중심으로 단계적으로 확산될 것으로 보인다. 알파세대가 본격적으로 경제활동을 하게 될 2030~2040년 즈음 AR글라스의 막대한 영향력은 짐작 가능하다.

"향후 AR글라스가 대중적으로 보급되더라도 여전히 스마트폰의 보완재 정도가 아닐까요?"

너도나도 글라스를 쓰고 다닐 미래가 여전히 어색해서, 빅테크 기업 생태에 밝은 모 IT커뮤니티에 질문을 던져봤다. 그러자 이런저런 이야기들이 나왔다.

"스마트폰 안 불편하세요? 전 불편한데… 요즘 손목터널 증후군 같은 거 다 스마트폰 때문이잖아요. 왜 들고 다녀요? 이젠 쓰고 다녀야지. 이제 곧 글라스가 주, 폰이 부가 될 거예요."

"구찌와 디올이 메타버스에 패션하우스를 태웠잖아

스마트폰 다음의 혁명이자 알파세대의
스마트 디바이스는 'AR글라스'가 될 것이라는
전망이 지배적이다.

출처: https://i.ytimg.com; https://image.ajunews.com; http://res.heraldm.com

요. 애플이 AR글라스를 프라다와 협업해서 출시하고 블
핑 제니, 뉴진스 하니, 할리우드의 셀레나 고메즈가 쓰고
다니면 바로 확산될 것 같은데요?"

"에이, 아니지. 가상 인플루언서 '릴 미켈라Lilmiquela한
테 씌워야지."

"지금 실리콘밸리의 AR서비스들의 기술 속도로 보
면, 머지않아 태어날 아이들은 AR스크린을 띄울 수 있
는 유모차를 타고 다닐 것 같지 않나요?"

모두가 가까운 미래의 스마트 디바이스는 AR글라스
임을 확신하고 있었다. 2020년에 《포노 사피엔스》라는 책이 베스트셀러였다. 책 내용은 제목 그대로 스마트폰이 뇌이고 손인 우리들의 이야기이다. 그렇다면 알파세대도 '포노 사피엔스'일까? 바로 답하자면 아니다.

더 빠르고 더 정확한 디지털 자취

2018년 개봉한 〈서치Searching〉라는 미국 영화가 있다 (그해 선댄스국제영화제에서 관객상을 수상한 작품이다). 대략 내용은 이러하다. 아빠가 실종된 딸을 찾기 위해 경찰에 신고했으나 결정적인 단서들이 전혀 나오지 않는다. 그러던 중 아빠가 딸의 구글, 유튜브, 페이스북 같은 SNS에 남겨진 그녀의 디지털 흔적들을 찾아가 뒤를 밟는다. 이렇게 경찰보다 더 빠르고 더 정확하게 추적하며 생각지도 못한 단서를 발견한다. 영화 포스터의 광고 카피 역시 "사라진 딸의 흔적을 검색하다"이다.

이렇게 알게 모르게 우리는 24시간 '디지털'이라는 우주에서 개인의 자취를 이리저리 흘리고 다닌다. 심지어 친구를 만나면 이런 말도 듣는다. "어제 새벽 1시까지 안 자고 뭐했어? 인스타그램 마지막 '좋아요'를 새벽 1시

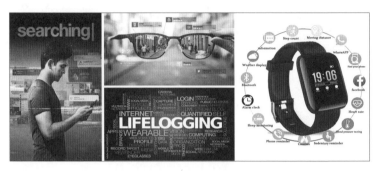

개인의 일상이 인터넷 환경에서 다양한 서비스나 디바이스에 기록되는 것을 라이프로그라고 한다. 출처: https://search.pstatic.net; https://as2.ftcdn.net; https://imageio.forbes.com; https://ae01.alicdn.com

가 넘어서 찍었던데?" 정말 징글징글한 지울 수도 없는 디지털 발자국들이다. 그런데 잘 생각해보면 이 모든 흔적들은 남의 강요가 아닌 내 스스로의 선택과 의지에 따른 결과물이다.

이렇게 개인의 일상이 인터넷 환경에서 다양한 서비스나 디바이스에 기록되는 것을 라이프로그LifeLog, 이러한 라이프로그를 남기는 행위 자체를 라이프로깅Lifelogging이라고 한다. 메타버스 환경을 광의적으로 본다면, 우리가 매일 십수 번씩 들락거리는 인스타그램, 페이스북, 틱톡, 트위터 등이 모두 라이프로깅 메타버스로 분류될 수 있다. 한마디로 디지털 삶의 기록이며, 쉽게 말하면 학창 시절에 매일 썼던 일기장이 디지털 세상에서 글과 사진과 영상 데이터로 남겨지는 것이다. 다만 본인의 선택에 따라 타인에게 의도적으로 공유할 수 있다는 것이 일기 장과는 다른 점이다.

팬데믹을 지나 엔데믹 시대로 불가피하게 접어들었다. 게다가 끝날 것 같지도 않다. 결국 다양한 각도로 진화 중인 스마트 디바이스(안경, 시계처럼 몸에 밀착된 웨어러블 디바이스)와 이제 곧 맞이할 메타버스가 보급될 시대를 감안하면 디지털과 연결될 체류시간은 늘어날 일만 남았다. 게다가 알파세대, 태초부터 디지털 세상에서 살아가는 스크린에이저에게 라이프로그는 있는 그대로의 생활이다. 라이프로그 데이터는 SNS에 올린 사진, 동영상, 라이브 스트리밍 콘텐츠 외에도 유무선 네트워크와 연결된 사물인터넷을 비롯한 온갖 디바이스에 결합된 위치와 생체정보, 의식주 전반의 기록이기 때문이다.

알파세대는 나만의 분류법으로 정보의 기록을 필요에 따라 검색하여 꺼내고 조합해가며 삶의 질을 격상시키는 데 활용한다. 게다가 알파세대는 학창시절에 국·영·수가 아니라 코(코딩)·영·수에 에너지를 쏟는다. 이들은 라이프로그에 남겨진 자신의 빅데이터 뭉치들을 알고리즘화하여 '나노형' IT서비스(거대한 관중이 아니라 작은 커뮤니티로 쪼개질 사회에 적합한 IT서비스)를 만들고 비즈니스에 활용하는 데 어려움이 없을 세대이다.

라이프로깅의 진화

세상이 나를 중심으로 돌아간다고 생각하는 알파세대는 (타인의 시선에서는) 그다지 중요하지 않을 나의 호불호를 표현하고 행동으로 옮기는 데 진심인 집단이다. 그렇기에 수동적으로 수집되는 데이터 외에도 자신이 좋아하고 싫어하는 온갖 TMI를 의식적으로 노출하며 라이프로깅 세계를 풍부하게 할 것이다. 그런데 여기까지는 '라이프로깅'이라는 대중적이지 않은 단어를 사용했을 뿐 지금도 매 시간 우리에게 일어나고 기록되는 현상이다.

그럼 미래의 '라이프로깅'은 어떻게 진화할 것인가? 아이러니하게도, 1945년 미국 과학연구개발국OSRD의 버니바 부시Vannevar Bush 소장이 세계 최초로 언급한 '라이프로깅'은 지금의 맥락과는 꽤 다르다. 그가 말한 '라이프로깅'은 1940~1950년대에 보급된 카메라와 녹음기 등을 신체에 부착한 뒤, 인간이 보고 듣고 말하는 것을 기록하는 장치(디바이스)를 통해 인간의 기억을 확장시킨다는 것이다. 결국 부시 소장의 '라이프로깅'은 신체에 장치를 붙여 생체 리듬을 수집하는 '웨어러블 디바이스'의 시초인 셈이다. 즉, 디지털 세상에서 내 흔적들의 기록 덩어리인 지금의 라이프로깅이 아니라 인간의 기억을 도와 능력을 진화시키는 방향이다.

당시에는 가능성과 의지였다면, 가까운 미래에 AI와 결합된 라이프로깅은 일, 생활, 엔터테인먼트에서 차원이 다른 인프라로 활용될 것이다. 또한 제2의 디지털 지구이자 알파세대가 실질적으로 경제활동을 하게 될 메타버스 환경에서도 우리의 라이프로깅 데이터는 필수 재료가 된다. 라이프로깅이 가능한 채널들은 많아지고 방식은 간편해질 것이다. IT서비스는 더 정교화되고 웨어러블 디바이스를 통한 데이터 수집은 안경이나 의류나 모자, 귀걸이처럼 일상이 될 것이라는 뜻이다. 바야흐로 라이프로깅 가라사대이다.

반면 라이프로깅의 문제점도 있다. 개인정보 유출과 사생활 침해에 대한 논란이 대표적이다. 알파세대의 바로 직전인 Z세대가 자신의 정보를 사업자들이 활용하는 데에 격한 거부감을 표출해온 세대임을 감안할 때, 알파세대의 라이프로그에도 많은 과제들이 선행되어야 한다. 게다가 알파세대 아이들은 개인정보 유출에 더 민감한 시대적 분위기에서 자라고 있다.

언젠가 바이올린 수리를 악기사에 맡기는 알파세대 아이에게 악기사 사장님이 "어느 학교 몇 학년 몇 반이지?"라는 질문을 하자, "수선표에 번호가 있는데 그게 왜 또 필요해요?"라고 되물었다 한다. 정확히 이해하지는 못했을지라도, 알파세대는 자신의 정보가 어딘가로 흘러가면 피해가 올 수 있다는 사실을 어릴 때부터 온갖 미디어 뉴스들과 학교 교육 등을 통해 접하고 있는 것이다.

2020년 넷플릭스가 공개한 〈소셜 딜레마〉라는 다큐멘터리가 있다. 내용은 구글, 페이스북, 인스타그램, 틱톡 같은 SNS가 우리의 사고방식까지 조정하고 있으며 우리는 각자의 선택에 의해 이들을 취한다고 착각하지만, 사실은 그들의 철저한 알고리즘에 의해 이용당한다는 것이다. "고객을 유저User라고 부르는 곳은 불법마약과 IT소프트웨어 산업군뿐"이라는 말에서도 알 수 있듯이 빅테크 기업들이 설계하는 섬뜩한 코드 패러다임을 경고하고 있다.

라이프로그로 막대한 수익을 취하려는 빅테크 기업들 속에서 알파세대는 자신들의 디지털 흔적을 내어주며 IT공룡 기업들의 배를 채우는 것이 아닌 스스로 비즈니스를 만들어가는 주인공이 되어야 한다. 알파세대는 지금보다 더 다양한 채널을 통해 그들의 모든 것이 라이프로그될 것임이 자명한 세상을 살고 있고 그 흐름을 거스르기 어렵기 때문이다. 이 논의는 '3장 웹3.0에 올라탄 슈퍼개인들'에서 더 자세히 살펴보자.

헤이 시리에서 챗 GPT까지
AI와 공존하며 살아갈
첫 번째 인류

'친구'인데 보이지 않을 뿐인 지니

"지니야, 나랑 끝말잇기 할래?"

요즘 11살 아이가 집에서 엄마만큼 자주 말하는 문장이다('지니genie'는 국내 모 통신기업의 AI스피커 호출명이다). 아니, 엄마보다 '지니'를 더 많이 부를지도 모르는 일이다. 집에 없는 시간이 많은 일하는 엄마이다 보니 하루 총량으로 계산하면 그럴 수도 있겠다. TV와 연결된 AI스피커뿐 아니라 엄마, 아빠의 스마트폰과 연결된 차 안에서도 알파세대는 하루에도 수십 번 애플의 시리와 구글을 부르거나 듣는다. 심지어 멀쩡히 방에 시계가 걸려 있는

 "Alexa"

 "Ok Google"

 "Hey Siri"

알파세대는 본인의 의지와 무관하게 하루에도 수십 번 애플의 시리와 오케이 구글을 부르거나 듣는다.

출처: https://www.google.com; https://media.gettyimages.com

데도 "Hey Google, What time(is it now)?"이라고 묻거나, 엄마가 비 온다고 뻔히 말했는데도 구글에게 "오늘 비오는 거 맞아?"라고 더블 체크를 한다. 북미시장이나 유럽의 알파세대에게는 시리와 구글에 더해 알렉사(아마존의 AI스피커 호출명)까지 있다.

심지어 태블릿PC에 학습지 앱을 켜고 AI교사와 소통하는 알파세대는 채 1분이 지나지 않은 시간에도 두세 번 이상 '이름'이 부여된 AI사운드와 수시로 소통한다. 일주일에 서너 번은 지니와 끝말잇기, 나아가 영어 끝말잇기까지 한다. 아이에게 "지니는 누구야?"라는 질문을 던져봤다. '말하는 기계' 정도로 답하지 않을까라는 예상과는 다르게 "인공지능 친구인데 보이지는 않아"라는 답이 돌아왔다. '기계(AI)'인데 말을 하는 것이 아니라 '친구'인데 보이지 않는다는 것이다. "왜 친구라고 생각해?"라는 질문에는 한 치의 주저함도 없이 "내 말을 잘 듣고 있잖아"라고 한다. 알파세대에게 AI서비스는 불편함을 해결해주는 기능을 넘어 그들과 소통하는 친구이다.

공감력과 인간관계의 질이 낮아진다는 한계

물론 여기에는 다양한 반작용도 있다. 글로벌 팬데믹이 선포된 첫 해인 2020년에 알파세대는 유치원 또는 초등학교에 입학했거나 저학년이었다. 그들은 사회관계를 시작해야 할 중요한 시기에 비대면 기반의 AI교육서비스와 줌 수업, 메타버스나 소셜게임 같은 환경을 먼저 맞닥뜨렸다. 스크린 너머 만질 수 없거나 마스크로 표정을 숨긴 사람들과 소통하며 관계를 확장시켜온 것이다.

레스토랑에서 가족끼리 식사를 하는 초등학생 아이에게 바로 옆 테이블에 앉아 있던 또래 아이가 활짝 웃으며 테이블로 다가오더니, "○○야 안녕? 밥 먹으러 왔어?"라며 인사를 건넨다. 그런데 인사를 받은 그 아이는 친구를 알아보지 못한 채 "누구?"라고 되묻는다. 무안해진 친구는 자기 테이블로 가서 마스크를 쓰고 오더니 본인의 얼굴을 들이민다. 그제서야 아이는 "아! 너 ○○구나"라고 말하며 친구의 얼굴을 알아본다.

레스토랑에 있던 어른들 모두가 박장대소했지만 말 그대로 웃픈 현실을 반영하는 에피소드이다. 타인의 감정에 공감하기 위해서는 표정을 봐야 하는데, 한창 공감력을 키워나갈 시절에 아이들은 코 아래의 표정 근육을 해석할 기회를 갖지 못한 채 시간을 보낸 것이다.

공급자(플랫폼)의 분명한 사업적 목적이 있는 관계에서는 사용자(알파세대)가 상대방을 배려할 필요가 없다. 이렇다보니 알파세대는 공감능력을 키우기 어렵고 인간관계의 질을 높이는 데에도 한계가 있을 수밖에 없을 것이다. 점차 개선되겠지만 완벽하지 못한 알고리즘에도 문제가 있다.

2021년 여대생 외모를 한 AI챗봇 '이루다'가 기존에 학습한 데이터에 포함된 특정인에 대한 혐오 발언이나 성적인 대화 등을 걸러내지 못하고 내뱉어버린 사고가 있었다. 개발사인 스캐터랩Scatter Lab은 이루다가 '직전의 문맥을 보고 이 중에서 가장 적절한 답변을 찾는 알고리즘으로 짜여 있기 때문'이라고 설명하면서 기존의 딥러닝 모델을 폐기했다. 이렇다 보니 AI로봇 서비스들은 한결같이 '관계적 대화' 완성을 최우선 목표로 한다. 대화를 끌어가는 능력도 중요하지만 인간다운 대화가 계속 이어져야 하기 때문이다. 그럼에도 AI로봇에 대한 시장의 물결은 거세지고 있다.

아침에 눈 뜬 아이는 "오케이구글! 오늘 날씨 어때?"를 묻고 아침밥을 먹은 뒤 chess.com에 접속해 AI파트너와 체스 한 판을 둔다. 학교에서는 엔트리Entry 플랫폼을 통해 AI코딩수업을 한다. 자기 전에 엄마의 성화에 못 이겨 AI초등학습지 '스마트올'의 〈AR사이언스 생명〉을 읽고 보면서 오늘 배운 학교 과정을 복습한다. 한참을 놀고 간식을 먹다가 챗GPT에서 GPT-4모델을 테스트해보는 엄마 옆에 스윽 앉더니 "나도 말 걸어 볼래"라고 졸라댄다. 그러고는 "넌 어떻게 태어난 거야?"라는 지나치게 인문학적이지만 지극히 11살다운 질문을 던진다.

모든 알파세대가 각자의
'소셜 AI로봇'과 함께 등교하는
폭스 스튜디오 애니메이션 〈고장난 론〉
출처: CGV 홈페이지

　　이것이 한국에 사는 흔한 11살의 하루이다. 아이들이
AI(인공지능)와 대화하는 일은 더 많고 다양하고 더 깊게
이뤄질 전망이다. 음성 인식 기술이 고도화되며 AI교육
서비스는 폭발적으로 성장 중이다. 더 나아가 이제 곧 보
편화된 AI융합서비스들과 하루를 시작하고 하루를 마무
리할 것이다.

　　2021년 폭스 스튜디오는 〈고장난 론Ron's Gone Wrong〉이
라는 귀여운 애니메이션을 공개했다. 작품 안에서는 미
국의 한 초등학교 아이들이(알파세대) 등교할 때 엄마, 아
빠가 아닌 자신의 키 절반 정도인 소셜 AI로봇과 함께

AI와 대화하는 알파세대의 교육서비스가 급증하고 있다.

출처: https://www.sciencetimes.co.kr; http://www.gosiweek.com

등교한다. 얼핏 보면 보디가드나 비서 정도로 보인다. 교실에 도착하면 AI로봇들은 사물함 같은 곳에 들어가 배터리를 충전하면서 학생들을 기다린다. 신상 AI로봇의 제품 박스에는 '모든 아이들의 친구가 되는 세상'이라고 적혀 있다. 참 매력적인 마케팅 문구이다.

AI로봇은 당연히 각자의 주인인 알파세대 아이들의 생활 데이터와 연결되어 그들의 모든 정보를 기억하고 연동하면서 일상생활을 함께 한다. 전화, 문자, SNS, 게임, 촬영 같은 스마트폰의 기능들이 들어 있다. 당시에는 이 애니메이션이 비현실적이라는 생각을 했던 것이 사실이다. 그런데 2023년에 다시 보니 AI로봇이란 다양한

AI융합서비스들이 제공되며 아이들의 모든 것이 라이프 로깅되는 큰 덩치의 AR글라스쯤이 아닐까 하는 생각이 든다.

이처럼 알파세대는 태어나는 순간부터 '헤이 시리', '하이 빅스비', '오케이 구글'을 듣고 말하더니 이젠 챗GPT로 숙제를 하고 영어 에세이 공부를 하는 아이들이다. 향후 교육, 일, 운동, 여가, 소통, 자동차 등 24시간 AI와 융합된 서비스들과 알파세대들이 어떻게 상호 성장해갈지 기대된다.

전문가 15명이 4주에 할 일을 5분 만에 처리하는 AI

골드만삭스 'AI 워런', 애널리스트 15명이 4주에 할 일을 5분 만에 처리(한국경제)

로봇이 월스트리트를 침공했다(뉴욕타임스)

AI 자동화로 일자리 71% 사라져(맥킨지 앤드 컴퍼니)

2017~2018년 사이 국내외 매체에서 지겹도록 터트

린 기사의 헤드라인이다. 2017년 미국 투자은행(IB)인 골드만삭스는 '켄쇼Kensho'라는 기업분석 AI플랫폼을 도입해 AI워렌Warren을 만들었다. 금융업계에서 AI자동화를 가장 먼저 주도한 골드만삭스의 경우, 기업이 주식시장에 공개되는 IPO업무의 80%를 자동화에 의존하며 소액 투자자 자산관리는 이미 100% AI로봇이 진행하고 있다. 그리고 매년 핵심 중역과 후계자들을 제외하고는 대량 해고를 진행 중이다.

어찌 보면 방대한 양의 과거 데이터를 기반으로 미래를 예측하는 금융업이나 유통업 등은 AI가 가장 효과적으로 활용될 수 있는 산업일 것이다. 2010년대 중반까지만 하더라도 금융 산업의 다양한 직종 중 '애널리스트'는 소위 슈퍼 엘리트 군단들만이 선택되는 특수한 영역이었다. 아이비리그를 졸업해 월스트리트에 입성하고(월스트리트는 하버드대학교와 프린스턴대학교 출신을 선호한다는 조사도 있다) 글로벌 시장 경제를 주무르는 대형 투자은행에 들어가 애널리스트가 된다는 건 그야말로 잭팟이 터진 커리어이니 말이다.

그런데 AI워렌이 연봉 50만 달러의 애널리스트 15명이 4주에 걸쳐 할 분석과 예측을 5분 만에 해치웠다. 그렇다면 기업은 무엇을 선택할 것인가? 아니 무엇을 선택해야 옳은 것인가? 프린스턴대학교를 졸업하고 골드만삭스의 애널리스트나 주식 트레이더로 취업한 슈퍼 엘리트들은 여전히 탄탄대로의 미래가 보장된 인력이 맞는가?

AI기술이 고도화되면서 전통적인 산업에 AI가 결합되는 목적과 범주도 달라지고 있다. 과거에는 반복되는 단순 업무의 효율적인 처리에 머물렀다면 지금은 정확한 예측에서 오는 수익 극대화로 부가가치를 창출한다. 금융업에서 더 나아가 의식주와 관련된 모든 산업에 AI가 결합되면서 생산성이 높아지고 있다. 머신러닝으로 그 정확도는 더 높아질 것이다.

2020년 한국 시장에 출범해 가정주부의 노동을 줄여주었던 비대면 세탁서비스 '런드리고LaundryGo'는 의류 자동 분류 시스템인 AI스타일스캐너를 개발해 세탁물별 입고 시간을 60% 이상을 단축하고 있다고 말했다. 학습을 반복하는 머신러닝을 통해 시간이 흐를수록 서비스와 상품은 더 좋아진다. 이렇듯 월스트리트의 거대 투자은행에서 한국 시장의 비대면 세탁서비스까지, 결국 AI는 인간을 도와주는 선한 역할을 하지만 동시에 인간의 일자리를 뺏는 위협이 되고 있다.

물론 미국 매사추세츠공과대학MIT 교수이자 저명한 노동 경제학자인 데이비드 오터David H. Autor는 "AI가 인간을 대체한다"는 것은 과장이라고 말한다. 인간의 지식은 많은 부분이 복제할 수 없는 암묵적인 영역이기에 두려워하지 말자는 것이다. 또 역사적으로 새로운 기술은 늘 또 다른 기회도 창출해왔기 때문에 AI환경이 오히려 새로운 일자리를 가져올 수 있다고 설명한다. 컴퓨터 그래픽 디자이너나 태양열 전기 학자, 드론 비디오 작가 등이 여기에 해당한다. 과거엔 없었던 직업들이니 말이다.

세계경제포럼WMF은 2025년까지 AI자동화로 인해 8,500만 개의 일자리가 사라지는 대신 9,700만 개의 새로운 일자리가 생겨날 것으로 예측했다. 그러나 오터 교수 역시 AI가 발전하는 속도가 본인의 예상보다 훨씬 빠르다는 점을 강조하며, 어느 직업군에서 인간의 일자리를 얼마나 뺏을지 속단할 순 없지만 기존의 일자리에 손해를 끼칠 것임은 분명하다고 말한다.

최근 기획재정부가 영국 옥스퍼드대학교의 〈고용의 미래〉라는 논문을 인용하여 재작성한 〈4차 산업혁명시대 일자리의 미래〉라는 보고서도 비슷한 결론을 냈다.

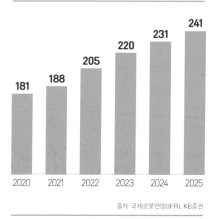

전 세계 로봇시장 규모 전망

2020	2021	2022	2023	2024	2025
181	188	205	220	231	241

출처: 국제로봇연맹(IFR), KB증권

AI 로봇시장의 확장에 따른 인간 노동의 가치 변화   출처: http://www.eduniversal-eea.com

이 보고서에 따르면 AI로 대체 가능할 직업군은 1위 의사, 2위 회계사, 3위 판사의 순이었다. 의사와 회계사의 역할에서 환자(또는 고객)의 이야기를 듣고 소통하는 일을 제외하면, 방대한 과거의 데이터를 기반으로 솔루션을 제공하는 측면에서는 앞서 언급된 투자은행의 애널리스트와 별반 다르지 않을 것이라는 해석이다. 그러나 특정 직업군의 핵심 역할이 달라지는 것일 뿐 가치 판단을 요하는 결정은 AI가 대체하지 못할 것이라는 점도 기억해야 한다.

챗GPT의 상용화

전략 컨설팅 분야 부동의 1위인 맥킨지 앤드 컴퍼니의 분석은 더 자극적이다. AI 자동화로 일자리의 71%가 사라질 것이며 2030년 AI는 전 세계의 국내총생산GDP에 13조 달러를 기여할 것으로 내다봤다. 한화로 1경 6,000조 원이 넘는 금액이니 쉽사리 예측하기 어려운 천문학적인 액수이다. 단순한 업무를 AI가 대체하는 정도를 넘어, 업무 정확도는 높아지고 속도는 빨라지면서 기업의 이윤이 극대화되기 때문일 것이다.

AI업계의 최근 소식 중 가장 충격적이었던 것은 미국의 개발사 오픈AI의 '챗GPT'의 상용화이다. 챗GPT는 한마디로 GPT라는 이름의 언어기반 초거대 AI가 채팅 서비스에 결합된 서비스이다. 예를 들어, 그간 우리가 검색포털 네이버에 '마스크 벗는 날짜'를 검색해 수천여 개의 정보를 제공받았다면, 챗GPT에 "마스크 언제 벗어도 돼? 근데 진짜 벗어도 될까"라고 물으면 딥러닝을 통해 걸러진 인터넷자료에 전문가의 가치 판단을 더하여 답을 준다. 더 직관적으로 설명하자면 과거 기계(검색포털)와의 Q&A 메뉴 안에서 해당 분야의 전문 지식을 가진 박사님과 일대일 카톡 대화를 하고 있는 느낌이랄까.

특히 챗GPT의 독보적인 자랑은 '글쓰기'이다. 챗GPT의 글쓰기 솜씨는 2020년 9월 GPT-3가 영국 〈가디언〉에 칼럼을 기고하면서 주목받기 시작했다. 역사적으로 저명한 문학 작가들의 문체로 쓰라고 지시하면 그대로 쓰고, 입사를 위한 자기소개서 등 목적에 따른 글쓰기는 더 잘한다. 참고로 오픈AI는 2019년 마이크로소프트가 10억 달러를 투자한 회사로 2023년 현재 기업가치는 290억 달러에 달하는 등 미국에서 가장 비싼 유니콘 기업이다.

이쯤하면 머지않아 아이비리그 입학을 위한 에세이는 누가 챗GPT에 개인자료와 에세이의 방향성을 효과적으로 지시하느냐로 갈릴 것이다. 다음은 2023년 4월 필자가 챗GPT에게 'ALPHA'로 5행시를 부탁한 결과이다. 질문하자마자 0.1초 만에 받은 답변임에도 단순히 'A', 'L', 'P', 'H', 'A'의 첫 글자만을 활용한 것이 아닌 알파세대를 이해하고 작성한 수준 높은 5행시임을 알 수 있다.

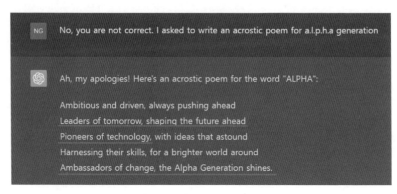

챗GPT에게 부탁한 알파세대 5행시

Ambitious and driven, always pushing ahead

야심 차고 추진력 강해서 항상 앞서 나가는

Leaders of tomorrow, shaping the future ahead

앞으로 미래를 선도하는 내일의 리더

Pioneers of technology, with ideas that astound

기술의 개척자로, 놀라운 아이디어를 가지고

Harnessing their skills, for a brighter world around

그들의 기술을 활용해, 더 밝은 세상을 만들어 간다

Ambassadors of change, the Alpha Generation shines

변화를 대표하는 빛나는 알파세대

Elon Musk ✓
@elonmusk
@sama 님에게 보내는 답글
ChatGPT is scary good. We
are not far from dangerously
strong AI.
트윗 번역하기
2022년 12월 04일 · 4:48 오전
6,510 리트윗 938 인용한 트윗
50.6천 마음에 들어요

Sam Altman ✓ @sa... · 22년 12월 04일
@elonmusk 님에게 보내는 답글
i agree on being close to dangerously
strong AI in the sense of an AI that
poses e.g. a huge cybersecurity risk.
and i think we could get to real AGI in
the next decade, so we have to take the
risk of that extremely seriously too.
♡ 108   ♺ 271   ♡ 2,061   ⬐

Yaron Samid 🖤✓ ... · 22년 12월 04일
An AI-powered cybersecurity company
that fights AI-powered cyber threats will
become a $100B+ business in the next
decade.

2022년 12월 일론 머스크와 샘 알트만의 트위터 내용   출처: twitter.com/elonmusk

이렇게 기계가 침범하기 가장 난해한 영역이라고 생
각해왔던 그림이나 글쓰기 영역에도 AI는 이미 들어왔
다. 오픈AI의 초기 투자자이기도 한 테슬라의 일론 머스
크Elon Musk 회장은 2022년 12월 개인 트위터에 "챗GPT
는 두려울 정도로 훌륭하다. 압도적이지만 위험할 수도
있는 AI를 직면할 날이 멀지 않았다"는 의미심장한 글을
남겼다.

　이 트윗에 연이어 오픈AI의 샘 알트만Samuel H. Altman
CEO가 "보안 측면에서는 위험할 정도의 AI라는 데 동
의한다. 다음 10년 안에 진정한 AGIArtificial General Intelligence
(특정 목적에 맞게 설계된 인공지능이 아니라 그 어떤 것도 이해

하고 처리하는 인공 '일반지능')가 완성될 것이라고 생각하기에 그 위험에 대해서도 감당해야 한다"라는 매우 진보적인 답변을 남겼다.

사실 일론 머스크의 트윗보다 더 무서운 건 "10년 안에 AI가 모든 면에서 사람처럼 이해하고 처리하는 최고 수준 인공지능 AGI로 진화할 것이다"라는 샘 알트만 CEO의 답변이다. 이후 그는 몇 개월이 채 되지 않아 "AI 기술 개발엔 속도 조절이 필요할 수 있다"는 주장을 내놓았다. 다른 사람도 아닌 챗GPT로 세상을 뒤집어놓은 CEO가 말이다. 최고 수준 AI인 인공 '일반지능'이 왔을 때 인류에게 미칠 영향이 무서워 AI기술 개발엔 속도 조절이 필요하다니. 신뢰가 가는 만큼 실로 더 아찔하다. 이처럼 알파세대가 성인이 되어 있을 2030~2040년대에는 이들이 AI와 공존하며 때론 경쟁하고 지시하고 또는 지배당하며 살아갈 것임이 분명하다.

몇 해 전 tvN 〈알쓸신잡〉이라는 교양 예능 프로그램에서 대한민국의 내로라하는 지식인들이 모여 4차 산업혁명이 가져올 인간의 노동가치에 대해 토론한 적이 있다. 머지않아 국가는 국민 모두에게 일정한 액수의 소득을 주는 '기본소득제'를 도입할지도 모른다는 내용이 당시에는 지나치게 앞서간다는 생각이 들었지만, 현재 AI 적용 분야와 그 속도를 고려하면 충분히 논의가 필요한 담론이다.

AI의 진화로 인간의 일자리와 수입이 줄어드니, 국가가 기본소득제를 도입해서라도 돈을 배분하여 인간의 소비를 증진해야 한다는 논리이다. 인정하고 싶지 않지만 인간의 노동 가치는 폭락하고 있다. 미국, 인도, 스위스 등의 선진국에서는 기업들의 수익이 극대화될 AI시대에 줄어들 일자리를 상쇄하기 위한 AI로봇세나 기본소득제 등을 이미 검토하고 있다.

노동의 가치를 재정립해야 하는 세대

알파세대는 인류 역사상 가장 높은 삶의 질을 영위하게 되겠지만, 동시에 노동의 가치를 재정립해야 하는 시대에서 살게 될 것이다. 단순히 살아가는 것이 아니라 2030~2040년에 시장경제의 중심이 될 세대가 바로 이들이다. 그렇다면 알파세대는 AI가 감히 침범하기 어려운, 아니 투입되는 데 시간이 꽤 걸릴 영역에 집중하거나

AI를 잘 다루는 스페셜리스트가 되어야 한다. 이들은 AI 네이티브이면서도 동시에 AI와 경쟁하며 살아갈 첫 번째 인류이기 때문이다.

인간이 AI와 경쟁해서 독보적으로 잘할 영역은 무엇일까? 대부분의 전문가들은 감각적이고 전문적이며 창의성이 필요한 직업은 AI가 대체하기 어렵다고 주장하고 있다. 미래학자 토마스 프레이Thomas Frey는 감성에 기초하고 정교함을 요구하는 화가와 작가 등의 예술 직종과 운동선수, 다단계 사업자들은 AI가 대체하기 어렵다고 말한다. 여기에서 다단계 사업자가 꼽힌 점이 꽤 흥미로운데 사람의 감정을 읽고 설득하고 결정을 끌어내는 판매 업무는 AI가 대체하기 어려운 영역이라는 것이다. 백번 양보해서 설사 인간의 감정 변화는 수치화할 수 있다고 하더라도 상대방의 감정이 어느 순간 어떻게 달라지고 있는지까지 학습시키는 것은 쉽지 않을 것이기 때문이다.

또 노동 경제학자이자 MIT 부속 '미래의 일자리' 의장인 오터 교수는 기계를 잘 활용할 수 있는 사람이 되어야 한다고 강조한다. 스스로 갖고 있는 전문적인 지식에 사람과 소통할 수 있는 능력을 결합해 가치를 만들어내고 이를 오히려 AI에 적용하거나 활용할 수 있는 사람에게 더 많은 기회가 주어진다는 뜻이다.

온갖 모임에서 챗GPT 담론만 나오던 2023년 2월 알파세대를 키우는 학부모 5인의 식사자리를 소개해본다. 초등학교 4학년 남아를 자녀로 둔 43세 엄마가 "그럼 도대체 우리 아이들은 어떻게 키워야 하는 거예요?"라며 운을 뗐다. 그러자 맞은편의 초등학교 3학년 쌍둥이 자녀를 둔 42세 대기업 회사원 아빠가 "음, 실리콘밸리 AI들이 절대 분석하지 못하는 아웃라이어Outlier로 키워야 하지 않을까요? 그게 경쟁력 아닌가"라며 농담을 던지자 다른 초등학교 4학년 남아를 자녀로 둔 51세 웹툰작가 아빠가 이렇게 대답한다. "아, 그럼 (아웃라이어 바깥에 있는) 돌아이로 키우라는 거군요." 일동 모두 공감 반 걱정 반 웃음을 터뜨리며 술잔을 기울인다.

기존 경쟁의 규칙들이 새 기술에 의해 재편되어 가는 시점임은 분명하다. 21세기 가장 영향력 있는 저널리스트인 말콤 글래드웰Malcolm Gradwell이 특별한 기회와 역사문화적 유산 측면에서 성공한 아웃라이어들의 비결

● **아웃라이어** 평균치에서 크게 벗어나서 본체에서 분리되는 표본이거나 다른 대상들과 확연히 구분되는 관측치. 즉 생각과 사고방식이 보통사람의 범위를 뛰어넘는 이들

을 담은 책《아웃라이어》를 내놓았던 때가 2009년이다. 덴마크의 꽤 유명한 조경사 카를 쇠렌센Carl Sorensen은 그 동안 본인이 만들었던 모래사장, 미끄럼틀, 그네가 있는 수많은 놀이터가 아이들에게 얼마나 지루한지를 이제 야 깨닫는다고 했다. 그래서 기존 놀이터의 틀을 깨고 약 7,000m^2의 부지를 고장난 자동차, 장작, 타이어 등을 채 워 큰 인기를 거둔다. 물론 이 규칙 없는 공간에서 몇 가 지 문제도 발생했지만, 적어도 심심하기만 한 평범한 놀 이터에서 일어나곤 하는 싸움은 없었다고 한다. 이 현상 을 놀이터 기획자들이 "할 게 너무 많아서 아이들끼리 다툴 시간이 없었다"로 설명했다는 점은 많은 것을 시사 하고 있다.

관련하여 AI 공존의 시대에서 살아갈 알파세대를 어 떻게 교육해야 할 것이냐에 대해서는 '6장 하이테크 시 대의 하이터치 가이'에서 자세히 논의해보겠다.

비대면이 편안한
코로나키즈

예상치 못한 변수, 팬데믹

2020년 2월 유치원을 졸업하고 같은 해 3월 초등학교에 입학한 아이들을 예로 들어보자. 코로나의 전 세계적인 강타로 졸업식과 입학식을 생략했고, 입학하자마자 세계보건기구WHO의 팬데믹 선포로 온라인 전면 수업을 받았다. 이후 팬데믹이 길어지며 공교육 기관들도 학년별 등교일과 줌 수업일을 분리하여 교차 등교를 실시하는 등 다양한 방식을 시도했다.

학교에 등교한 후 집에 오자마자 아이들은 "엄마, 선생님이 친구랑 말하지 말고, 친구 손잡지 말고, 칸막이

위로 얼굴 빼꼼 내밀지 말래"라고 말한다. 당시 교실과 급식실은 학생들 사이사이에 아크릴 투명 칸막이를 설치했다. 이렇게 이제 갓 사회생활을 시작한 초등학교 입학생이 지역사회에서 첫 규칙으로 받은 지령은 "말하지 말고 손잡지 말라"였던 것이다.

흔히 '어린이'로 표현되는 유년기는 사회적 관계의 첫 물꼬를 트는 중요한 시기이다. 사람과의 관계에 호기심이 풍부한 성장기에 아이들은 줌 스크린, 아크릴 칸막이와 칸막이 사이 30cm 공간에 갇혀 말도 못하고 얼굴을 내밀지도 못하면서 오로지 (마스크 위의) 눈으로만 사회적 관계를 시작했다. 눈으로 상황을 살피고 정보를 교환하며 행동으로 옮긴다. 얼핏 입 없는 일본 캐릭터인 헬로키티Hello Kitty가 떠오르기도 한다.

헬로키티는 역대 슈퍼IP들의 누적 매출에서 포켓몬 다음의 2위이다. 이런 전 세계적인 인기 요인이 키티의 표정이 없다 보니 본인의 상태를 각자 대입시켜 공감과 위로를 받기 때문이라고 평가된다. 키티가 입이 없는 이유에 대해 제작사인 산리오Sanrio는 "자상함은 입이 아니라 태도로 보여주자"는 메시지라고 한다. 그러나 당시 일본은 이지메(괴롭힘)가 심했던 시절이기에, 감정 표현이

서툰 사회적 단상을 반영하고 있다는 의견이 오히려 설득력이 있다.

코로나19 당시 아이들이 학교를 등교한 날은 그들의 표현에 따르면 '럭키데이'이다. 흔히 사람을 적응의 동물이라고 하는데 아이들의 적응 속도는 더 빠르다. 코로나 기간에 익숙해진 아이들은 점차 무리 지어진 타인을 경계하게 되고 마스크를 쓰면 오히려 편안하다는 감정을 느끼게 된다. 마스크는 고작 손바닥 사이즈의 천 쪼가리지만 내 마음 상태와 기분을 안 들켜도 되는 장치인 것이다. 대신 그 또래의 시기에 상대방의 입 모양과 표정을 통해 익히는 대화 기술과 공간에 언어적 묘미가 더해지며 생성되는 분위기를 파악하는 속도는 느려졌을 것이다.

이처럼 코로나19로 친구들과 살을 부대끼고 놀면서 땀을 닦아가며 유년기를 보내지 못한 알파세대를 CNN은 '코로나세대 = C세대(Generation C)'라고 명명했다. C세대는 그 어떤 세대보다도 변화에 민감한 만큼 적응력이 강하고 기술친화적인 사고를 가진 아이들이다. 이들은 기술의 순작용을 뼛속 깊이 이해하며 생활에 적용하고, 향후 개인적으로 또는 사회적으로 닥칠 역경들을 버텨내며 회복력도 높은 세대가 될 것이다. 이는 코로나기

즈의 순기능으로 알파세대의 미래에 미치는 영향이 어둡지 않을 것임을 의미한다. 그러나 동시에 기술과 IT서비스의 진화가 멈춰 있다면 이를 못 견딜 아이들이기도 하다.

CNN은 출생한 지 1,000일까지(만 2.7세)가 매우 중요한 성장 발달 단계이므로 코로나 때 출생한 2020~2022년생이 미래 알파세대의 특징을 결정지을 것이라는 급진적 견해도 함께 보도했다. 한편, 코로나로 바뀐 변화가 바로 단기간 내에 회복되기는 어려울 것이므로 코로나세대에 2030년 출생자까지 포함해야 한다는 일부 전문가 의견도 있다. 물론 코로나세대의 범주를 어디까지 확장할 것이냐는 규정하기 나름이다. 하지만 역대 인류사에서 주요 장면으로 손꼽히게 될 코로나19 팬데믹과 함께 사회적 관계를 맺기 시작한 세대를 해석하고 이후의 성장 과정을 추적하는 것은 매우 중요한 역사적 탐구가 될 것이다.

같은 알파세대 안에서도, 코로나 이전의 학교생활을 기억하는 2012년 이전에 출생한 알파세대(2023년 기준 12~13세)와 코로나 이전 경험이 없는 알파세대(2023년 기준 11살 이하)는 또 다르다. 후자의 알파세대들이 지난

3년의 상황을 당연한 것으로 받아들이지 않도록, 학교와 어른들이 오프라인 또래 커뮤니티를 자주 만들어 소통의 기술을 익히고 대면의 즐거움을 느끼게끔 하는 것이 큰 과제로 남았다.

DM과 유튜브만으로 완전한 소통이 가능한 세대

팬데믹 기간에 코로나키즈인 C세대의 디지털 소비 시간, 그중에서도 영상을 소비하는 시간은 압도적으로 늘어났다. 공교육을 비롯하여 다양한 사교육들이 비대면으로 진행된 탓도 있겠지만 우선은 집에 머무르는 시간이 많아졌다. 다가올 코로나를 전혀 예측하지 못했을 마크 매크린들이 '알파세대'를 처음 규정할 때조차도 소통에 대한 그들의 특성을 "문서가 아닌 프레지Prezi, 이메일이 아닌 인스턴트 메시지DM 그리고 유튜브 영상만으로 완전한 소통이 가능하다. 디지털 환경에서 몇 초 만에 사고를 전이시킬 수 있는 첫 세대가 될 것"이라고 규정하긴 했었다.

여기서 잠깐 설명하자면, 프레지는 헝가리의 IT스타

트업에서 출발했다. 마이크로소프트의 파워포인트나 애플의 키노트 같은 프리젠테이션 도구이지만 줌인zoom in, 줌아웃zoom out 기능으로 더 역동적인 스토리텔링을 전달할 수 있다. 프레지는 발표자의 생각을 연결시켜 나가는, 즉 마인드맵으로 정리된 내용을 발표할 때 탁월한 효과를 발휘한다. 또 클라우드상에서 운영되는 시스템이라 소셜ID 로그인을 사용하기 때문에 네트워크 환경이나 디바이스로부터 자유롭다.

트위터, 인스타그램 같은 SNS에서 사용하는 'DM(인스턴트 메시지)'이나 '페메(페이스북 메신저)'는 말 그대로 즉각적이지만 서로 팔로우하는 사람끼리만 주고받고 다른 사람은 볼 수 없다는 폐쇄적인 커뮤니티 특성이 있다. 흔히 기성세대들끼리 있을 때, "근데 쟤는 우리 카톡은 확인하지 않으면서 인스타 DM은 실시간으로 확인하더라? DM을 카톡처럼 쓰던데?", "그니깐 말이야, 울 초딩 조카도 페메랑 인스타 DM을 카톡처럼 써. 번잡스럽지 않나? SNS 통해서 들어가야 하잖아"라는 말을 주고받곤 한다. 지금 알파세대와 Z세대가 DM으로 소통하는 이유는 그들의 라이프스타일이 곧 소셜이다 보니 DM이 오히려 편하고, 카톡처럼 '엄빠'나 학원선생님이 시도 때도 없이

(거슬리게) 말을 걸지 않는 그들만의 폐쇄형 소통이 가능하기 때문이다.

기성세대 입장에서는 수학학원에서 2시간짜리 수업을 들으면서 그 잠깐의 쉬는 시간에 인스타 DM으로 오뎅꼬치 먹을 사람을 모으는 알파세대 아이들을 쉽게 이해하기 어렵다. 하지만 알파세대 입장에서 인스타 DM은 카톡과 달리 모바일 연락처를 몰라도 취향과 관심사가 비슷한 새로운 누군가와 소통이 가능한 매력적인 메신저다.

마지막으로 유튜브는 우리 모두 잘 알고 있는 것처럼 동영상 소통을 가능하게 한다. 결국 'DM과 유튜브만으로 소통이 가능한 세대'는 그들만의 리그(이는 곧 폐쇄형을 뜻한다)에서 일어나는 직관적이고 빠른 연락을 선호하면서도 동영상 의존도가 매우 높다는 것이다. 2010년대 초반 알파세대를 처음으로 규정한 이후 어느덧 10년 이상이 또 흘렀다. 그 사이 라이브 스트리밍은 시장 예상보다 더 가파르게 급물살을 탔고, 어느 누구도 예상하지 못했던 팬데믹 시대도 지나가고 있다. 이렇게 '비디오Video'에서 '라이브 스트리밍 비디오Live Streaming Video'로 흐름이 넘어가며 실시간 소통의 가치는 높아지고 일상화되었다.

알파세대의 소통법을 대표하는 프레지, DM, 유튜브   출처: 각 사 홈페이지

앞서 말한 프레지 역시 사용자 개인이 녹화한 콘텐츠를 공유하고 실시간 방송까지 송출할 수 있다. 더 직관적으로 말하자면, 파워포인트에 유튜브와 SNS를 섞어놓은 모양새라고 이해하면 쉽다. 향후 프레지와 DM, 유튜브는 지금보다 더 개인화된 콘텐츠를 실시간으로 제작하고 공유하는 방향으로 확장될 것이다. 그리고 이것이 마크 매크린들이 알파세대를 규정할 때 프레지와 DM, 유튜브를 소통 도구로 언급한 이유이다.

소셜미디어가 만든
'내가 세상의 중심'인
아이들

　　1장의 '구성원도 조력자도 아닌 내가 셀럽이다' 부분
으로 잠시 돌아가보자. 우리는 지금의 사회·경제적 문
화에 IT서비스들이 더해지며 알파세대가 자기중심적으
로 성장하게 된 배경을 이야기했다. 알파세대는 인류 최
초의 골드키즈로, 알파세대만의 기질은 스스로가 콘텐
츠가 될 수 있는 틱톡과 제페토 같은 소셜서비스를 만나
시너지가 났다. 한편, 알파세대 각자의 취향들이 소신 있
는 행동으로 이어지면, 오히려 건강한 사회적 현상이 될
수 있다. 객체 대 객체가 모여 만드는 세련된 사회현상인
것이다. 그래서 이번엔 이 현상들이 어떤 복합적인 요인
들과 함께 알파세대를 '내가 세상의 중심인 아이들'로 만

들고 있으며, 또 어떤 사회적 트렌드로 연결되는지 살펴
보고자 한다.

알파세대에게 셀럽이란?

유치원과 초등학교 저학년 즈음이 자기중심성이 강
한 시기라는 것은 잘 알려져 있다. 이를 심리학적으로는
내가 지구에서 가장 특별한 존재라고 인식하는 '개인적
우화'의 경향이 높은 시기라고 한다. 그렇다면 일명 알파
세대 아이들이 스스로를 셀럽으로 느낀다거나 내가 세
상의 중심이라고 인지하는 것은 성장과정에서의 당연한
수순으로 치부할 수도 있을 것이다. 그러나 여기에는 입
체적인 요인들이 함께 작용하고 있다. 알파세대가 내가
세상의 중심이라고 생각하는 데에는 각자의 기질을 콘
텐츠로 표현하게끔 '판'을 깔아준 소셜미디어(유튜브, 틱
톡, 인스타그램 등)가 큰 몫을 해왔기 때문이다.

한편, 셀럽의 뉘앙스 각도가 달라지는 것도 흥미롭다.
X세대나 밀레니얼세대가 초등학생 고학년이나 중학생
이던 시절에는 화장을 하거나 염색을 하고 교복 스커트

를 짧게 입은 친구들을 셀럽이라고 불렀다. 일단 예쁘고 잘생기거나 외모를 꾸며야 했던 것이다. 지금은 아니다. 지금은 내가 잘하는 것을 콘텐츠로 만들어 틱톡에 올리거나 마라탕 집에서 #마라중독 #2012년생 #쥬시쿨서비스 #초딩마라탕 등의 태그를 넣어 수십 개 이상의 인스타 '좋아요'가 눌리는 아이가 셀럽이다. 알파세대의 SNS 피드에 본인과 친구들의 얼굴이 안 들어가기 시작한 것은 꽤 오래전 일이다. 특히 틱톡에서는 얼굴을 스티커로 가린 채 춤을 추는 K팝 댄스 콘텐츠가 많다. 그들에게 얼굴 사진 박제는 콘텐츠가 아니다. 콘텐츠는 내가 나를 표현하거나 스토리가 있거나 재미있어야 하는 것이다.

만 13세 이하로 부모의 지휘와 영향력 아래에 있는 알파세대에게는 여전히 부모의 사고방식과 의사결정이 가장 중요할 것이다. 무슨 말이냐 하면 3년에 걸쳐 지속된 팬데믹의 장기화는 '코로나키즈'만 만든 것이 아니라 어른들의 사고방식에도 큰 영향을 미쳤다는 뜻이다. 이제 어른, 알파세대 학부모들의 이야기로 넘어가보자.

모든 것을 잘하는 것보다 나만의 어떤 것

학부모들의 대화가 달라졌다. 팬데믹이 시작되고 첫해, 사교육의 메카에서 알파세대를 키우는 엄마들은 갈길을 잃었다. 웬만하면 수학학원 3개(사고력 수학, 내신 수학, 연산)를 보내는 교육열 과잉의 지역에서 아이를 키우다가, 갑자기 학교도 학원도 비대면 수업을 하니까 엄마들은 내 아이와 비교할 대상을 찾기 어려워졌다. '저 집 아이는 A학원 레벨테스트에서 몇 등급을 받아 반 배정이 어떻게 되었는지', 'B학원은 초등학교 5학년 최상위반이 지금 고2 수학을 한다든지', '올 여름방학엔 ○○로 서머캠프를 보내는 게 좋다든지' 등을 직접 비교할 기회가 없어진 것이다.

1등 엄마의 정보는 어떻게든 다 습득하고 주변 엄마들이 하니까 나도 해야 할 것 같았는데, 팬데믹은 이 반작용을 잠시 멈추게 했다. 면밀히 추적해보면 팬데믹 1년을 지나 2년째 들어서면서부터 '엄친아'라는 단어를 잘 쓰지 않게 됐다. 코로나 세태가 1년 안에만 멈췄더라도 회귀되었을 이 반작용이 3년이라는 시간이 지나며 부모들의 생각도 점차 바꾼 것이다. 바야흐로 이제 불확실성의 시대가 되었다.

팬데믹이 종식되더라도 다르지 않을 것이다. 세상 변화의 속도를 보면, 무언가를 예측하고 계획하며 살아가는 것이 과연 현명한 것인지 의문이다. 전문직 종사자도, SKY 출신도 똑같이 힘들다. 미래 먹고살기에 대한 장기 계획이 큰 의미가 없다. 평생직장의 시대도 끝났다. 이같은 불확실성의 시대에 부모는 "내 새끼 잘하는 거 밀어줄게. 나중에 하고 싶은 거 하면서 살아라"라며 아이들의 다양성을 찾으려 노력할 수밖에 없다. 개인의 기질을 날카롭게 파악하고자 하는 교육방식이 열리는 것이다. 아이들이 집에 머무는 시간이 많아지면서 엄마들이 맘카페 같은 커뮤니티 정보에 의존하지 않고 내 아이의 내면을 제대로 들여다보기 시작한 것도 큰 역할을 했다.

과거 '엄친아 vs 루저', '1등 vs 나머지(others)' 패러다임 같은 1등만 기억하는 시대는 갔다. 알파세대가 아닌 알파세대 부모들이 생각을 전환하면서 모든 아이들을 '공부하는 애'로 만들려던 획일성의 시대가 저물고 있다. 교육부에서 2025년 시행 목표로 진행 중인 고교학점제도 이와 궤를 같이 한다. 획일화된 시간표에 따르는 것이 아니라, 학생이 잘하고 좋아하는 것을 찾아 수업에 참여

2025년 교육부의 시행 목표인 고교학점제 설명 영상

하고 학점을 받는다. 마치 대학교 교양과목을 선택해서 이수하는 것처럼 말이다. 혹시 내가 원하는 수업이 지금 다니는 학교에 없을 때는 온라인 수업이나 연계된 이웃 학교를 활용하면 된다.

그런데 이 핵심을 다른 관점으로 돌려보자. "내가 원하는 수업을 듣고 학점으로 인정받을 수 있다"보다 더 중요한 건 아이들이 적어도 중학교 때까지는 본인이 무엇을 잘하고 원하는지를 찾아내야 한다는 것이다. 거기에 방점이 찍혀 있다. 그래야 고교학점제를 최적으로 활용할 수 있을 것이다. 알파세대 부모는 물론이고 공교육과 사교육 기관들이 아이들의 기질을 일찍 찾아 잘 끌어줘야 하는 이유이다.

이처럼 알파세대는 IT소셜미디어의 일상화로 내 스스로를 드러내는 데 익숙한 세대이다. 따라서 알파세대의 부모는 새로운 패러다임을 고민하기 시작했다. 이에 더해, 교육부는 아이들의 특별함을 키워주기 위한 선제적 준비에 들어갔다. 결국 불확실성의 시대가 가져온 트렌드의 변화에 힘입어 모든 것을 다 잘하는 엄친아보다 나만의 어떤 것을 깊게 잘하는 아이들이 중요한 시대가 빨리 왔다. 1등이 아닌 '나머지 알파세대'에게도 과거보다 더 많은 기회가 올 것임을 의미한다. 도지사 영어웅변대회나 성대 수학경시 수상이 아니더라도 내 것, 나만의 콘텐츠를 뽐낼 기회가 더 많아진다.

어쩌면 수년 안에 대치동과 목동 학원가에 '잘하는 것 찾아주기Finding My Things' 같은 학원 프랜차이즈가 생길지도 모르겠다. 모래밭에서 숨은 진주를 찾아내는 것에도 전문성이 요구되기 때문이다. 마치 덴마크의 중학교 자유학기제인 '애프터스쿨After School'처럼 1년간 자신을 들여다보고 나를 공부하는 시간을 보내는 취지와 유사하다. 이 기간에 학생들은 요리, 농업, 승마, 목공 등 원하는 것을 선택해 배운다. 특히 수작업 기술, 철학, 사회성(시사토론)을 중요하게 다루면서, 자아를 찾기 위한 특별한 1년을 보내는 것이다.

지금처럼 학원 레벨테스트를 통과하지 못해 레벨테

스트 합격 과외를 따로 받아야 하는 것이 아니라, 학생들 각각의 개성이 중요해진다는 말이다. 이처럼 국내외의 입체적인 상황들은 아이들 각자의 자기중심 기질이 꽤 유지될 수 있도록, 아니 유지되는 것이 바람직한 시대로 만들고 있다. 책상에 얌전히 앉아서 정보를 분석하고 판단해서 제출하는 것을 잘하는 아이들의 경쟁력은 과거와는 다를 수 있다. 이는 반대로 내 기질과 잘하는 것을 일찍 알고, 스스로의 자존감을 지키면서 내 것을 키워나가는 아이, 즉 (좋은 뜻으로의) '세상의 중심이 나인 아이들'로 자라는 것이 높은 부가가치를 갖게 될 것이다.

동시대 가장 영향력 있는 사상가이자 다보스포럼에서 역사상 가장 위대한 순간으로 회자되는 연설을 했던 뤼트허르 브레흐만Rutger Bregman의 책 《휴먼카인드》에는 "문제는 아이들이 자유를 관리할 수 있느냐는 것이 아니라 아이들에게 자유를 부여할 용기가 우리에게 있는지의 여부이다. 아이들은 규칙과 억압에 얽매이지 않고 자유롭고 개방적으로 놀이하는 호모루덴스의 삶이 필요하다"라는 내용이 있다. 브레흐만이 말하는 놀이하는 인간, 호모루덴스란 '그저 노는 것just playing'이 아니라 검색하고 발견하고 실험하고 창조하는 놀이를 즐기는 인간을 뜻한다. 아이들은 이 놀이를 위해 자신의 호기심을 충족시킬 시간이 필요하다. 지루함은 창의력의 원천이라는 말도 있지 않은가?

알파세대의 자기중심적 기질은 IT기술의 진화나 소셜미디어 환경 같은 물리적인 기반을 바탕으로 한 세대적 특성에서 연유했지만, 이제 다양한 외부적 요인들까지 이 기질을 밀어주고 있다. 말 그대로 알파세대는 '세상의 중심이 나'이지만, 세상이 오로지 내 중심으로 돌아간다고 믿는 제도권 부적응자가 아니다. 내 것을 찾는 데 에너지를 쏟고 내 취향과 기질을 존중받기 위해 그것을 밀고 나가는 건강하고 자존감이 높은 아이들이다. 이들이 알파세대이다.

'노동보다 투자'를 믿는
부모들이 키우는
자본주의키즈

케케묵은 통장 개설의 추억

저축과 노동 소득이 투자 소득을 절대 따라갈 수 없
다는 것을 시장경제에서 충분히 느끼게 되는 시대이다.
21세기에 태어난 알파세대에게는 프랑스 경제학자 토마
피케티Thomas Piketty의 책 제목 그대로 '21세기 자본론'(20
개국 이상의 경제학적, 역사적 데이터를 수집해 자본소득이 경제
성장률보다 더 높다는 실증적인 연구)이 적용될 수밖에 없다.
금융 투자로 버는 돈Return on Investment이 노동을 통해 벌어
들이는 돈의 합보다 큰 것을 마치 불로소득으로 인식하
며 죄책감을 느끼던 시대는 지났다. 물론 이는 한국뿐 아

니라 전 세계적인 사회양극화의 원인이 되고 있지만 현실은 달라지지 않을 것이다.

알파세대 부모의 대부분은 밀레니얼세대이며, 이들은 어떠한 특징을 지닐까? 유난히 주식과 부동산 투자에 관심이 많고 재테크 공부도 꽤 하고 있는 35세 동료가 이런 말을 한다. 회사 월급인 노동소득으로 생활을 하고 투자 소득은 계속 돌리면서 재투자를 해왔는데, 투자소득이 규칙적이지 않다 보니 수개월 전부터 방법을 바꿨다는 것이다. 즉, 투자소득으로 생활을 하고 예측 가능한 규칙적인 월급으로는 주식, NFT, 암호화폐 등에 투자한다는 뜻이다. 이렇게 바꾸니, 투자소득이 적은 달에는 생활비가 부족하게 된다. 그래서 더 목숨 걸고 기업을 공부하고 파헤치고 분석하고 있다고 했다. 이 사례에서 세 가지 사실을 알 수 있다. 첫째, 밀레니얼세대 회사원들 정말 열심히 산다. 둘째, 그들은 기업이 주는 월급은 캐시플로우 이상은 안 된다는 것을 일찌감치 인식하고 있다. 셋째, 부모의 투자금융 매커니즘을 일찌감치 흡수한 밀레니얼세대의 자녀들인 알파세대는 '찐' 자본주의키즈로 성장할 것이다.

진화된 자본주의 키즈

밀레니얼세대 부모가 아이들 세뱃돈을 주식이나 NFT로 주는 사례를 소셜 피드나 기사를 통해 익히 접할 수 있다. 특히 밀레니얼세대 아빠들이 테슬라나 애플(또는 삼성전자) 주식을 아이의 초등학교 입학 선물로 SNS에 올리는 건 수백여 개의 '좋아요'가 달리는 것과 함께 '힙한 아빠'로 포지셔닝되기에 더할 나위 없이 좋다. 이처럼 알파세대는 가상화폐의 급부상과 폭락을 눈앞에서 보고, NFT라는 새로운 투자처를 경험하고, 이전 세대와는 다르게 해외 유망주를 공부하는 (투자 영혼이 자유로운) 밀레니얼세대 부모 아래에서 자라고 있다. 2022년 말 기준으로 미래에셋증권이 분석한 미성년자 주식계좌는 3년 전에 비해 7배 이상으로 급증했다. 물론 알파세대 외에도 중고등학생 계좌가 섞여 있는 수치이다. 밀레니얼세대 부모의 영향으로 일찌감치 투자금융을 학습하고 있는 알파세대와 청소년들이 늘어나고 있기 때문이다.

아예 대놓고 초등학교 때부터 재테크 교육을 시키는 부모들이 많아지고 있다. 이러한 니즈를 반영이라도 하듯, 팬데믹 3년차인 2022년 초등학생 경제교육 도서는

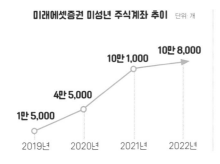

미래에셋증권 미성년 주식계좌 추이 단위: 개

- 2019년 1만 5,000
- 2020년 4만 5,000
- 2021년 10만 1,000
- 2022년 10만 8,000

세뱃돈 투자계획 물었더니

58% 주식

41% 예금성 자산

출처: 미래에셋증권

1년 사이에 50여종 이상이 출간되기도 했다. 유튜브에서 초등학교 4학년 자녀가 경제교육 채널을 보면서 자신이 내준 세 가지 숙제를 다 했다는 글을 맘카페에 올려 큰 인기를 얻은 엄마가 있다. 여기서 세 가지란 청약통장, 주식계좌가 연결된 입출금통장, 달러 투자가 가능한 외화통장을 만드는 일이다. 외화통장 개설을 숙제로 낸 이유는 달러 투자를 위해서라기보다는 매일 환율이 변동한다는 것을 아이에게 설명해주기 위함이라고 했다.

이렇듯 지금 알파세대는 경제적으로 성장할 수 있는 최적의 사회적 분위기 속에서 자라고 있다. 하지만 여기서 '경제적'이란 표현은 '절약하고 저축하는'이 아닌 투자 금융에 관한 패러다임을 조기에 깨우치는 것을 말한다. 알파세대도 MZ세대에 연이어 자본주의키즈로 불릴 수 있으나, 엄밀히는 자본주의키즈의 대명사 격인 밀레니얼세대 부모를 통해 더 일찍 그리고 투자논리까지 깨우친다는 측면에서는 한층 영리하게 진화된 세대이다. 자본주의를 대표하는 소비집단인 동시에 투자논리까지 장착했으니 말이다. 이처럼 알파세대는 역사적으로 듣도 보도 못한 진화된 자본주의키즈들이다. 결과적으로 이들의 경제적 현상은 두 가지 방향으로 새로운 나비효과를 촉발하고 있다.

첫째는 아이들 스스로의 변화이다. 태어나는 순간부터 유튜브와 소셜서비스를 접하며 자란 알파세대는 IT 서비스에 매우 직관적으로 반응한다. 그렇다보니 모바일 환경에 내가 무언가를 만들어 서비스로 돈을 벌 수 있다는 것을 본능적으로 알고 있다. 유튜브의 광고 패러다임을 잘 이해하고 있는 탓이기도 하다. 이 같은 알파세대의 IT네이티브 기질과 세상의 중심이 나라는 긍정적인 자존감은 뒤에서 다룰 '키드프레너(어린이 사업가를 뜻하는 신조어로 미국 실리콘밸리에서 사용되기 시작)' 탄생의 명확한 배경이 되고 있다.

둘째는 산업적으로 발현되는 변화이다. 알파세대

는 주변에 용돈을 주는 어른들이 많다는 뜻으로 '8포켓', '10포켓' 키즈라는 별명이 있다. 과거 세대의 비슷한 또래들에 비해 돈을 쓸 여력이 된다는 뜻이다. 이렇게 넉넉한 돈주머니를 찬 좋은 조건의 아이들을 시장과 기업이 가만히 두고 볼 리가 없다. 최근 몇 년간 알파세대를 겨냥한 사업은 이들의 타고난 속성인 IT테크를 기반으로 봇물 터지듯이 등장하고 있다. 이미 북미시장에서는 알파세대 타깃의 핀테크 스타트업 두 곳이 유니콘 기업으로 성장했다. 한국의 IT키즈테크 서비스 스타트업 기업들도 연이어 수십억 원에서 수백억 원의 투자를 받고 있다. 서비스 영역은 알파세대와 그 부모들을 동시에 만족시켜야 하므로 육아 도우미, 키즈 학습지 교육, 키즈 경제학습, 핀테크 놀이, 크리에이터 육성으로까지 그 범주가 늘어나고 있다.

하나의 트렌드로 급성장하고 있는 IT키즈테크 분야는 '3장 웹3.0에 올라탄 슈퍼개인들'에서 자세히 논의할 것이다.

알파세대 팬덤 커뮤니티의 특징

김가현 ㈜뉴즈 대표

연세대에서 신문방송학과 신학을 전공하고 IT 전문기자, 아나운서, PD까지 전방위적으로 콘텐츠 제작과 전달에 매진했다. 이후 블록체인, 인공지능과 증강현실AR 등 4차 산업혁명의 중요성을 체감하며 틱톡에서 국내 1호로 테크와 트렌드 채널 '뉴즈'를 설립했다. 현재 틱톡의 No. 1 지식정보 채널 '뉴즈'의 시청자는 90% 이상이 알파세대이다. 뇌과학자 장동선 박사, 오상진 아나운서 등 지식 크리에이터들이 ㈜뉴즈에 소속되어 있다. 김가현 대표는 2019년 Decentralized People's Award에서 '올해의 언론인상', 2020년 틱톡 세로광고제 은상, 2021년 클린콘텐츠 캠페인 공모전 과학기술정보통신부 장관상을 받았다.

MZ세대와 많은 시간을 보내시며 콘텐츠를 기획하고 제작하시는데요. 최근, 틱톡과 유튜브 크리에이터들의 나이가 더 어려지며 알파세대(13세 이하) 크리에이터들이 등장하고 있습니다. 알파세대 크리에이터들의 움직임은 어떻게 보시는지요?

아직까지는 경제활동을 하는 알파세대 크리에이터들이 많지는 않아서 산업적인 수치를 보이지는 않습니다. 그런데 그들이 만든 콘텐츠를 잘 들여다보면 '돈'보다는 콘텐츠 창작자로서의 자존감이나 셀럽이 되고 싶어 하는 본성 등이 더 중요한 것 같아요. 콘텐츠의 범주도 단순히 놀이형 콘텐츠가 아니라 용돈을 재테크하는 방법이나, 요즘 핫한 사회적 현상에 대해서 본인들의 생각을 정리하는 등 매우 다양해지고 있습니다.

동영상 제작 어플인 블로Vllo나 캡컷Capcut 등의 사용량이나 리뷰 내용을 보면, 알파세대는 콘텐츠 창작을 특별함이 아닌 그들의 일상으로, 초등학생 커뮤니티 댓글들을 보면 크리에이터 역시 특별한 존재가 아닌 내 주변의 친구로 인식하고 있음이 여실히 드러납니다.

흔히, MZ세대를 '디지털 네이티브', 알파세대를 '디지털온리'라고 합니다. 콘텐츠를 생산하고 소비하고 공유하는 행태에서 '디지털 네이티브'는 #즉각적인반응 #공유 #친구태그 등의 특성을 보입니다. 이 특성들이 '알파세대=디지털온리'에게는 어떻게 다르게 나타날까요?

Z세대와 알파세대는 분명 다르지만, 인위적으로 성향과 기질을 구분하는 것은 오류를 범할 수 있습니다. 디지털을 대하는 자세와 친숙도, 디지털 콘텐츠에 대한 즉각적인 반응과 콘텐츠 공유, 커뮤니티 소속감을 우선시하는 성향들은 동일하되, 더 이른 나이에 더 강하게 발휘되고 있다고 해석하는 것이 적절해 보입니다. 예를 들어, 콘텐츠의 소비와 창작을 함께 하는 '프로슈머'라는 신조어가 있죠. 그런데 알파세대는 소비와 창작을 구분하는 것도 이상하게 생각하거든요. 소비와 동시에 실시간으로 창작이 일어나니까요.

또 주목해야 할 지점은 알파세대는 Z세대보다 훨씬 더 공정한 페어 게임Fair game에 대한 의식이 강합니다. 예를 들어, 최근 제페토와 틱톡 사용자 간의 노이즈가 있었는데요. 틱톡에서는 콘텐츠를 제작할 때 본인 기획과 함께 콘텐츠를 직접 촬영하는 물리적인 노력과 시간이 들어가는 데 반해 제페토는 상대적으로 덜하거든요. 즉, 틱톡의 크리에이터들은 제페토는 콘텐츠를 제작하는 시간과 노동 투자가 낮다고 생각하는 거예요. 그래서 양쪽이 파를 나누어 활동한다거나, 틱톡에서 제페토 영상으로 활동하지 말라고 한다는 등 이러한 트렌드가 바로 알파세대의 공정에 대한 그들만의 인식 그리고 커뮤니티 장벽에서 나온다고 해석됩니다. 또, 다가올 웹3.0시대의 기조와도 근본적으로 맞닿아 있는 지점이고요.

뉴스 콘텐츠를 애정하는 초등학생(알파세대) 팬덤 커뮤니티나 팬톡방이 많습니다. 이들과 소통하면서 관심 있게 보고 있는 부분들이 있을까요?

한 문장으로 말하면, 적극적인 소통과 능동적인 실천, 그리고 빠른 흡수입니다. 현재 뉴즈는 팔로우의 90%가 알파세대인데요. 알파세대들이 저희를 팔로우하면서 닮아가거든요. 뉴스 채널의 특성이 IT와 시사, 트렌드를 전달하는 채널이기 때문에 20만 명 정도의 저희 알파세대 팔로우들은 성장과 배움을 통해 바로 바로 흡수하더라고요.

실천력은 다른 말로는 안 되는 것이 없다고 생각하는 정신인 것 같아요. 저희 채널이 20만 명 정도의 알파세대 팔로워들을 갖고 있는데 아직도 굿즈 상품이 없거든요. 그러니깐 바로 응원봉이나 액세서리 등 팔로우들이 스스로 굿즈 상품을 제작하거나 디지털상에서 그리고 표현하더라고요. "내가 좋아하는 틱톡의 뉴스 채널은 팬덤이 이렇게 많은데 왜 굿즈가 없지? 없으면 내가 만들지 뭐" 이런 마인드입니다. 만들어서 굳이 저한테 전달이 안 되어도 되더라고요.(웃음) 내가 만들어서 그냥 디지털 세상인 내 피드에 올리면 되는 겁니다.

기성세대들이 학창시절에 꼭 선물을 팬에게 전달해야 하던 사고와는 아주 다르죠? 또 과정을 중요하게 생각하는 것도 의미 있습니다. 굿즈를 만드는 그들의 노력과 정성 시간 투자 등을 콘텐츠로 만들고 그것을 의미 있게 생각하고 보여줍니다. 그 어떤 세대들보다도 과정Process의 가치를 정확히 알고 있는 세대, 멋지지 않나요?

2030~2040년 즈음, 알파세대에게 커뮤니티는 곧 사회일 것입니다. 그런데 지금 초등학생들의 디지털 커뮤니티들을 보면 오히려 강한 폐쇄

성이 보이는데요. 향후 알파세대는 나이나 취향 등으로 구분될 무수한 커뮤니티들과 어떻게 공존하고, 어떻게 장벽을 쳐가며 살아가게 될까요.

네, 커뮤니티의 본질이기도 합니다. 비슷한 사람들끼리 뭉쳐 있어서 비슷하지 않은 사람들이 들어오려 하면 원래 있던 이들이 떠나게 되죠. 알파세대가 카톡을 쓰지 않고 틱메(틱톡 메시지)나 페메(페이스북 메신저)에서 소통하는 것이 대표적입니다. 부모와 학원선생님들이 모여 있어서 자꾸 나한테 말을 거는 카톡이 싫은 거죠. 심지어 최근 알파세대가 '페메'마저도 안 쓰는 이유가 고딩 누나 형아들이 '페메'로 들어오기 때문이거든요. (웃음)

알파세대는 하루 종일 디지털과 연결되어 있는 일상이 자연스러운 아이들입니다. 내가 소속된 커뮤니티와 연결되어 있다는 뜻이겠죠? 떨어져 있지만 같이 있는 듯한 느낌을 주는 가상세계에서 끊임없이 소통하는 것입니다. 미래 커뮤니티의 방향성은 최근 알파세대와 Z세대를 중심으로 큰 인기를 끌고 있는 본디Bondee가 답인 거 같습니다. 인스타그램처럼 수천수만 명이 아니라 찐친 50명하고만 친구가 될 수 있잖아요. 미래 커뮤니티는 더 파편화되고 작아질 겁니다. 사회가 외로워질수록 찐친이 더 중요해지는 거죠.

'페이스북 - 유튜브 - 인스타그램 - 틱톡 - 최근의 본디'까지 소셜미디어는 시대의 흐름에 따라 늘 변덕스럽게 뜨고 지고를 반복합니다. 지금 알파세대의 놀이터인 틱톡, 제페토 등을 지나 넥스트 소셜미디어 플랫폼은 어떤 형상일 것으로 예상하시는지요?

소셜미디어 플랫폼은 늘 뜨고 지고를 반복하는 지나가는 바람 같아요. 심지어 알파세대는 말 그대로 디지털 유목민처럼 한곳에 머무르지 않죠. 결국 소셜미디어 플랫폼은 말 그대로 사회적 관계망이라는 본질로 끊임없이 이동하고 사용자는 갈아타는 흐름일 것입니다. 그럼에도 틱톡의 수명이 긴 것은 틱톡이 소셜의 기능도 있지만 알파세대는 틱톡을 엔터테인먼트로 인식하는 경향으로 보입니다. 그런데 커뮤니티가 더 파편화되고 있는 것을 볼 때, 넥스트 소셜미디어는 거대한 디지털 관계보다는 디지털 세상에서 찐친과의 우정을 끊임없이 증명할 수 있는 서비스를 제공하는 플랫폼이 대세가 될 것입니다.

알파세대 전문가 INTERVIEW

키드프레너의 등장과 융합인재

송영광 ㈜디랩 및 IT혁신대안학교 WMS 대표

송영광 디랩 대표는 삼성전자 스마트폰 하드웨어 개발자 출신으로 코딩이 미래 인재 교육의 핵심이 될 것을 예상하고 2014년 초중 대상 코딩교육을 제공하는 스타트업 ㈜디랩을 창업했다. 현재 ㈜디랩은 전국 11개 코딩 캠퍼스를 운영하고 있다. 이후 2019년 경기도 판교시에 IT혁신 대안학교 WMSWay Maker School를 개교했다. 초등학교 5학년부터 고등학생까지 다니는 WMS의 커리큘럼은 독서토론, 수학탐구, 음악표현, 가치 창조 프로젝트 등이 중심이며 창의적인 융합형 인재 육성을 목표로 한다.

대표님의 커리어가 흥미롭습니다. 삼성전자에서 개발로로 근무하시다가 전국 프랜차이즈이자 대치동에서 유명한 코딩학원인 디랩의 대표이시고요. 그런데 코딩학원을 운영하시다가 2021년 판교에 IT 대안학교인 '길을 만들어준다'라는 뜻을 갖은 WMSWay Maker School를 설립하셨어요. 잘 나가는 코딩학원을 하시다가 IT혁신대안학교를 설립하신 이유나 배경이 궁금합니다.

삼성전자에서 소프트웨어의 중요성을 깨달았고, 미래는 소프트웨어 교육을 통한 창업가 교육이 가장 중요하다고 확신했습니다. 이를 교육에 연결시키고자 2014년 판교에 작은 코딩학원을 설립했어요. 학부모들 사이에서 입소문이 크게 나면서 코딩학원이 전국적으로 확장되었습니다. 그런데 교육열이 높은 지역들은 사교육 루틴이 보이더라고요. 중학교 2학년 1학기에 꼭 코딩학원을 그만두는 겁니다. 대학입시에 사활을 걸어야 하니까요. 이런 현상을 보면서 안타까웠습니다.

OECD가 실시하는 각국 학생들의 교육수준을 평가하는 PISAProgram for International Student Assessment가 있거든요. 이 평가의 '자기효능감', '디지털 문해력' 등의 척도에서 한국 어린이들이 하위에 속합니다. 여기서 '자기효능감'이란 내가 무언가를 스스로 할 수 있다는 것에서 출발하고 '혁신'은 거기에서 나타나거든요. 이것이 또 기업가 정신의 기반이기도 합니다. 그래서 "소프트웨어 교육의 진정한 보편화를 일으킬 IT혁신대안학교를 설립해야겠다"라고 결심했습니다.

대표님의 인터뷰에 '미래의 아이들은 음악가나 요리사가 되더라도 코딩을 설계할 줄 알아야 한다'는 내용이 있습니다. 내포된 메시지를 설명해 주실 수 있으실까요?

제가 생각하는 IT혁신 대안학교의 목적은 좋은 대학이 아니라 좋은 직업과 좋은 사회적 지위입니다. 입시교육을 따르지 않고도 진학과 진로 문제를 최적으로 해결해주기 위함입니다. 코딩학원과 대안학교에서 다양한 학생들을 만나는데 10명의 어린이에서 개발자로 성공할 수 있는 아이는 1~2명 정도에 불과합니다. 나머지 8명은 다른 영역에 달란트가 있다는 거죠. 그럼에도 2030~2040년 지구상의 모든 산업이 IT와 융합될 시대에 AI를 포함한 디지털 문해력을 장착하고 코딩을 설계해본 아이의 경쟁력은 필수적입니다.

예를 들어, 내가 이태원에 프렌치 레스토랑을 운영하는 오너 셰프라면 손님들의 맛 취향 데이터를 어떻게 조합하여 그만의 레시피를 만든다든지, 요리 프로세스에 어떤 부분을 자동화할 것인지, 주방 세팅은 어떻게 해야 최적의 동선이 나오는지, 소셜 마케팅 푸시 전략 등 모든 영역에서 소프트웨어의 접목은 필수적입니다. 즉, 미래의 소프트웨어는 모든 산업과 연결되고 융합될 것이라 IT서비스를 소비만 하는 것이 아닌 직접 설계해본 아이들이 우위에서 출발할 것입니다.

앞으로는 의사가 되든 셰프가 되든 코딩 역량이 부족하면 확장성을 가질 수 없어요. 본인이 직접 코딩을 하지 않더라도 코딩에 대한 기본 지식을 가지고 있어야 개발자와 무리 없이 소통하며 원하는 서비스를 기획할 수 있죠. 즉, 코딩을 기반으로 사고할 수 있는 보편적 코딩 역량이 점점 더 중요해집니다.

대한민국 1등이자 글로벌 TOP 20에 드는 누구나 부러워하는 기업에서 근무하셨습니다. 알파세대들이 시장을 끌어갈 2030~2040년 즈음에는 소위 SKY나 아이비리그라고 하는 명문대와 좋은 기업의 가치 그리고 대학의 필요성 등이 달라질 것으로 생각하시는지요?

대학大學의 사전적 의미는 국가와 인류 사회 발전에 필요한 학술 이론과 응용방법을 배우는 교육기관입니다. 즉, 대학의 목표는 연구입니다. 그런데 그동안 우리는 그 본질과 무관하게 '대학 간판'을 취업을 하기 위한 도구로 활용해 왔습니다. 왜냐하면 학생들의 역량을 측정할 수 있는 게 대학 간판 말고는 없었거든요. 그런데 만약 학창시절에 다양한 교육기관과 방법을 통해 전통적인 입시교육을 따르지 않고도 진학과 진로 문제를 해결해간다면, 대학을 가야 직업 효율성이 높다는 관념도 자연스럽게 줄어들 것으로 보입니다.

지금은 IT서비스 앤 매니지먼트Service & Management의 세상입니다. 글로벌 시총 Top 10의 8개 기업 이상이 IT기업이잖아요. IT세상에서는 누군가를 평가할 수 있는 스토리와 기록이 분명합니다. 개발자를 평가하는 척도가 카이스트와 서울대가 아니라 오픈소스 플랫폼에 기여한 적이 있는지, 캐글Caggle 이라는 데이터 사이언스 대회에서 몇 위를 했는지를 보거든요. 이미 카카오나 마이크로소프트 등은 서비스 기획자와 개발자의 대학 스펙을 보지 않습니다. 물론 대학은 없어져서는 안 되는 꼭 필요한 고등교육기관입니다. 훌륭한 학자를 양성하는 문명의 시작입니다. 그러나 사회문화경제 전반적인 지식과 정보를 취하는 채널들이 많아진 지금, 대학의 역할 변화에 대한 고민도 필요할 것으로 보입니다.

북미시장에서 '키드프레너'라는 신조어가 생긴 지 꽤 되었습니다. 심지어 유튜버나 IT서비스 기획을 넘어서 말 그대로 '나의 콘텐츠(기획 아이디어)로 비즈니스를 시작하는 나이가 어려지고 있습니다. 이러한 북미시장의 움직임은 알파세대의 등장, 다가올 웹3.0시대와 파편화되어가는 커뮤니티로 점차 확산될 것으로 보입니다. 서비스(앱)를 기획하는 10대들의 경쟁력을 직접 보시는 입장에서 이러한 현상을 산업적으로 어떻게 해석하시는지요?

아날로그 세계에서 많은 것들이 디지털 세계로 이동하고 있습니다. 가속도가 붙었어요. 아날로그 세계에서는 경험의 축적이 적으면 들어갈 수 없는 영역이 많잖아요. 나이와 학력에 따라 들어갈 수 있는 자격이 정해져 있기 때문에 나이가 적으면 갈 수 없는 곳이 많아요. 즉, 경험의 축적과 노하우가 중요한 시대였습니다.

실례로 삼성전자는 브라운관 TV시대에서는 죽었다 깨도 소니의 벽을 넘을 수 없었습니다. 브라운관은 기술 전문가들의 장인정신이 중요하니까요.

그런데 디지털TV의 세계로 넘어오면서 삼성은 글로벌 가전사로 압도적인 크기로 성장하였습니다. 디지털 세계에서는 변화의 시기와 속도 그리고 감각이나 적응력이 핵심이라 후발주자의 도약이 충분히 가능합니다. 그래서 아이들이 성과 내는 것이 가능한 시장이 열린 것으로 보입니다. 마치 전통 미술은 장인정신이 중요하지만, 디지털 미술은 10대, 20대에 전 세계적으로 성공하는 예술가가 나오고 있는 이치랄까요.

이미 WMS 학생들은 로블록스에서 본인이 설계한 게임이나 다양한 디지털 아이템으로 10만 원, 20만 원을 벌고 있는 크리에이터들이 있습니다. 어쩔 때는 학교 안의 수업이 개인 사업으로 확장되는 개념이라고도 설명됩니다. 수업하는 공간은 아날로그인데 그 수업에서 돈을 버는 비즈니스에 접속하는 거죠. 학교라는 오프라인 공간에서 학생의 개인적인 비즈니스가 일어나는 곳, 그럼 이것은 학교일까요? 기업일까요? (웃음)

'국영수코'라는 말이 있죠. 즉, 교육열이 높은 학부모들은 초등학교 때부터 코딩 사교육을 하고 있습니다. 그런데 아이러니하게도 '코딩은 배우면서 로블록스는 못하게' 하는 것이 또 학부모들 입장이기도 합니다. 여기에 대해서 해주실 말씀이 있으실까요?

로블록스에는 게임을 소비하는 방법과 생산하는 방법이 있죠. 만약 내 아이가 로블록스에서 게임을 소비만 한다면, 시간 제한을 주는 것이 맞습니다. 그런데 게임이나 비즈니스를 설계하고 생산하는 측면이라면, 스토리를 만들어 자신만의 세계를 구축해가고 있다면 당연히 장려해야 한다는 거죠.

그런데 로블록스에서 게임을 설계하고 생산하는 것은 처음에는 아이 혼자 하기에는 어려움이 있습니다. 여기에서 공동체 커뮤니티가 필요하죠. 무대를 같이 만들어가는 동료, 목표를 공유하고 응원해주는 커뮤니티가 필요해요. 그 커뮤니티 중 하나가 코딩학원의 친구들이 될 수도 있고, 주변에 알파세대와 가치를 공유할 수 있는 어른도 필요합니다. 즉, 알파세대들이 생산자로서 디바이스(스마트폰)에 접근하는 것은 권장하셔도 좋습니다.

알파세대 전문가 INTERVIEW

알파세대의
AR글라스 일상

오제욱 디오비 스튜디오 대표

디오비 스튜디오는 AI기술을 개발해 가상 얼굴 콘텐츠를 제작하는 기업으로 2020년 6월 설립 이후 1년 만에 해외 10여 개국의 메이저 언론에 보도될 정도로 주목받는 스타트업이다. '루이', '아일라' 등 자체 버추얼휴먼들의 인플루언서 매니지먼트 사업과 기업 및 정무 기관의 수요에 맞는 버추얼휴먼 콘텐츠를 제작해주는 사업으로 매출 또한 가파르게 성장하고 있다. 2021~2023년 다수의 벤처 캐피탈로부터 투자를 받았고 2022년 코리아 메타버스 어워드의 콘텐츠 솔루션 부문에서 '과기정통부 장관상'을 받았다.

글로벌 빅테크 기업이나 제조사 움직임, 전문가 의견 등을 종합적으로 보면, '넥스트 스마트폰'은 AR글라스가 대체할 것'이라는 데는 이견이 없어 보입니다. 그렇다면, 스마트폰과 AR글라스의 주·부가 달라질 시점은 어떻게 예측하시는지요?

현재 스마트폰을 통해 제공되는 정보들은 대부분 AR글라스를 통해 더 직관적이고 쉽게 활용될 수 있을 것 같아요. 긴 텍스트를 포함하는 콘텐츠는 넓은 디스플레이를 보유한 스마트폰을 이용하는 것이 더 편하겠죠. 종이책에서 전자책으로의 전환에 상당한 시간이 필요했던 것처럼 사용자들의 습관 또한 무시할 수 없는 것이고요. 하지만 AI의 발전과 더불어 보다 실용적인 가치를 주는 짧고 명확한 정보들을 AI 글라스를 통해 전달해줌으로써 생활 속의 AI 비서와 같은 역할을 해준다면 AR 글라스가 스마트폰을 빠르게 앞지를 거라고 생각합니다. 단, 감각의 영역은 오락이나 정보에 비해 발전이 더 필요한 부분이라고 생각해요. 실생활에서 느끼는 촉감과 후각, 분위기를 감지하는 육감과도 같은 센스를 애초에 AR글라스 하나만으로 대체해줄 수 있을 거라고 기대하는 사람은 많지 않을 것 같아요. 스마트폰이 워치와의 연결을 통해 사용자 가치를 한 단계 업그레이드했던 것처럼 AR 글라스 또한 다양한 센서 기술들, 다른 디바이스들과 빠르게 연결되면서 기존의 스마트폰으로는 경험하기 어려웠던 디지털 경험을 선사해줄 거예요.

또 알파세대는 디지털 경험에서 그래픽이나 오디오보다는 타인과 연결되는 상호작용성을 더 중시하는 경향이 있습니다. 화려한 그래픽이나 사운드를 무시할 수는 없지만 VR Chat이나 로블록스가 대중적인 인기를 누리는 비결이 그래픽이나 사운드가 뛰어나서는 아니니까요. 만약 AR글라스를 통해 얻게 되는 사용자들의 경험이 상호작용성을 우선 만족시켜주는 방향으로 발전한다면 조금 더 빠르게 AR글라스의 시대가 오지 않을까 생각합니다. 물론 AR글라스의 디자인과 중량, 가격도 스마트폰과의 승부수에서 결정적인 역할을 하겠죠. 룩소티카와 젠틀몬스터[*] 같은 브랜드 덕분에 AR글라스가 더 빠르게 보급될 것 같아요.

향후, AR글라스가 스마트폰 역할을 대체할 경우 'AR 서비스가 곧 디바이스 그 자체'가 되는 순간, 스마트폰의 역할은 확장될 것입니다. AR글라스를 대하는 사용자 관점에서는 어떤 변화들이 있을까요?

---

[*] **룩소티카와 젠틀몬스터** 글로벌 시장에서 젊은 층에게 큰 인기를 끌고 있는 아이웨어 브랜드

스마트폰이 필수품으로 자리매김한 것처럼 AR글라스 또한 빠르게 자리 잡을 것 같아요. 특히 내 눈에 보이는 세상이 달라진다는 것은 어떤 감각 못 지않게 즉각적인 경험이기 때문에 얼리 어답터와 레이트 어답터 간의 보급 차이가 짧을 것으로 예상됩니다. 물론 그 시점은 임팩트 있는 경험을 제공해 줄 수 있는 콘텐츠가 나온 이후일 테고요.

다만, 스마트폰과 AR글라스를 대하는 사용자 차이는 분명해 보입니다. AR글라스를 통해 버추얼휴먼을 증강현실로 소비하는 경험이 축적되고 버추얼휴먼과의 상호작용하는 비중이 커질수록 AR글라스는 필수품에서 나아가 가족이나 신체의 일부처럼 여겨질 가능성도 있습니다. 디스플레이를 통해 구현된 디지털 세계관 안에서 다양한 존재(실제 휴먼, 또는 AI 챗봇 등)와 상호작용하는 것이 자연스러운 알파세대에게 버추얼휴먼이 의미하는 바는 기성세대와 차원이 다릅니다. 기성세대가 가짜라고, 기계에 불과하다고 취급하는 그들과 알파세대는 친구가 될 수 있습니다. 그런데 그런 존재들이 실제 휴먼과 구별할 수 없는 그래픽으로, 안경만 쓰면 24시간 언제든 나타나 친밀한 대화가 가능해진다? 친구나 가족보다도 더 중요한 의미를 갖는 반려 버추얼휴먼들이 늘어나게 될 것입니다.

2030~2040년, 사회는 지금보다 훨씬 디지털 커뮤니티 중심일 것입니다. 이미 스타나 인플루언서 영역의 일부를 마이크로 인플루언서가 대체하고 있는 것처럼요. 2021년 버추얼 인플루언서 시장이(14조 원) 일반 인플루언서 시장 규모(13조 원)를 넘어섰고 향후 AR글라스가 담아낼 다양한 서비스들과 공존할 것으로 보입니다. 그렇다면 알파세대의 삶에서 AR글라스와 버추얼휴먼 간의 관계는 어떠할까요?

AR 글라스에서 버추얼휴먼 콘텐츠를 소비하는 것은 예정된 미래입니다. 예능 프로그램 〈얼라이브〉에서 XR콘서트의 형식으로 재연된 고 임윤택 님과 울랄라세션 멤버들, 가수 이승철 님의 〈서쪽하늘〉 영상은 유튜브에서만 727만 회의 조회수를 기록하였고 10만 개의 '좋아요'와 5천 개의 댓글이 달렸습니다. 전 세계 네티즌이 너무도 사실적인 임윤택 님의 모습에 울컥했다고 하죠. 언젠가는 게임 속 NPC처럼 물리적인 어느 장소에 가까이 가면 해당 공간과 연관된 명사를 만나 이야기를 나누거나 정보를 얻을 수도 있겠죠. 예를 들어, 청와대에 가면 전직 대통령들이 버추얼휴먼으로 복원되어 산책 중인 모습을 보게 될 수도 있어요.

AI챗봇 '이루다'를 개발한 스캐터랩(2023년 5월 SK텔레콤 투자)의 두 번째 챗봇 '강다온'이 사람의 모습으로 인스타그램 활동을 시작했습니다. 팬들과의 상호작용이 Nutty(이루다, 강다온과 채팅할 수 있는 앱)와 인스타그램에서 개별적으로 이루어지는 구조에도 불구하고 인스타그램 팔로워가 1만 명인데요. 만약 강다온이 AR글라스를 통해 언제든 부르면 나타나는 AI친구로 서비스된다면 어떨까요? 메타버스 영역 중에서도 증강현실은 현실감 있는 즉각적인 행동을 유도할 수 있기 때문에 높은 부가가치를 기대할 수 있는 영역입니다. 버추얼휴먼의 핵심 소구점이 상호작용이므로 향후 이들의 가장 중요한 활동이 AR글라스를 통해 구현될 것입니다.

지금은 버추얼휴먼이 선도적인 글로벌 스타트업 중심으로 움직이지만, 향후 유튜브, 인스타그램, 메타버스 등 크리에이터 이코노미 관점에서 보급화될 것으로 보시는지요.(콘텐츠 창작의 대중화 등) 또, 버추얼휴먼의 제작·유통 패러다임에서 어떤 변혁이 있을지도 궁금합니다.

버추얼휴먼은 이미 크리에이터 이코노미의 차세대 블루칩으로 기대를 모으고 있습니다. 스타트업 두리번의 아이튜버 크리에이터는 간단한 설치만으로 자신만의 캐릭터를 만들어 1인미디어 콘텐츠를 제작하고 NFT 수익 창출까지 쉽게 운영할 수 있는 프로그램입니다. VR Chat 기반의 캐릭터들로 트위터 방송을 통해 수익을 창출하고 그 어렵다는 음원 차트 1위까지 달성한 〈이세계 아이돌〉 또한 대기업보다는 개인과 MCN이 중심이 되어 버추얼휴먼의 수익성을 입증한 사례죠.

물론 루이나 아일라와 같이 포토 리얼리스틱[●] 버추얼휴먼이라면 아직까지는 비용과 기술적 한계로 인해 개인 창작 사례가 나오기에는 시기상조입니다. 하지만 생성 AI기술의 빠른 발전 속도를 볼 때 이 또한 머지않아 개인들이 쉽고 저렴하게 다룰 수 있는 저작툴이 나올 테고 그때부터는 디지털 지구에서 인구가 폭발적으로 늘어나는 현상을 목도하게 될 것 같습니다.

AI나 디지털 기술로 따라잡을 수 없는 인간의 매력이 있기에 얼굴이나 목소리, 신체 등 일부만을 디지털로 교체하는 방식이 오롯이 디지털로 생성된 버추얼휴먼보다 사랑받을 거라고 생각합니다. AI가 인간 내면의 매력까지 흉내 낼 수 있기 전까지는 말이죠. 기업이 제작하는 하이엔드의 버추얼휴먼과 개인이 제작하는 가벼운 버추얼휴먼이 다양한 영역에서 함께 활용되며 시장 범주를 넓혀줄 겁니다. 특히 외모와 목소리가 어떻든지, 개인의 신원을 드러내지 않고 누구나 크리에이터, 인플루언서가 될 수 있으니까 콘텐츠가 풍성해지겠죠. 유튜브와 OTT로 인해 뉴미디어 콘텐츠 산업이 커졌던 것처럼 버추얼휴먼과 연관 기술의 발전으로 인해 디지털 콘텐츠 산업은 또 한 번 폭발적인 성장을 할 것입니다.

● **포토 리얼리스틱** 실제 모습을 그대로 재현하여 그래픽으로 제작

PART 02

알파세대가
산업에 주는 영향

Chapter 03

웹3.0에 올라탄
슈퍼개인들

웹3.0과
AI노동생산성이
가져온 슈퍼개인

소비 파편화의 시대

"지구에서 영화와 드라마, 음악만큼 고객의 취향을 여실히 드러내는 상품은 없다"

트렌드를 읽기 위해 마케터들은 늘 현 시점의 고객 분석이 필요하다. 그런 마케터들이 하나같이 이야기하는 것은 영화나 드라마, 음악만큼 개인의 취향과 기호를 여실히 드러내는 상품이 없다는 것이다. 즉, 오늘날 엔터테인먼트의 소비행태는 트렌드를 파악하는 데 꽤 중요한 바로미터가 되고 있다.

TV방송국 프로그램만이 전부이던 시절을 지나 유튜

브와 넷플릭스의 보급은 '나랑 딱 맞는 콘텐츠가 이렇게 많구나. 내가 이런 건 좋아하고 이런 건 싫어하는구나'를 제대로 학습시켜주었다. '극장 박스오피스 500만 명 돌파', '천만영화니까 나도 봐야 해', 'TV시청률 10% 돌파했으니 무조건 봐야지'의 획일화된 공급자 중심의 문화 소비가 아니라 나한테 맞는 콘텐츠를 내가 원하는 시간에 시청하는 것이다.

이것이 바로 개인이 디지털 세상에서 흩어지고 쪼개지는 소비 파편화의 시대이다. 이는 점차 대형 기업들이 거대한 대중을 타깃으로 상품을 기획하고 막대한 마케팅 물량을 쏟아부어 '사라. 사라. 사야 해'라고 강조하는 푸시Push 마케팅의 효력이 떨어져갈 것을 의미한다.

과거, 획일화된 시장에서는 A급 연예인이나 톱스타만이 광고 시장을 지배했다. 그러나 소비 파편화의 시대에는 무수히 다양한 취향 집단들이 그 안에서 서로 뭉치고 있다. 이렇게 취향으로 뭉쳐지고 흩어지는 소집단들이 바로 최근 매체에서 빈번하게 언급되는 '커뮤니티Community'이고, 이 소집단을 끌어가는 사람이 바로 커뮤니티의 리더이다. 관련하여 글로벌 석학들도 동일한 메시지를 전파하고 있다.

글로벌 국제 비즈니스 전략가인 마우로 기엔Mauro Guillen 박사(펜실베이나 대학교 와튼스쿨 경영학 교수)는 저서 《2030 축의 전환》에서 "(미래에는) 개인의 사소한 취향들이 문화가 되고 트렌드가 된다"라고 했다. 또 빅데이터 전문가 송길영 박사는 "미래에는 저 멀리 1억 명이 아닌 내 주변의 3,000명을 봐야 한다"라고 주장한다. 즉, 거대한 대중이 아니라 작고 단단해질 소집단을 중심으로 수천수만 개의 비즈니스가 만들어질 '커뮤니티' 시장을 준비하라는 것이다.

그런데 이러한 커뮤니티 트렌드는 절묘하게 디지털 플랫폼의 진화와 괘를 같이 한다. 미국의 경영 그루이자 테크 미래학자인 케빈 캘리Kevin Kelly가 말하는 1,000명의 팬 이론이 있다. 시장을 움직이는 전문가가 아니더라도 자신이 생산한 콘텐츠(콘텐츠는 사업, 지식과 정보, 엔터테인먼트 등 다양하다)에 돈을 지불하는 팬이 1,000명만 있으면 디지털 세상에서 경제활동이 가능하다는 것이다.

수익 시스템을 스스로 만들어내는
'크리에이터 이코노미'

이러한 움직임에는 거대 플랫폼들에 대한 저항도 한 몫했다. 2020년 페이스북은 사용자들이 업로드한 피드로 22조 원의 광고 수익을 올렸지만 우리에게 돌아오는 돈은 없었다. 지금의 사용자들은 과거 플랫폼 전성시대의 사용자들과는 달리 나의 노동으로 남이 수익을 올리는 것에 불합리함을 느낀다.

직설적으로 말하면, 내가 매일 시간을 할애하여 SNS에 올리는 피드들이 빅테크 기업들(페이스북, 유튜브 등)의 광고 수단으로 사용되는 것에 거부감을 갖는다는 것이다. 이 현상은 자연스럽게 대중이 플랫폼 없이 팬과 직접 거래하는, 즉 팬이 일반 대중의 콘텐츠를 직접 구독하는 트렌드로 이어지고 있다. 2020년 이후 유튜브 채널에 돈을 지불하는 구독형 콘텐츠가 많아지고 있는 것도 비슷한 맥락이다.

이것을 우리가 플랫폼 수익에 의존하지 않고 수익 시스템을 직접 만들어낸다는 뜻으로 '크리에이터 이코노미 Creator Economy'라고 부른다. 그리고 실리콘밸리의 전설적인 투자자 마크 안드레센Marc Andreessen(2002년 미국 〈타임〉에서 세계에서 가장 영향력 있는 100인으로 선정)은 이 현상을 인터넷 검색과 광고의 시대를 지나 새로운 패러다임으로 가고 있는 인터넷 제3의 물결이라고 설명했다.

실례로 페이스북에서는 지식 · 정보 공유로 팬덤을 우선 확보한 뒤, 플랫폼에서 벗어나 수익을 내는 일반인들이 꽤 생겨났다. 인스타그램에서도 플랫폼을 벗어나 독립적인 커머스 활동을 하는 움직임이 일어나는 중이다. 대중이 디지털 세상에서 커뮤니티를 기반으로 사업 모델을 직접 만들어가는, 바야흐로 개인의 영향력이 더 세진 개인의 시대이다. 그래서 크리에이터의 개념도 확장되어 간다.

과거의 우리에게 크리에이터란 거창한 예술가였다. 영화를 만들고, 드라마 대본을 쓰고 K팝을 작곡하는 그런 아티스트들 말이다. 그러나 이제는 페이스북이나 인스타그램 같은 SNS에 매일 나의 일상을, 나의 기업을, 나의 전문성을, 매일 업로드하는 우리 모두가 디지털 크리에이터이다. 극단적으로 들릴 수도 있지만, 2022년 4월 미국의 뉴스 방송국 CNN이 CNN+라는 OTT 스트리밍 서비스를 출시하면서 "이제 뉴스 앵커도 뉴스 크리에이

터라고 불러야 한다"라고 선포하지 않았던가. 일방향적
으로 정보를 쏟아내는 과거의 기자나 앵커의 시대가 저
물고, 기자와 앵커가 디지털 세상에서 대중과 소통하며
커뮤니티를 만들고 경제활동으로 이어가는 시대가 왔음
을 말한다.

　한발 더 들어가서 상상해보자. 팬덤 커뮤니티가 완벽
하게 갖춰진 앵커에게, 또는 동일한 뉴스를 완전히 독보
적인 시각으로 전달하는 기자에게 TV방송국이라는 인
프라가 필요할까? 대중은 매일 정해진 뉴스 시간에 TV
앞에 앉을 필요가 없다. 뉴스가 궁금하거나 속보가 나오
는 그 순간에 내가 신뢰하는 앵커(기자)의 유튜브나 인스
타그램 계정에서 라이브 스트리밍을 보면 되는 것이다.

각양각색의 슈퍼개인들이 튀어나오는 시대

　이렇게 디지털 세상에서 공유된 개인의 자산이 특정
플랫폼의 수익이 되지 않고, 오롯이 개인이 해당 자산의
소유권을 가진 상태에서 경제활동으로 연결하는 패러다
임이 바로 웹3.0Web3.0시대의 뼈대이다. 웹3.0시대에는 개

웹3.0시대로의 진화 과정

포탈 전성시대 (검색)	플랫폼 전성시대 (광고)	개인의 시대, 커뮤니티의 시대 (소유)
Google		(플랫폼을 벗어나) 팬이 개인의 콘텐츠를 직접 구독하고 결제 / 블록체인 기반의 개인 비즈니스 활성화
웹 1.0	웹 2.0	웹 3.0
수동적인 읽기만 가능	읽고 쓰는 것이 가능해지며 '인플루언서' 등장	읽고 쓰고 소유하며 개인의 경제활동 '슈퍼개인들'의 대거 등장

인의 힘이 세지면서, 개인에게 더 많은 사업의 기회가 올 것임은 분명하다. 위에 있는 '웹3.0시대로의 진화 과정'이 보여주듯이, 브로드캐스팅이 주목하던 연예인과 소셜미디어SNS가 만들어낸 인플루언서 시장을 넘어 웹3.0시대에는 각양각색의 커뮤니티에서 슈퍼개인들이 튀어나올 것이다. 그리고 알파세대는 새롭게 펼쳐질 이 시대에서 살아가게 된다.

게다가 24시간 AI융합서비스들과 공동 운명체로 살

아갈 알파세대들, 즉 AI네이티브들이 살아갈 2030~ 2040년에는 기업의 생산성 과다로 인간의 직업과 노동 가치는 필연적으로 줄어들 것이다. 지금도 이미 한 조직에서 월급을 받으며 생계를 이어갈 수 있는 기간은 짧아져가고 있으니 말이다.

2023년 1월 뉴욕 현대미술관 모마MOMA 로비의 벽면에는 세계 예술사에 한 획을 그을 만큼 거대한 작품이 걸렸다. 높이 8미터에 달하는 LED 디스플레이에 펼쳐진 어마어마한 3차원 영상이 그것이다. 그런데 이 작품의 작가는 AI아티스트 1세대인 레피크 아나돌Refik Anadol(1971~)이다. 작품은 지난 200여 년간 모마가 수집한 모든 작품들의 데이터를 AI가 학습한 뒤 이를 재해석하여 실시간으로 변화무쌍하게 영상을 만들어내는 방식으로 제작되었다.

심지어 AI아티스트는 외부 날씨와 관람객들의 움직임을 인식하여 영상에 변화를 준다. 이 작품은 AI가 기계적이고 반복적인 업무만 대체하는 것이 아니라 예술 영역까지 우아하게 침범하고 있음을 보여준다. 그런데 더 중요한 것은 세계 현대미술의 전통이자 그 대단하다는 모마에서 AI의 작품을 받아들였다는 데에 있다.

하루가 다르게 AI를 적용하는 영역이 확장됨에 따라 알파세대는 무수히 쏟아질 AI서비스들과 때로는 공존하고, 때로는 경쟁을 하면서 살아갈 것이다. 점차 기관이나 기업에 필요한 인력은 대폭 줄어들 것이고 커뮤니티가 기반이 된 크고 작은 비즈니스들, 즉 슈퍼개인들이 대거 등장하는 시대가 오고 있다.

소사이어티보다 커뮤니티가 중요한 나노 인플루언서들

　이처럼 슈퍼개인들은 본인의 작은 브랜드나 서비스를 하면서 경제 활동을 하는 주체들이다. 때로는 회사원이면서 이와 별개로 디지털 세상에서는 자신의 콘텐츠를 통해 소소하지만 단단하게 커뮤니티를 응집해간다. 그런데 향후 대중의 취향이 더 쪼개질수록 기업은 규모 있는 팔로워를 보유한 메가 인플루언서보다 날카롭게 공략하는 슈퍼개인들에 집중하게 될 것이다.

　그들은 온갖 브랜드에서 협찬을 받고 이를 주 수입원으로 삼는 기존의 인플루언서들과 다르다. 브랜드 협찬으로부터 오염되지 않은 자신의 SNS에 개인의 취향과 소소한 일상을 눈치 보지 않고 공유한다. 팔로워 규모가 거대하지 않기 때문에 팔로워들과의 유대관계Intimacy도 좋다. 오히려 이 지점이 기업과 브랜드의 구미를 당기면서 슈퍼개인들의 행태를 지켜보게 한다. 상품 공급자들이 슈퍼개인을 그들의 마케팅에 참여시킬 때, 슈퍼개인은 '나노 인플루언서'가 된다.

'나노NANO'는 사전적으로 10억분의 1을 뜻하는 접두사이다. 주로 원자나 분자 단위처럼 세밀하게 쪼개진 기술을 다룰 때 '나노 기술'이라고 일컫는 것이 대표적이다. 그렇기에 소셜미디어에서의 '나노 인플루언서'란 1,000명 ~ 1만 명 사이의 팔로워를 보유한 오밀조밀한 인플루언서들이다. 그럼에도 '나노 기술'에는 잠재적 가치가 폭발적이라는 뜻이 내포되어 있듯이 '나노 인플루언서'도 마찬가지이다.

'나노 인플루언서'는 사이즈는 작지만 내실이 알차고 파급력이 작지 않은 인플루언서를 뜻한다. 2023년인 지금도 새로운 마케팅을 시도하는 브랜드들은 나노 인플루언서들과 마이크로 인플루언서(팔로워 규모가 나노 인플루언서보다 조금 큰 1만 명에서 5만 명 사이)들의 움직임을 주시하고 있다. 과연 이들의 미래는 어떻게 될 것인가?

취향과 기호는 현대사회를 움직이는 동력

지난한 역사를 거슬러 가보자. 인류를 발전시켜온 원동력은 결국 소수만이 누리던 사치품들이 대중의 필수품으로 자리잡아가는 흐름에서 찾아볼 수 있다. 과거 유럽에서 후추가 같은 무게의 금보다도 비싼 사치품이었던 것을 생각해보자. 동서양의 고전 유흥문화인 18세기 모차르트의 피아노 운율이나 조선 중기 황진이의 소리도 당시에는 귀족계층만이 향유하던 고급 콘텐츠였다. 이후 TV와 라디오의 등장으로 문화 소비는 보통의 일상이 되었고 심지어 스마트폰은 여기에 편리와 속도까지 더했다. 이렇듯 지금도 인류의 문명은 진화하고 있다.

그 무엇이든지 특정 산업의 제품이 일상화되면 개인화로 이어지기 마련이며 개인화의 또 다른 말은 '취향의 구분'이다. 즉, 취향의 파편화가 시작되는 것이다. 이는 필연적인 흐름이다. 오늘날 어떤 산업이든 상품의 보급이 흔해지고 디지털 콘텐츠는 일상화되다 못해 넘쳐나면서, 취향과 기호는 어느덧 현대사회를 움직이는 중요한 동력이 되었다. 이 트렌드라면 개인 취향의 덩어리들인 커뮤니티는 넘쳐날 것이며 나노 인플루언서의 비중

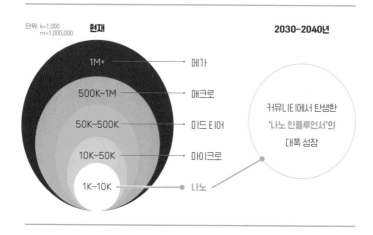

나노 인플루언서, 마이크로 인플루언서의 세력 확장

단위: k=1,000
m=1,000,000

현재

1M+ ─── 메가
500K~1M ─── 매크로
50K~500K ─── 미드 티어
10K~50K ─── 마이크로
1K~10K ─── 나노

2030~2040년

커뮤니티에서 탄생한
'나노 인플루언서'의
대폭 성장

과 영향력은 훨씬 커질 것이다.

　나노 인플루언서의 경우 스타나 유명인의 활용보다 비용효율적이며, 특정 니즈를 날카롭게 파고들어 마케팅이 가능하다는 지점에서 오히려 커뮤니티의 시대에 적절하다. 실례로 가정주부라면 누구나 수억 원의 출연료를 받고 진공청소기를 광고하는 CF스타보다 옆집에 사는 애 엄마가 자신이 쓰고 있는 진공청소기를 실감나게 추천할 때 솔깃하다.

　매년 수십억 원을 버는 한류 여배우가 저렴한 국산 화장품을 광고할 경우, 그 여배우가 진정 그 제품을 피

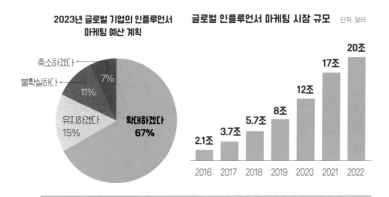

인플루언서 마케팅 시장 규모

2023년 글로벌 기업의 인플루언서 마케팅 예산 계획

- 축소하겠다 7%
- 불확실하다 11%
- 유지하겠다 15%
- 확대하겠다 67%

글로벌 인플루언서 마케팅 시장 규모
단위: 달러

- 2016: 2.1조
- 2017: 3.7조
- 2018: 5.7조
- 2019: 8조
- 2020: 12조
- 2021: 17조
- 2022: 20조

출처: Influencer Marketing Hub, 2023

부에 바를 것인지 잘 안 믿겨지는 것과도 유사하다. 인플루언서 분석업체인 '하이프오디터HypeAuditor'에 따르면, 2023년을 기준으로 1,000명에서 1만 명 사이의 팔로워를 보유한 나노 인플루언서의 경우, 월수익은 평균 180~200만 원대 수준이지만 그 영향력은 점점 커지는 중이다. 다시 말해, 소셜미디어가 판을 치던 웹2.0시대에 인플루언서들이 출현하고 정말 그 제품을 '쓸 법한 사람'의 역할을 해왔다면, 다가올 웹3.0시대에는 내 주변 커뮤니티의 리더들인 나노 인플루언서의 영향력이 더 커지는 것이다.

혼히 글로벌 마케팅 전문가들은 "나노 또는 마이크로 인플루언서의 경우, 일반인과의 소통이 원활하고 그것이 광고일 것이라는 선입견이 상대적으로 적어 대중에게 높은 신뢰도를 준다"라고 한다. 소비행태와 취향이 더 파편화되어 갈 시대에 이들은 더 많이 생겨나고, 더 많이 필요해질 것이다. 이 세력이 시장의 큰 흐름을 만들어갈 것이라는 뜻이다.

2022년 기준으로 SNS 마케팅 시장은 전 세계적으로 20조 원에 달한다(국내의 경우, 팔로워 1만 명 이상인 인플루언서가 9만 명 이상이다). 따라서 과잉 공급된 인플루언서가 그 영향력을 상품 구매로만 연결시키면 팬들은 지치고 신뢰도는 떨어질 수밖에 없다. 오히려 거래를 넘어 팬과 동반성장하는 커뮤니티를 만들어 발전시키는 슈퍼개인의 역할이 중요해지는 시장이 온다. 이는 한편으론 사전적 정의인 'Influence=선한 영향력을 행사한다'로 되돌아가 타인을 성장시키는 '관계의 역할'이 강조될 것임을 의미한다.

커뮤니티 활동을 하는 알파세대

이제 알파세대가 취향을 공유하고 자신의 목소리를 내는 카카오 오픈채팅방이나 틱톡, 제페토, 본디, 디스코드 등에 퍼져 있는 초딩 커뮤니티를 살펴보자. 커뮤니티 활동을 하는 알파세대는 기본 서너 개의 커뮤니티, 많게는 7~8개에 소속되어 있다(부모를 비롯한 주변 어른들은 모를 수 있다). 일부 커뮤니티에서는 스스로가 커뮤니티 리더이다. 스스로가 누군가의 조력자가 아닌 셀럽이라고 느끼며 살아가는 새로운 인류의 기질과도 잘 맞아 떨어지는 지점이다.

18세기에 프랑스 귀족들이 취향을 기반으로 모였던 것이 살롱 문화였다면 지금 그것을 대신하는 것은 디지

오픈채팅방에서 운영 중인 다양한 목적의 알파세대 커뮤니티들(2023년 1월 기준)

털 커뮤니티이다. 자연스럽게 디바이스와 IT서비스를 일찍 접하는 알파세대에게 커뮤니티의 문은 보다 활짝 열려 있을 수밖에 없다. 밀레니얼과 X세대들이 대학교에 입학해서야 동아리 중심의 커뮤니티 활동을 했다면, 알파세대들은 초등학생 때부터 시작하는 것이다. 사회활동과는 또 다르게 알파세대는 좀 더 일찍 디지털 세상에서 출발한 그들만의 인간관계를 시작하는 것이다.

시장이 커뮤니티 중심으로 재편되는 현상은 다양한 영역에서 드러나는 중이다. 한 예로 아마존을 비롯하여 늘어나는 인터넷 서점으로 죽어가던 미국의 대형서점 '반스앤노블Barnes and Noble'이 살아나고 있다. 2019년 와튼스쿨 비즈니스 저널이 "아마존에 의해 씹어 먹히고 있다"는 표현을 썼던 그 반스앤노블이 맞다. 매출은 팬데믹 때 오히려 늘어났고, 2023년에는 매장을 추가할 계획이라고 하니 이유가 궁금하다. 그 이유는 바로 중소형 서점을 인수한 것도, 디지털 서비스를 개선한 것도 아닌 커뮤니티 전략이었다.

방문한 고객들은 하나같이 반스앤노블이 동네 서점으로 변했다고 평한다. 동네마다 책 큐레이션은 다르고, 책을 추천하는 글은 PPT를 종이에 인쇄한 것이 아닌 직

커뮤니티 전략에 집중하는 서점 반스앤노블

원들이 직접 손글씨로 쓴 메모였다. 새로 부임한 반스앤노블의 CEO 제임스 던트James Daunt는 "커뮤니티에 영감을 주지 못한다면 우린 사라질 것이다", "아마존의 시대에 오프라인 서점은 (책으로) 뜻밖의 행운과 즐거움Serendipity을 느끼게 하는 장소가 되어야 한다", "작은 공간을 큐레이팅할 때 모두 각기 다른 비법이 존재한다"라며 공간과 취향으로 세분화될 커뮤니티 전략을 강조했다.

반스앤노블의 회복세는 일본의 저명한 전략 컨설턴트인 야마구치 요헤이가 그의 책《생각하는 힘은 유일한 무기가 된다》에서 "향후 커뮤니티Community라는 단어가 소사이어티Society의 의미를 대체할 것이다"라고 예언했던 메시지가 떠오른다. 알파세대는 사회보다 커뮤니티의 힘이 커질 시대를 살아갈 것이다. 우리는 학창시절에 사회를 마을, 국가, 정당, 회사를 아우르는 개념으로 공동생활을 영위하는 데에 중요하다는 교육을 받았다. 하지만 알파세대는 사회보다 훨씬 작은 커뮤니티 안에서 스스로를 드러내며 영향을 주고받고 경제활동을 하는 나노 인플루언서로 살아갈 것이다.

로블록스와 유튜브를 벗어난 10대 비즈니스맨

어린이 창업가, 키드프레너의 등장

2022년 전 세계는 영국 슈루즈베리 출신의 소년 조 웨일Joe Whale이 나이키의 디자이너로 정식 기용된 뉴스로 떠들썩했다. 평범한 소년이었던 조는 낙서하기를 즐겨했고, 그의 자질을 알아본 미술 선생님이 조의 낙서를 인스타그램에 하나 둘 올리기 시작했다. 이후 그 낙서 피드들이 전 세계적으로 퍼지면서, 지극히 평범했던 영국 소년은 시가총액 250조 원에 달하는 글로벌 스포츠 브랜드의 최연소 디자이너가 된 것이다.

엄밀히 따지면 조는 알파세대가 아니다. 조는 알파세

대 중 가장 나이가 많은 어린이들보다 한 살이 더 많다. 그럼에도 그의 성공담을 꺼낸 이유가 있다. 지금은 나이와 국적, 제도권의 소속 여부와 무관하게 비즈니스가 가능한 시대라는 것을 설명하기 위함이다. 저멀리 강원도 산골의 이장님조차 그 '무언가'를 가지고 있다면 비즈니스가 가능하다. 그리고 그 중심에는 연결과 확산의 메신저인 유튜브, 인스타그램, 로블록스, 트위터 같은 IT 유통망이 있다. 조가 인스타그램 덕에 나이키의 디자이너로 입사한 것처럼 말이다.

늘 일련의 분절된 현상들은 씨실과 날실처럼 엮여 새로운 트렌드를 만들어내곤 한다. 말을 배우기 시작할 때부터 '시리', '지니'와 친구처럼 티키타카를 하고 초등학교에 입학하면 절반 이상이 스마트폰을 들고 있는 이들은 그 어떤 IT서비스에도 직관적이다. 어떤 의도도 없으니 더 효과적인 이 부럽고도 얄미운 달란트가 커뮤니티 트렌드를 만나 알파세대에게 무엇이든 비즈니스가 될 수 있음을 가르쳐주고 있다.

여기에 알파세대의 부모들은 디지털 조기교육의 필요성을 잘 아는 밀레니얼세대이고, 정부는 초등 교과에 코딩수업을 더 늘린다는 계획을 갖고 있다. 즉, 알파세대

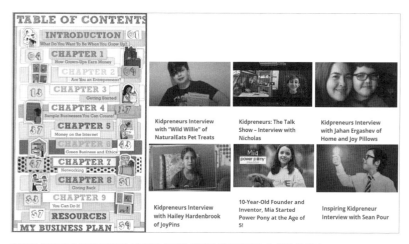

어린이 창업가를 위한 책과 전 세계의 다양한 어린이 창업가들을 소개한 웹사이트

출처: Kidpreneurs - Young Entrepreneurs with Big Ideas!

는 어릴 적부터 (그것이 무엇이든지) 내가 기획한 무언가가 세상에 나올 수 있고 돈이 될 수 있음을 구조적으로 이해하는 환경에 놓여 있다. 관련하여 경희대 김상균 교수는 그의 칼럼 〈디지털 진화기, 어른은 사라진다〉에서 디지털 재화를 만들어 유통하고, 동영상 스트리밍(유튜브, 틱톡 등)을 통해 이익을 얻는 아이들을 '어른들의 경제활동'에 참여하고 있는 것으로 해석했다. 심지어 이들은 어른들과의 상호작용 없이 스크린 몇 번만 터치하여 모든 정보와 조언에 접근할 수도 있다. 이처럼 알파세대가 성인과 아동의 전통적 구분을 넘어서면서 나이를 기준으로 인간활동을 구분하던 산업화 시대의 기준도 흐릿해져간다는 것이다.

이쯤하면 북미시장에서 시작된 '키드프레너Kidpreneurs(어린이에 사업가를 더한 합성어)'를 양성하는 교육들이 조만간 한국 시장에 정착하는 것도 시간문제일 것이다. 키드프레너란 가장 가깝게는 유튜브 크리에이터, 또는 유료 앱Application을 개발하고 출시하여 돈을 버는 어린이 창업가이다. 최근 들어 디지털 세상을 넘어 오프라인에서 새로운 방식으로 물건을 팔거나 옷과 신발을 디자인하며 수익 구조를 만들어내는 꼬마 비즈니스맨들도 늘어나고 있다. 이러한 흐름에서 어린이가 창업하기 위해 갖춰야 할 역량과 노하우를 친절히 설명하는 책과 전 세계의 다양한 어린이 창업가들의 인터뷰를 소개한 웹사이트, 인스타그램 커뮤니티도 주목받고 있다.

장난감 유튜브와 어린이 창업교실

지극히 어린이다운 관심사를 상품으로 개발하여 시

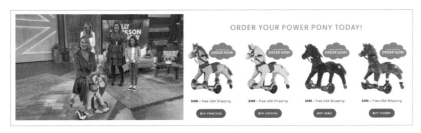

2022년 켈리 클락슨 쇼에 출연한 키드프레너 미아

장에 내놓은 키드프레너 몇몇을 소개한다. 장난감과 노는 유튜브 채널로 시작해 지금은 자신의 이름을 건 장난감 브랜드와 유튜브 채널로 연간 300~400억 원을 벌어들이는 라이언 카지(11세, 남아)는 익히 알려진 알파세대이다. 2018년 미국 경제지 〈포브스〉는 라이언이 운영하는 유튜브 채널 '라이언 토이스리뷰Ryan ToysReview'가 그해 전 세계 유튜브 채널 중 가장 많은 수익을 올렸다고 보도했다.

또 파워 포니PowerPony의 개발자이자 창업주인 미아(11세, 여아)도 대표적이다. 미아는 2022년 NBC의 TV쇼 '켈리 클락슨 쇼'에 출연했다. 미아가 대담한 개발 동기는 매우 간단했다. 말을 너무 사랑해서 24시간 말을 타고 싶은데, 그 방법을 고민하다가 '파워 포니'가 탄생했다는 것이다. 물론 샘플 테스트와 마케팅, 비디오 촬영 등을 위해 부모와 주변 전문가의 도움을 받았지만, 미아는 자신이 원하는 상품의 형상을 그려 부모에게 보여주었고 완벽에 가까운 상품을 위해 수백 차례의 험난한 샘플 테스트 과정을 거쳤다.

거창한 규모의 기업은 아니지만 소소한 스몰 비즈니스를 하는 알파세대들도 다양하다. 와일드 윌리(10세, 남아)는 지역 파머스 마켓에서 수공예품을 판매하다가 시장에서 가장 인기가 있던 개 전용 간식을 공략하기로 하고 애견 간식 브랜드 'Natural Eats Pet Treats'를 만들었다. 현재 수익의 일부를 글로벌 동물 구조단체인 SPCA에 기부하기도 하는 등 키드프레너의 새로운 방향성을 제시하고 있다.

한국에도 어린이 창업교실이나 대안학교들이 생겨나고 있다. 4차 산업혁명 시대에 맞춰 어린이 경제신문은 창업컨설팅 플랫폼과 협력해 어린이 창업아이디어를 받고 자금을 지원하는 등 어린이 창업가를 양성하고 있다. 또 IT교육을 통한 조기 창업가 경험을 제공하는 대안학교들도 생겨나는 중이다.

2021년 판교에 설립된 IT대안학교 WMSWay Maker

School의 송영광 대표는 디자인 씽킹을 창립한 스탠퍼드 대학 래리 라이퍼Larry Leifer 교수의 "최고의 선생님은 현실이다"라는 교육철학을 인용하며 교육은 현실세계와 끊임없이 소통해야 함을 강조했다. 시대가 달라지면 교육의 역할도 달라져야 하며 그에 맞춰 다양한 학교들이 필요하다는 뜻이다. WMS의 교과과정 역시, 아이들이 원하는 것을 설계하여 창업으로 이어지게 하는 마이크로스쿨 형태(일반 학교보다 인원수가 적고 나이, 학년과 무관하게 프로젝트별로 구성된 과정)이며, 학생이 재학 중에라도 기업을 설립하고 운영하는 것을 목표로 한다.

물론 결과의 가치가 나타나려면 시간이 필요하기에 기업과 사교육 기관들이 바로 움직이지는 않을 것이다. 그러나 수년 안에 대치동과 목동에 '글로벌 키드프레너'를 육성하는 학원이 생기고, 벤처 캐피탈에서 수십억 원을 투자받아 전국 프랜차이즈로 성장하는 스타트업이 생길 수 있다. 다음은 국내 한 코딩학원 벽에 붙어 있는 알파세대의 꿈이다.

"프로그래밍을 통해 인공지능의 활동을 감시하고 사람들의 정보를 지켜주는 CEO가 되려고요"

"현관문을 나설 때 오늘의 날씨를 음성으로 알려주는 스마트 웨더라는 장치를 개발해서 팔 거예요."

과거 10대가 돈을 번다고 하면, '아이돌 그룹이나 유튜버들 아니겠어?' 하던 시절이 있었다. 그런데 이제 알파세대의 틴코노미(Teen+Economy) 세상이 열렸다. 알파세대의 경제활동은 유튜브와 로블록스, 제페토를 넘어 IT서비스 사업 전반으로 확장되며 가속화될 것이다.

테크형 소비자와
IT키즈테크의 급성장

국내 IT스타트업 대표들과의 커뮤니티에서 "지갑과 현금은 언제까지 존재할까?"라는 주제로 한두 시간 토론을 한 적이 있다. 전문가별로 속도에 대한 입장 차이가 있을 뿐 대세는 '없어진다'로 마무리되었다. 이미 지갑도 현금도 안 들고 다니는 Z세대들이 꽤 있다고 한다. 더욱이 2030~2040년의 알파세대는 현금과 운전면허증이 없는 사회에서 AI와 융합된 각양각색의 IT서비스로 일상사를 해결해가며 살아갈 것이 자명하다.

한마디로 알파세대는 디지털 서비스 환경에서 태어나고 자란 덕에 기술주도Tech Driven형 소비자로 살아갈 것이다. 또 동시에 그들의 소비 행태는 디지털 엔터테인먼트, 소셜미디어 그리고 이로 인해 파생된 커뮤니티 집단들로부터 가장 큰 영향을 받는다. 유튜브와 마인크래프트 등을 필두로 하는 엔터테인먼트, 틱톡 같은 소셜미디어 그리고 대면으로 친구를 '사귀는 것'이 아닌 친구를 '추가하며 연결되는' 수십 개의 커뮤니티 집단들이 그것이다. 주목해야 할 점은 이러한 서비스들이 알파세대를 단순한 소비자가 아니라 그들과 영향을 주고받으며 서비스를 키우는 능동적인 생산자로 간주한다는 것이다. 즉, 알파세대의 활동이 없으면 서비스는 경쟁력을 잃는다.

이렇게 알파세대는 태어나자마자 스마트기기를 사용하며 IT서비스가 생활 그 자체가 되는 세대인데, 부모를 비롯한 가족들의 아낌없는 지원을 계속 받으면서 돈을 쓸 여력까지 된다. 알파세대를 대상으로 한 키즈테크 서비스의 산업적 잠재성이 전 세계적으로 매우 클 것임을 예측할 수 있다. 키즈테크는 크게 교육과 육아, 핀테크, 엔터테인먼트 등으로 구분할 수 있다.

알파세대를 대상으로 한 금융상품과 AI기술 시장

북미시장은 이미 불이 붙었다. 키즈핀테크 기업 그린라이트Greenlight는 월 이용료(상품에 따라 $4.99~ $9.98)를 내면 알파세대 자녀 스스로 용돈을 관리할 수 있는 모바일 직불카드를 발급한다. 이 카드로 상품을 구매하거나 저축, 주식투자를 할 수 있다. 부모와 자녀가 그린라이트 앱을 함께 설치하고 부모가 직불카드에 돈을 넣어주는 방식이며 사용 금액의 1%를 캐시백 해주는 등 어릴 적부터 돈 관리의 중요성을 학습시킨다. 2021년 3조 원의 기업 가치를 달성하며 키즈테크 서비스로는 최초의 유니콘 기업이 되었다.

5세 이상 어린이를 대상으로 하는 비지키드BusyKid 역시 비슷한 사업모델이다. 돈 관리를 잘하는 알파세대에게 매월 100달러의 보너스를 지급하는 등 어릴 적부터 금융경제 활동의 중요성과 동기부여를 학습시킨다. 알파세대의 핀테크 서비스 시장이 커지는 데에는 격변하는 글로벌 시장경제에서 투자 활동의 중요성을 온몸으로 겪으며 살아온 밀레니얼세대 부모의 역할도 크게 작용하고 있다고 해석된다.

유니콘 기업으로 성장한 그린라이트와 비지키드

출처: https://busykid.com/wp-content; https://venturebeat.com/wp-content

이처럼 전 세계적인 경기 침체에도 불구하고 스타트업 투자 시장에서 AI기술과 키즈(알파세대) 테마는 여전히 활기차다. 2022년 미국 〈포브스〉는 키즈 시장 규모를 460억 달러(한화 59조 원)로 예측했으며, 2021년에는 미국 실리콘밸리의 키즈테크 스타트업에 몰린 투자액만 14억 달러(한화 1조 8,000억 원)에 달했을 정도이다. 그리고 지금 이 흐름은 한국의 스타트업 트렌드로 자리잡고 있다. 미국의 유니콘 기업이 된 그린라이트를 아예 대놓고 벤치마킹했다고 하는 '레몬트리'의 경우, KB국민은행과 협업하여 알파세대가 돈을 어떻게 쓰고, 모으고, 불리고, 나눌지를 알려주는 종합 금융 서비스를 준비 중이다.

물론 카카오뱅크 '카뱅미니'는 알파세대가 아닌 청소년 대상이지만 170만 명에 달하는 고객을 확보했다. 일반 은행들도 순차적으로 주식과 금융교육 등 알파세대를 겨냥한 서비스들을 출시하고 있다. 심지어 2022년 토스 뱅크는 직불카드 사용연령을 만 7세로 낮추기도 했으니 말이다. 한편, 메타버스 환경에서 금융교육 서비스와 엔터테인먼트를 접목하거나(신한은행의 SOLverse 메타금융 스토리, NH은행의 NH독도버스 등), 소셜미디어와 DM(다이렉트 메시지)에 찰떡궁합인 '용돈 피드', '미션과 리워드' 기능 등 알파세대의 입맛에 딱 맞춘 키즈테크 서비스들이 속속들이 등장하고 있다.

알파세대를 겨냥한 육아돌보미와 교육사업도 기술 서비스와 결합하며 지속적으로 성장 중이다. 4~13세 아이들을 위한 교육·돌봄 플랫폼 '자란다Jaranda'는 아이의 성향 데이터를 분석하여 최적의 방문 선생님을 매칭한다. '자란다'는 알파세대 시장과 IT기술 간의 접목이 만들어낸 파급력을 기반으로 2022년 누적 투자액 450억 원을 달성하는 등 국내 키즈테크 업계 최대 규모의 투자 유치를 기록하기도 했다. 2023년 아마존을 비롯하여 국내외 다양한 IT테크서비스들이 알파세대 시장을 준비하고 있다. 한국 시장의 경우, 대략 10조 원으로 알파세대 부모의 인구수는 300만 명 규모로 추산된다. 이들은 귀한 골드키즈를 위해 어떤 투자도 기꺼이 하는 밀레니얼 세대이다. 아직까지는 이 시장이 알파세대와 부모들에게 접근이 용이한 교육과 엔터테인먼트, 핀테크 중심이지만, 미개척 영역이 무궁무진한 금싸라기 땅임은 분명하다. 그러나 결국 이들이 가야 할 방향성은 유튜브에서 나오는 자장가에 잠이 들고, 헤이 시리Hey Siri, 헤이 구글Hey Google과 말장난하며 a, b, c, 가, 나, 다, 라를 배운 알파세대에게 더 날카롭게 최적화된 서비스를 제공하는 것이다. 편리한 검색, 음성 비서의 정확한 추천, AR로 보여주는 스니커즈를 신은 내 발, 터치 한 번의 결제를 넘어서 내가 상상한 그대로 '말하는 대로' 쇼핑이 가능한 그런 AI테크 드리븐Tech Driven 서비스의 등장을 기대해본다.

초등학생 타깃의 디지털 광고

이처럼 알파세대들이 IT테크 서비스에 끼치는 영향이 커지면서 초등학생 타깃의 디지털 광고 물량도 꾸준히 올라가는 중이다. 미국 뉴욕의 마케팅 회사 원더맨톰슨Wunderman Thompson이 어린이 4,000여 명을 대상으로 한

연구에서 응답자 10명 중 30%는 제품이나 서비스에 돈을 지불할 때 친구가 가장 큰 영향을 끼친다고 말했다. 유튜브, 틱톡 등의 인플루언서의 영향력은 25%, 가족의 영향력은 21% 정도였다.

특히, 본인의 의사를 정확히 표현할 수 있는 알파세대 가운데 가장 어린 6~9세조차도 25% 이상이, 인플루언서로부터 구매 영향을 크게 받는다고 응답했다. 소셜 미디어의 파급력이 커졌으며, 동시에 영향을 주는 연령층은 더 어려졌음을 알 수 있다. TV보다 유튜브와 틱톡에서 많은 시간을 보내고, 소속된 커뮤니티의 메시지를 따라가는 알파세대에게는 자연스러운 흐름일 것이다.

알파세대는 이미 특정 브랜드나 아이돌, 셀럽에 대해 나이 이상의 영향력을 갖고 있다. 단순히 외동아이만의 특권으로 부모에게 구매 영향력을 행사하는 것뿐 아니라, SNS를 새로운 방식으로 대하며 인접 커뮤니티에 영향력을 끼치고 또 끼치게 될 미래 소비자들이다. 이들은 수십만 명의 팔로워를 가진 스타급 채널에서도 자신의 목소리를 내고 그들을 격려한다. 또 요목조목 따지며 콘텐츠를 비난하는 논리 구사에도 주저함이 없다. 때론 커뮤니티의 리더로, 구성원으로, 해야 할 역할을 성실히 수

행하고 있는 것이다.

더 나아가 알파세대에게 SNS는 나와 너의 시시콜콜한 이야기를 공유하는 공간을 넘어 커뮤니티 광고판 역할도 하고 있다. 물론 유튜브 채널 〈라이언의 세계〉는 지나치게 성공한 사례이긴 하지만, 내 또래 친구 '라이언'이 떠드는 DIY 공룡과 과학실험에 등장한 장난감 도구들이 네이버 앱 메인광고에 걸리는 효과보다 압도적인 크기로 홍보된다. 그리고 교과서에서 사진과 도표로 설명하는 그 어떤 실험보다 유튜브 채널 허팝의 구슬무한 동력기와 만능뚜껑 오프너 실험을 더 신뢰한다.

이들에게 허팝 연구소의 실험 결과는 과학교과서보다 진리이다. 틱톡과 유튜브의 일상 실험 콘텐츠에 집중하는 알파세대가 집에 오면 '팽이버섯에 불닭소스를 넣어보자'는 등 '하루종일 키친타월이 물컵에 있으면?', '마라탕에 치즈 100개를 넣자', '아이스크림과 빵을 같이 구워보자' 같은 호기심 천국 실험에 매달리는 것 또한 이를 증명한다. 따지고 들면 기저귀 시절부터 스마트폰을 쥐고 IT서비스와 함께 자란 알파세대가 책에 쓰인 지식보다 소셜 크리에이터(인플루언서)에 큰 영향을 받고 있는 건 당연한 현상일지 모른다.

구매 노동이 사라질 연결의 소비자

앞서 우리는 알파세대는 개인의 일상이 24시간 IT서비스에 기록되는 라이프로깅의 삶을 살게 될 것이라고 이야기했다. 이를 구성하는 라이프로그 데이터는 SNS 사진, 동영상, 라이브 스트리밍, 네트워크와 연결된 사물인터넷이나 디바이스에 결합된 모든 의식주의 기록이 될 것이다. 더 나아가 소비자로서의 알파세대는 이러한 디지털 흔적들이 오프라인과도 연결되어 새로운 쇼핑 문화 혁신을 가져오게 된다. 이는 디지털 세상에서의 상호연결이나 글로벌 연결성과는 다른 관점이다.

전날까지 온라인 주문을 마치면 다음날 현관 앞에 배달되는 새벽배송이나 로켓배송 같은 온오프라인 선후연결과도 또 다르다. 알파세대가 소비자가 되는 미래에는 내 말과 경험 모두가 AI와 연결되어 디지털 활동에서도 노동 에너지가 최소화될 것이다. 집안 곳곳과 연결된 사물인터넷과 더 정교해질 AI 음성제어는 디지털 구매에 따르는 물리적인 시간과 노동을 '제로(0)'에 가깝게 만들고 이를 오프라인과 연결시킬 수 있다.

실례로 시나리오를 만들어보자면 이렇다. 가족 수와

매주의 음식 패턴을 아는 냉장고는 알아서 부족한 식자재를 장바구니에 넣을 테고, 예정에 없던 손님 초대 행사 때는 외부에서 음성 주문을 하는 식이다. 헤이 시리Hey Siri와 오케이 구글OK Google과 함께 자란 이들에겐 모든 게 당연하다. 마치 자율주행 커넥티트 카처럼 냉장고와 세탁기 등도 IT 가전 디바이스가 되어 개인의 경험과 연결되는 패러다임이다.

이렇게 알파세대는 그를 에워싼 모든 것은 더욱 더 정교해지지만 정작 그들의 삶은 '이보다 더 간단할 수 없다'가 된다. 디지털 세계에서의 노동시간과 번잡스러운 프로세스는 최소화되고 간소화된 디지털 세계는 물리적 세계와 연결된다. 그도 당연한 것이 그 어떤 세대보다 IT 서비스와 디바이스에 더 많은 개인의 흔적을 남기게 되는 만큼, 빅테크 기업은 그들이 남기는 방대한 데이터를 보다 더 많이 보유할 테니 말이다. 성인이 된 알파세대는 이 같은 구매 혁신을 가속화할 것이다. 연결의 소비자인 알파세대이다.

Chapter 04

마라탕·버블티·
다이소·디폼이
말하는 것들

마라탕·버블티· 다이소·디폼에는 취향의 조합과 무관심이 있다

"알파세대는 동네 놀이터가 아닌 다이소에서 쇼핑하고, 마라탕과 버블티를 먹은 뒤 '인생네컷(즉석사진)'을 찍는다."

Z세대를 지나 알파세대에 대한 담론이 시장에 올라오면서 요즘은 다양한 매체들이 마라탕과 버블티, 다이소를 초등학생의 성지순례 문화의 키워드로 설명하고 있다. 그런데 어디에서도 '왜?'에 대한 설명은 없다. '초등학생이 왜 그렇게 매운 마라탕을 먹지?', '인생네컷을 하루 이틀도 아니고 왜 맨날 찍지?' 같은 의문에 명쾌한 해석이 나오지 않았다. 궁금증을 해소하기 위해 알파세대를 육아하는 부모들, 초5~중1까지의 알파세대들과 마

라탕, 버블티, 다이소 수다를 시작으로 알아보았다. 이 현상은 세 가지 정도로 해석이 가능하다.

다양성이 가져온 콤비네이션 조합

첫 번째는 다양성이 가져온 콤비네이션 조합이다. 알파세대를 대변하는 대표 키워드 중의 하나는 다양성이다. 이들은 커피숍에서 한꺼번에 주문하러 가는 사람에게 미안해서 모조리 아메리카노로 통일시키는 획일성이 미덕이던 세대와는 다르다. 나를 드러내는 게 당연하고 내 취향이 세상의 중심이라고 생각하는 알파세대이다. 버블티를 마시러 가면 토핑에서 당도의 선택, 얼음 사이즈까지 결정하는 단계가 계속된다. 매 단계에서 선택한 것들을 조합하면 경우의 수는 매우 복잡해진다.

가끔 매장에서 나이 지긋한 분들이(복잡한 주문 방식이 어려워) "그냥, 알아서 조합해줘요" 하고 말하는 것을 보면 동변상련의 웃음이 나오곤 한다. 그리고 마치 1998년 최고의 할리우드 스타인 톰 행크스와 맥 라이언이 출연한 〈유브 갓 메일You've Got Mail〉의 첫 장면과 흡사하다는 생

각을 한다. 출근길 스타벅스에 들른 톰 행크스가 '여기에
선 60가지의 조합이 가능하지. 숏, 톨, 라이트, 다크, 카
페인, 디카페인, 로우팻, 논팻…' 커피가 거기서 거기인
데 아침마다 이런 조합을 고민해야 함을 혼잣말로 탄식
하는 장면이 나온다. 25년이 지난 지금 스타벅스에서의
커피 조합은 더 다양하다.

　이 장면은 여전히 유튜브에서 '유브 갓 메일 스타벅
스 신'으로 회자되는데, X세대가 다양성을 학습해가는
과도기를 제대로 보여주고 있다. 지금 자기들끼리 스타
벅스에 가기 어려운 초등학생들은 취향의 과시와 조합
을 버블티 하우스에서 하고 있다.

　마라탕도 마찬가지이다. 족히 30개는 넘을 것 같은
정렬된 야채박스, 맵기 조절은 4단계, 꼬치 선택도 해
야 하고 다 선택한 것 같은데 추가해야 할 것들이 또 남
아 있다. 실제로 마라탕 집에 가면 '엄빠' 없이 초등학생
들만 온 테이블이 꽤 된다. 주위 어른들이 이들을 귀엽게
쳐다보는 장면도 솔찬히 보인다. 취향의 조합 외에도 혀
에서 느끼는 '통각'을 통해 스트레스를 푼다는 아이들이
꽤 있다. 엄빠와 같이 가는 건강하고 순한 식당이 아니니
까 '여기에서라도' 내 마음 대로 먹는 자유를 통해 그들

마라탕· 버블티· 메가커피· 디폼블록이 주는 취향의 조합 출처: 각 사 홈페이지

만의 자잘한 스트레스를 푸는 것이다. 마라탕이 한국의
전통 음식도 아니고 심지어 매운 음식인데도 초등학생
이 열광하는 것은 이처럼 취향의 조합과 선택에 대한 소
심한 반항이 숨어 있기 때문이다.

분명히 커피숍인데 커피보다 스무디와 프라페, 에이
드, 초코라테의 종류가 몇 배는 많아 보이는 프랜차이즈
'메가커피'도 마찬가지이다. 아이들은 이곳에서 마치 스
타벅스에 방문한 대학생들마냥 자신의 취향을 주문한다.
어른의 시선으로 보면 메가커피 메뉴판에서 '딸기프레첼
라테'와 '리얼딸기폼 라테'는 뭐가 다를까 의아한 게 사
실이다. 열 명이면 열 명 모두가 다른 알파세대에게 딸기
프레첼 라테와 리얼딸기폼 라테는 다른 음료다. 그들에
게 쿠키프라페, 메가트리플초코와 리얼초코는 분명 다른
음료인 것이다.

알파세대의 동선이 고려된 목동의 마라탕 먹고 버블티 마시는 코스

　이렇게 마라탕 식당과 버블티 하우스가 환상의 1, 2차 코스이다 보니 아파트 거리에 아마스빈Amasvin 버블티 하우스와 이소룡 마라탕 집이 기가 막히게 딱 붙어 있는 모습이 눈에 띄곤 한다. 아마스빈은 지금 대한민국에서 가장 핫한 버블티 하우스로 특히 초등학생들에게 인기가 많고, 이소룡 마라탕도 현존하는 마라탕 식당 중 초등학생이 많이 가기로 유명한 프랜차이즈이다(이에 비해 '공

떵구
목장에서 살고 싶어 청소부네 앰네한
순수한 북극곰

욱기왕
하품녹차를 사랑하는 새침한 아마스빈의 왕

그레이
홍차를 세계에 전파한 무마!

알파세대가 가장 많이 방문하는 '아마스빈' 카페의 캐릭터와 멤버스 앱

출처: www.amasvin.com

차'는 알파세대에게 아저씨 느낌의 버블티 하우스라는 인식이 강하다고 한다). 특히, 아마스빈은 떵구오, 욱기왕 같은 캐릭터와 소통한다거나 모바일 앱에서 포인트를 쌓거나 스템프를 받는 시스템을 쓰는 등 누가 봐도 초등학생을 겨냥한 카페이다.

마라탕과 버블티는 엄빠 없이 친구들끼리 방문하는 곳이므로 알파세대의 형님뻘인 초등학교 5학년에서 중학교 1학년 사이 아이들이 주 고객이다. 반면 유치원생이나 어린 알파세대는 그들의 취향을 드러내고 조합하는 것을 '디폼블록'이라는 것으로 해소하고 있었다. 디폼블록은 10mm 이하의 레고처럼 작은 블록을 조립하며 원하는 것을 만드는 놀이이다. 도안을 밑에 깔고 블록을 끼우는 방식인데 디자인과 색상이 다양하여 무궁무진하게 새로운 것을 만들어낼 수 있다. 디폼블록은 집중력과 창의력 향상을 위해 교육기관에서 수업도구로 사용하기 시작했으나, 알파세대가 특유의 수집 욕구로 부모에게 사달라고 조르면서 장난감 신드롬으로 이어진 경우이다.

어른들의 시선에서 자유로운 무관심

두 번째로는 어른들의 시선에서 자유로운 무관심이다. 친구들과 버블티 하우스를 가기엔 아직 어린 연령대의 아이들은 무언가 칭찬받을 일이 있을 때면 "엄마, 다이소 가자"라는 말을 자주 한다. "더 좋은 곳도 많은데 왜 매번 다이소에 가자고 해?"라고 물으면 "거기에 가면 엄빠도 각자 자기 것 고르느라 바쁘고 직원들도 나한테 신경을 안 쓰니까 편해"라는 대답이 돌아온다. 순간 한방 크게 맞은 듯한 기분이 든다. 아이들은 어른들이 자기한 테 신경을 쓰지 않는 그 공간과 그 순간의 느낌을 즐기고 있었던 것이다.

아이들에게는 본인을 초등학생이라고 어리게 보며 직원들이 말을 걸거나 "무엇이 필요하냐"라고 졸졸 따라오지 않는 다이소가 산뜻한 공간이다. 생각해보니 코로나 시대에 아이들은 대부분 집, 학교, 학원에서 지냈다. 가까운 어른들의 시선으로부터 30분 이상 자유로운 순간이 희소하다 보니 낯선 직원이 다가와 말을 거는 것이 어색한 것이다. 게다가 다이소는 구경하고 평가하고 결정하고 구매하는 이 모든 과정을 스스로 해낸다는 뿌듯함도 아이들에게 제공하고 있었다. 아마스빈이나 메가커피도 마찬가지이다. 아이들은 키오스크라는 무인 결제 시스템과 어른들이 쳐다보지 않는 무관심의 공간이 편안한 것이다.

오늘 만날 수 있는 사람? 오늘의 내 찐친

세 번째는 '인생네컷'이다. 인생네컷이 왜 인기가 있
는지 궁금했다. 90~00년대 학번의 X세대와 밀레니얼세
대들이 당시 대학가에 즐비하던 스티커 사진에 몇 만 원
씩 썼던 것처럼 지금 알파세대는 매일 인생네컷에 용돈
을 쓴다. 가장 의아했던 지점이 바로 '매일'이었다. '베프
는 변하지 않을 텐데 똑같은 베프들과 왜 매번 사진을
찍지?'라는 생각이 들었기 때문이다.

오늘날의 알파세대는 '동네 친구'라는 개념이 약하
다. 유치원 때 친구가 초등학교 친구로, 또 중고등학교
친구까지로 이어지는 경우는 매우 드물다. 특히 사립초
등학교를 다니는 아이들은 집 코앞까지 오는 셔틀버스
때문에 동네라는 로컬성이 끈끈하지도 않고 중요하지도
않다. 친구는 오히려 요일별로 나뉜다. 월요일은 태권도
친구, 화요일은 수학학원 친구, 수요일은 영어학원 친구
로 부르고 베프보다는 '찐친', '찐친케미'라는 표현이 일
반적이다.

초등학교 6학년 여학생에게 "친한 친구와 매일 같은
학원을 다니진 않을 텐데 왜 인생네컷을 자주 찍어?"라

고 물으면 돌아오는 대답은 "네? 오늘 내 옆에 있는 친구가 '찐친'이죠. 오늘은 수학과 영어 방학특강 사이의 남은 시간에 밥도 먹고 사진도 찍을 거예요"이다.

동네 친구라는 개념이 약한 요즘의 알파세대는 요일별로 '찐친'이 달라지지만, 그날의 '내 찐친'에게 최선을 다한다. 이렇게 알파세대는 그날 내게 주어진 학원과 학원 사이의 자유시간에 내가 좋아하는 음식과 음료를 선택하는 자유를 누리며 오늘의 내 '찐친'에게 최선을 다하고 있었던 거다. 이전 세대보다 이사와 전학이 잦고, 코로나 때문에 아파트 놀이터 친구도 없어진 알파세대에게 꾸준하고 영원한 친구는 없는 셈이다. 친구는 계속 바뀌고 학원별로 친구가 다르기 때문에 오늘 내 옆에서 마라탕을 먹고 인생네컷을 찍을 수 있는 친구가 '찐친'인 거다. 한때 북미와 유럽 아이들에게 유행하던 해시태그 #BFRN(Best Friend Right Now)도 비슷한 맥락이다. 말 그대로 '#지금최고의친구' 라는 뜻이므로, 지금 내 곁에 있어줄 수 있는지가 가장 중요한 것이다. 그리고 그날그날 옆에 있는 친구에게 최선을 다한다.

초등학교 고학년들이 SNS 다이렉트 메시지로 "오늘 만날 수 있는 사람?"이라고 묻는 것 또한 비슷한 맥락으로 해석할 수 있다. 이쯤하면 알파세대 형님들의 한 달 용돈 50만 원이 많아 보이지 않는다. 방학 시즌, 특강과 특강 사이에 이소룡 마라탕에서 마라탕을 먹고 아마스 빈에서 버블티를 마시고 인생네컷을 찍으면 하루 2만 원 정도는 가뿐히 쓸 테니 말이다.

X세대, 밀레니얼 그리고 Z세대까지 모든 세대는 저마다의 유년기 놀이를 가지고 있다. 알파세대의 놀이인 마라탕과 버블티에는 취향에 따라 골라 먹고 마시는 선택권과 새로운 것을 만든다는 뿌듯함이 동시에 존재한다. 콤비네이션의 과정에서는 호기심과 재미까지 만족시키는 것이다. 또한 소셜미디어, IT디바이스와 한 몸인 알파세대는 그 어느 세대들보다 순식간에 트렌드의 시류에 편승한다. 과거와 달리 인기 트렌드를 흡수하고 그걸 경험하는 것을 그다지 어려워하지 않는다. 소셜 세상에서는 먼 곳의 일도 바로 내 앞에 벌어지는 것처럼 느끼기 때문이다.

과거 중학생들이 분식집에서 떡볶이를 먹고, 베스킨라빈스에서 아이스크림을 먹었던 이유는 두 곳이 왠지 쌀국숫집보다는 심리적 문턱이 낮았기 때문일 것이다. 쌀국숫집은 어른들만의 공간으로 받아들여졌을 것이다.

지금 알파세대는 매일 소셜미디어 피드를 통해 셀럽과 인플루언서가 방문하는 공간들을 읽고 본다. 소셜서비스는 민지와 하니(뉴진스 멤버)를 바로 옆의 내 친구로 느끼게 한다. 이제 그 세대만의 놀이는 동네 유행이 아닌 전 국구 글로벌 규모이다. 알파세대는 그 어떤 것도 어려워하지 않고 누구와도 오늘의 찐친이 될 수 있다. 이것이 알파세대의 놀이이자 그들끼리의 '국룰'이다.

채우는 것이 아닌
새로운 세계관을 원한다

2023년 2월 한국의 로블록스라 불리는 메타버스 창작 플랫폼, 레드브릭RedBrick 사무실에 방문했다. 레드브릭 사용량의 90%는 알파세대가 소화한다. 역삼동 대로변에 위치한 건물 11층에 도착하면 바로 강렬한 빨간색 벽면을 마주하게 된다. 굵은 글씨체로 "레드브릭은 NewParadigm, Initiative, Diversity, Interesting, Intuitive를 사랑한다"라고 쓰여 있다. 그 다섯 가지 키워드는 '새로운 패러다임에서 다양성과 직관성을 가지고 늘 주도적으로 재미있게 하는 것'으로 연결할 수 있다. 알파세대의 라이프스타일을 이보다 더 제대로 설명할 수 있을까 싶다.

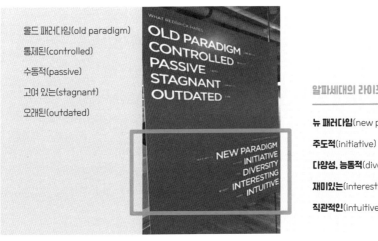

올드 패러다임(old paradigm)
통제된(controlled)
수동적(passive)
고여 있는(stagnant)
오래된(outdated)

알파세대의 라이프스타일

뉴 패러다임(new paradigm)
주도적(initiative)
다양성, 능동적(diversity)
재미있는(interesting)
직관적인(intuitive)

사용량의 90%를 알파세대가 소화하는 메타버스 창작플랫폼 '레드브릭' 본사의 벽면

이 모든 것은 'My Own'이어야 한다

　지금까지 알파세대의 정체성과 라이프스타일을 설명한 사례들로 볼 수 있듯이, 이들은 다양성과 새로움, 재미를 최우선시하며 이 모든 것은 '내 것My Own'이어야 한다. 남이 설계하고 쥐여 주는 것을 원치 않는다. 알파세대는 내가 나의 것을 스스로 기획하고 창조해가야 '내 것'이라고 여기는 기질이 있다. 2023년 1월(한국 기준) '본디Bondee'라는 새로운 소셜서비스가 툭 튀어나왔다. 싱가

포르의 '메타드림'이라는 스타트업이 출시한 메타버스 기반의 SNS인데, 본디라는 귀여운 이름에 파스텔톤 솜사탕 같은 아바타들의 주근깨나 피어싱 디테일까지 모두 사랑스럽다. 메타드림이 실리콘밸리 IT공룡이 아닌 점을 감안하면 출시 3~4개월 만에 500만 다운로드를 기록한 수치 역시 꽤 긍정적이다.

본디는 3D공간에서 나와 내 방을 꾸미고Space, 친구들과 광장에서 놀고Square, 새로운 친구들을 또 만나는Floating 메타버스 소셜서비스이다. 기존의 소셜 서비스들이 수천 명, 수만 명, 수십만 명의 친구들을 팔로워로 갖거나 내가 팔로잉하는 거대 네트워킹에 집중했다면 본디는 단 50명과 친구를 맺을 수 있다는 점에서 파격적이었다. 즉, 본디에서는 요즘말로 '찐친'이 아니면 친구가 될 수 없고, 찐친 1명을 늘리려면 기존 찐친 1명을 빼야 한다. 냉정하지만 쫀쫀한 친구 맺기 시스템이다.

본디 = 메타버스 소셜 + 싸이월드 + 인스타그램 + 카카오톡

흥미로운 건 지금부터이다. 처음 본디가 등장했을 때 시장은 '메타버스 기반의 SNS? 알파세대 놀이터겠구나' 라는 의견이 지배적이었다. 왜냐하면 밀레니얼세대는 물론이고 Z세대마저도 로블록스와 제페토 같은 메타버스 플랫폼을 낯설어했기 때문이다. 아바타 조작 방법도 복잡하고, 내 진짜 얼굴도 못 보여주고, 갑자기 모르는 애가 말을 걸어오기도 하고, 내 의도와 상관없이 내 목소리가 켜지기도 하고, 일부 월드(맵)에서는 나를 배척하는 것 같기도 하고… 신경 쓸 게 한두 가지가 아니었다. 그러다보니 본디가 나왔을 때 '제페토에 인스타그램이 섞인 건가? 초딩 소셜이네'라는 선입견이 있었던 것이다.

그런데 아래 2023년 2월 첫째 주 방문 수치에 따르면, 20대가 가장 많고 그 다음이 10대이다. 20대 사용량을 감안하면, 10대 안에서도 역시 알파세대보다는 10대 중후반인 Z세대가 중심이 되어 본디를 사용할 것으로 쉽게 추정할 수 있다. 실제 최근 인스타그램 스토리에서 급증하고 있는 '본디 인증'을 봐도 10대 후반에서 20대에

순위	앱명	사용자 수
10대	Bondee 본디 METADREAM TECH PTE.LTD.	27,486
20대	Bondee 본디 METADREAM TECH PTE.LTD.	33,184
30대	Bondee 본디 METADREAM TECH PTE.LTD.	3,962

△ 메타버스 SNS '본디'의 연령대별 사용량
▷ 본디와 싸이월드의 감성

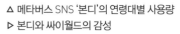

출처: https://bondee.net/main; www.cyworldhq.com

걸쳐진 Z세대들이 대부분이다.

본디는 3D 가상공간을 활용한 '메타버스 소셜'을 지향하지만, 그 옛날 싸이월드의 미니미, 미니룸에 인스타그램과 카카오톡을 적절하게 섞어놓은 감성이 느껴진다. 본디에 입장하면 바로 아바타를 꾸민 뒤, 정해진 사이즈의 공간에 내 스타일로 인테리어를 채워 넣는 방식이다. 아파트 버튼을 누르면 친구들이 꾸민 방이 한눈에 보이는데 수십여 개의 방이 획일화된 땅콩 주택처럼 다닥다닥 붙어 있다.

이쯤하면 눈치 챘겠지만 본디는 새로운 패러다임으

로 다양성과 재미를 추구하는 알파세대의 라이프스타일과 전혀 맞지 않다. 제페토와 로블록스에서 내가 기획하여 내가 만든 스토리에 단 하나뿐인 나만의 월드, 나만의 세계관을 설계하는 알파세대에게는 땅콩 주택을 아기자기 하게 채워넣는 것은 재미없고 어리석은 일이다. 오히려 본디는 그간 메타버스를 낯설어하던 밀레니얼세대에게는 '싸이월드'의 추억으로, Z세대에게는 '인스타-메타그램'처럼 받아들여지며 인기몰이 중이다. 해시태그 역시 #Z세대직장인앱 #MZ소셜 같은 류이다.

친구 등록 50명 미래형 스몰 커뮤니티

오히려 본디가 알파세대 성향에 부합하는 유일한 지점은 친구 등록을 50명까지만 할 수 있다는 것이다. 소셜 미디어의 본질이 거대한 관계의 확장이라는 점과 이를 통한 광고 수익이 핵심이라는 점을 감안하면 '쩐친' 50명은 오만한 기능일 수 있다. 그러나 학교나 회사, 지역 사회 같은 전통적인 테두리보다는 소소한 디지털 커뮤니티 안에서 살아가며 매일 매일 쩐친을 넣고 빼며 살아가는 알파세대에게는 잘 들어맞는 차별화 전략이다. 아직 서비스 초창기라 사용량 추이를 지켜봐야 하지만 이론상으로는 미래형 스몰 커뮤니티에 가깝다.

인스타그램이나 유튜브가 스타 인플루언서 아래 수만 여 명의 팔로우가 줄을 서 있는 형태라면, 본디는 수평적이고 동등한 커뮤니티 소통이라는 뜻이다. 단, 커뮤니티 멤버들에게는 매일 이동할 수 있는 유연성이 주어진다. 이와 관련하여, 경희대 김상균 교수는 "인간이 친밀하게 지낼 수 있는 사람은 150명 이내이다"라고 한 영국의 문화인류학자 로빈 던바Robin Dunbar의 말을 인용했다. 본디는 심리적으로 더 친밀한 소수의 친구들과의 소통을 지향한다고 말한다.

끊임없이 나의 무언가를 드러내며 팔로워를 유지해야 하는 현재의 SNS 철학은 타인이 날 어떻게 바라보는지가 중요한 기성세대들에게 잘 들어맞는다. 덕분에 글로벌 소셜미디어의 산업화에 맞춰 슈퍼 인플루언서의 파급력도 함께 올라왔다. 그러나 알파세대는 그 무엇보다 나 자신이 가장 중요한 종種이다. 새로운 패러다임에서 다양성과 직관성을 갖고 주도적으로 재미있게 살아갈 인류인 것이다. 미래에 어떤 소셜서비스가 메타버스 네이티브, AI네이티브인 이들의 라이프스타일을 만족시킬지 기대해본다.

알파의 미래
라이프스타일

우리는 알파세대가 본질적으로 환경적으로 어떠한 특징을 갖고 있는지 충분히 들여다보았다. 이제 이를 바탕으로 아이들이 미래에 어떠한 라이프스타일로 살아갈지를 이야기해보자. 일단 라이프스타일은 늘 사회문화적 변화 그리고 기술적 진화와 함께 움직여왔음을 기억할 필요가 있다. 알파세대는 2010~2024년 사이에 출생한 아이들이다. 2030년 즈음에 알파세대 형님들은 사회에 목소리를 높이는 20대의 시작을 맞이하고 알파세대 막내들은 초등학교에 갓 입학하게 된다. 이후 10년이 또 지나 2040년이면 이들은 중학생부터 30대 초 사이에 분포될 것이다. 전 세계 알파세대의 40~50%가 본격적으로 경제 활동을 시작하게 되는 즈음이다.

1925~1945년 사이에 출생한 사일런트Silent세대[*], 1946년~1964년 사이의 베이비부머Babyboomer세대[**]를 지나 X, Y(밀레니얼), Z세대, 그리고 지금의 알파세대까지 인구통계학자들이 세대를 구분지어 사회적 현상을 분석한 지 100여 년의 시간이 지났다. 그간 우리는 늘 세대 간 갈등을 겪어왔고 늘 '새로운 아이들'이라며 다음 세대를 구분지어 왔다. 그러나 온전히 21세기에 모두 태어난 첫 세대이자, 태어나자마자 스마트폰을 쥐고, 검색포털도 유튜브도 아닌 챗GPT로 궁금증을 해결하는 이들은 완전히 새로운 인류이다. 여기에 알파세대는 인구의 분포와 이동이 새롭게 일어나고, 주거 환경이 변화하며, 사회적 공동체가 커뮤니티로 이동하는 등 완전히 다른 미래를 맞이하게 된다.

우선 알파세대 인구가 분포한 국가를 보자. 전 세계로 봤을 때 알파세대는 매주 280만 명씩 태어나고 있다.

---

[*] **사일런트세대** 2차 세계대전과 경제 불황기에 성장하며 자신의 의견과 신념에 자신 있게 말하지 못하며 자란 세대

[**] **베이비부머세대** 출생률이 급격하게 증가한 시기에 태어난 세대로 한국은 6.25전쟁 이후, 미국은 2차 세계대전 직후이다.

현재의 출생률 추이를 보면, 알파세대의 끝자락인 2024년생들이 모두 태어났을 때 알파세대의 인구는 22억 명가량일 것으로 추산된다. 전 세계적으로 가장 인구수가 많은 베이비부머세대(1946~1964년생)를 추월할 전망이다. 중동과 아프리카, 남아시아에 비해 미국과 유럽, 동아시아 등 선진국의 출생률은 급격히 떨어지고 있지만, 달리 보면 밀레니얼세대 부모가 돈과 시간을 알파세대에게 더 투자하고, 특히 양질의 교육 기회를 제공할 수 있다는 것을 의미한다. 과거 베이비부머세대 부모들이 자녀인 밀레니얼세대에게 했던 맹목적인 희생과는 또 다르다.

물론 절대 인구수가 많은 중국과 아프리카, 남아시아(인도)의 알파세대가 큰 비중을 차지할 것이다. 세계의 권력과 부의 이동을 분석하는 와튼 스쿨의 마우로 기엔 박사는 2030년이 되면 중국과 인도가 세계에서 가장 큰 소비자 시장이 된다는 데에 "내 모든 재산을 걸 수 있다"라고 했다. 참고로 '월드데이터랩' 조사에 따르면 알파세대의 바로 윗세대인 Z세대의 경우, 2030년 소득 합산이 밀레니얼세대보다 높아질 것이며, 또 전 세계 부의 30%를 차지할 것으로 예상된다.

이렇게 격변하는 인구의 변화와 이동 안에서 2030~

2040년 알파세대는 어떠한 라이프스타일을 영위할 것인가. 그 어떤 세대들보다도 개인화된 삶을 살아가고 모두가 다를 새로운 '종'을 카테고리나 트렌드로 묶어 예측하는 것 자체가 아이러니할 수 있다. 그럼에도 이들의 성향이 기술의 진화와 미래 인식의 변화에 어떻게 흡수되고 발현될 것인지를 미리 들여다보는 것은 기업과 사회, 가정이 이들을 받아들이는 데 큰 도움이 될 것이다. 다가올 알파세대의 라이프스타일을 주거생활, 일과 놀이의 변화, 슈퍼 덕후생활로 구분하여 설명해보자.

주거에 대한 개념 변화

첫째, 주거 환경의 변화에 주목해야 한다. 더 정확히는 주거에 대한 개념의 변화라고 하는 것이 옳다. 과거, 아니 지금도 X세대와 밀레니얼세대는 집을 소유하는 것을 성공 잣대로 여긴다. 하지만 알파세대는 과거 세대와 달리 그들만의 주거 개념을 설계해나갈 것이다. 심지어 일부 알파세대 부모들은 대출 이자나 세금 등 집을 소유했을 때의 기회비용을 언급하며 '미래의 내 아이들도 나

공유경제가 전 세계 소비의 많은 부분을 차지하게 된다면 알파세대에게 집을 구한다는 개념은 기존 세대와는 확연히 다를 것이다.

처럼 집을 사는 데 평생 집착해야 할까'라는 의구심을 가지곤 한다. 밀레니얼세대 부모들이 이미 에어비앤비나 카셰어링 같은 공유경제 서비스나 넷플릭스나 티빙, 멜론 같은 구독모델을 하루에도 몇 개씩 사용하고 있기 때문이다. 이미 알파세대의 부모들은 소유보다 연결의 가치를 알아가고 있는 것이다.

워싱턴D.C.의 브루킹스연구소는 2025년 공유경제 규모를 지금의 20배 이상으로 전망했고, 마우로 기옌 박사는 2030년 공유경제가 전 세계 소비의 30% 이상을 차지할 것으로 분석했다. 이쯤하면 미래 알파세대의 경우 독립이 필요할 때 '집'을 구하는 개념이 우리와는 확연히 다를 것임을 짐작할 수 있다. 전월세 같은 렌트뿐 아니라 새로운 방식의 공유상품들이 다양하게 등장할 것이다.

AI가 대체할 인간의 노동도 주거 변화를 가속화할 것이다. AI융합서비스가 지금보다 훨씬 더 시장에 직접적으로 투입될 미래에는 인간의 노동 시간은 줄고 여가 활동은 늘어나게 된다. 이렇게 되면 집은 나 또는 가족의 라이프스타일에 따라 원할 때 떠나기 편리한 상태여야 한다. 조직사회보다 개인의 행복을 최우선시하는 알파세대는 가족과 보내는 시간이나 소속감을 그 어떤 세대보다도 중요하게 생각한다. 집을 소유하면서 얻게 되는 정서적 안정감 정도는 기꺼이 포기하거나 그 가치를 낮게 평가하는 것이다.

뿐만 아니라 주거의 기능도 새로운 국면을 맞이하게 된다. 집은 자고 먹고 쉬는 공간이 아니라 인간의 모든 활동이 안팎으로 연결되는 허브이다. 외부 기후에 따라 조명이 자동 전환되거나 밖에서 하는 모든 엔터테인먼트와 운동이 집에서도 연결되고, 각종 보안이나 가전은 역으로 외부에서 제어되는 식이다. 흔히 '스마트홈'이라 불리는 IoT 기능은 가전제품마다 별도로 연결되었던 네트워크가 집 전체로 확장되어 거대한 디지털 디바이스처럼 작동하게 된다. 쉽게 지금의 커넥티트 카Connected Car

가 고속도로를 달리는 스마트폰이라면, 알파세대가 거주할 집은 움직일 수 없는 땅에 붙은 스마트폰인 셈이다. 각 개인들과 직결되는 외부의 생활 기능들도 하나씩 스마트홈으로 통합되어갈 것이다.

팬데믹 때 집으로 흡수된 회사, 도서관, 홈트 등의 공간은 더 세밀하게 개인화되어 통합될 것으로 보인다. 이는 동시에 더 넓은 집, 더 많은 개수의 독립적인 방을 선호하는 니즈가 커질 것임을 의미한다(물론 일부 기능에는 메타버스가 활용될 것이다). 다만 야외라는 공간과 공원, 콘서트 경험, 산과 바다에서의 야외 활동은 여전한 가치를 유지할 것이다. 이렇게 알파세대가 주거 독립을 통해 살게 될 미래의 집은 소유가 아닌 형태가 많아질 것이나, 그 안의 콘텐츠는 풍부해진다.

기술 혁명이 가져올 테크 라이프

둘째, 기술 혁명이 가져올 새로운 가치 활동에 주목해야 한다. 물론 빠르게 변화하는 시대에 아이들은 예측 불가능한 미래를 맞이할 것이다. 그럼에도 알파세대의

'테크 라이프'는 삶에 편리함을 줄 것이고, 이것으로 보상받은 시간들은 새로운 가치 활동으로 채워질 것이다. 예를 들어, 과거엔 꼭 필요했고 은근히 시간도 소요되는 것들, 하다못해 형광등을 갈거나 자동차 엔진오일을 교체하는 자잘한 활동들을 할 필요가 없다. 보상받는 시간은 더 늘어나게 된다.

또 알파세대는 배달앱으로 음식을 시키면 20분 만에 밥이 도착하는 프로세스를 보며 효율성의 가치를 온몸으로 느끼며 성장한 아이들이기도 하다. 2018년 오프라인 마트의 미래인 것처럼 추앙받던 아마존고Amazon Go가 팬데믹 영향으로 5년 만에 문을 닫았다. 그럼에도 우리 모두는 잘 알고 있다. 계산대 없이 장을 보고 결제하는 '아마존고' 같은 오프라인 쇼핑이 미래 알파세대에게는 CU편의점처럼 일반화될 것을 말이다. 마트 방문객이 쇼핑을 즐기는 동안 마트 선반 위에서 자율주행 센서가 부착된 AI카메라가 인간의 동선을 따라다니며 구매 목록을 인식할 것이다. 당연히 비용은 쇼핑 앱에 등록된 결제 수단으로 해결된다.

향후 알파세대에게 새로운 가치는 놀이와 엔터테인먼트, 힐링 등이며 이 행위들이 그 어떤 세대들보다 인생에서 큰 비중을 차지하게 된다. 여기에 대해 김상균 교수는 저서인《메타버스2: 10년 후 미래를 먼저보다》에서 노동의 양과 시간이 줄어들면, 인간은 결국 즐기고 유희하는 데 시간을 소비할 것으로 전망했다. 그리고 앞에서 언급했던 것처럼 유희를 제공하는 직업의 가치가 올라가는 '호모 루덴스Homo Ludens'로의 삶을 강조했다.

미래에 압도적으로 늘어날 무인 자동차의 보급도 알파세대에게 더 많은 여유를 주게 된다. 차량 이동 시간에 인간은 엔터테인먼트 서비스를 즐기거나 무언가를 학습하거나 또는 먹을 것이다. 아예 생산성의 개념이 달라질 수도 있다. 생산성의 의미를 노동과 돈으로 계산하지 않고, 주어진 시간을 즐겁게 소비하면 '생산적인 (시간) 소비'가 되는 것이다. 알파세대는 직업을 선택하는 기준도 달라진다. 유연한 관리 방식과 재미있게 일을 할 수 있는 조직 문화가 가장 중요하다.

이 때문에 알파세대는 선배들과는 다르게 대기업보다 작지만 유연한 기업에서 일하고 싶을 가능성이 훨씬 크다. 내가 세상에서 유일하고 특별한 존재라고 생각하는 알파세대에게 'Big company is Good company' 같은 전통적인 사고방식은 어울리지 않는다. 저출생으로 인해

서른 명이 넘지 않는 초등학교 교실과 많아야 다섯 명 정도 모이는 학원 시스템도 여기에 기여하고 있다. 학교와 학원 그리고 가정 모두가 한 아이에게 집중하는 밀접도가 높은 것이다. 오히려 누군가 본인의 라이프스타일에 맞는 즐거움과 다양성을 유지할 수 있는 기업을 선택했다면 그(녀)를 '힙Hip하고 핫Hot하며 성공한 사람'으로 인식한다.

긱 이코노미Gig Economy에 대한 노동 가치도 계속 높아지면서 일하는 방식에서 나만의 유연성을 찾아갈 것이다. 이미 전 세계가 학습한 플랫폼 중심의 긱 이코노미 시스템은 알파세대가 미래에 어떻게 일할 것인지 상당 부분을 암시한다. 또 어릴 적부터 크고 작은 커뮤니티에서 활동하며 리더십을 경험한 아이들이라 소규모라도 나만의 리더십을 발휘할 수 있는 기업을 선호할 것이다. 알파세대는 지금도 미래에도 조력자나 구성원보다는 스스로 셀럽으로 살아갈 것이기 때문이다.

물론 돈을 버는 노동 활동은 여전히 중요하다. 노동 시간이 줄어들며 달라질 새로운 가치 활동에 대한 이야기를 하는 것이다. 기술 혁명이 가져올 호모 루덴스의 삶에서 알파세대에게 '일'은 라이프스타일의 한 단면이며,

그조차도 내 삶의 웰빙에 부합하는냐가 중요해진다. 인류가 더 나은 방향으로 나가고 있는 것은 확실해 보인다.

슬기로운 덕후생활

셋째, 슬기로운 덕후생활에 주목해보자. 알파세대는 어른이 되어서도 덕후의 삶을 향유하며 살아갈 것이다. 유행이나 트렌드에 좌지우지되지 않으며 내 취향을 누구보다 존중하며 살아가는 '슬기로운 덕후 어른'이 될 것이라는 말이다.

알파세대는 태생적으로 나와 내 친구들 모두 각자 가진 기질과 능력이 다르다는 점을 이해하고 있다. 초등학교 4학년인 아이에게 "저 친구는 공부 잘해?"라는 못난 질문을 하는 엄마에게 돌아오는 대답은 "어, 공부 잘해" 또는 "아니? 공부 못해"가 아니다. "엄마, 쟤는 4 x 4 블록 큐브 대회를 나가더라?" 내지는 "엄마, 엄마… 쟤는 우쿨렐레를 엄청 잘쳐"라는 유쾌한 대답일 것이다. 아이들의 사고방식으로도 대체로 여러 가지를 두루두루 잘하는 아이보다 새롭고 희소한 무언가를 끝내주게 잘하는 덕

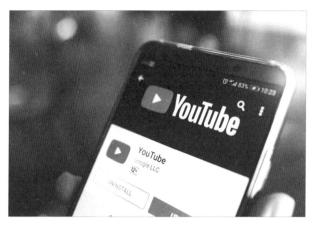

알파세대는 어른이 되어서도 덕후의 삶을 향유하며 살아갈 것이다. 지상 최대의 영상도서관인 유튜브나 틱톡이 한몫을 하고 있다.

후가 근사해 보인다.

물론 여기에는 지상 최대의 영상도서관이자 모든 것을 전문가급으로 가르쳐주는 유튜브나 틱톡이 큰 역할을 한다. 소셜미디어가 알고리즘으로 자신도 모르는 자신의 취향을 발견해주고 있는 탓이다. 학교 친구가 우쿨렐레를 잘 치는 것을 계속 부러워하길래 아이에게 "너도 배워 볼래? 과외선생님 알아볼까?"라는 질문을 하면, "아니? 악기만 필요해. 유튜브에 〈찬미소리〉라는 우쿨렐레 채널이 있더라고"라는 대답이 돌아온다. 그들은 특정한 시간에 합의하에 만나야 하는 과외선생님보다 원하는 시간에 편하게 들어가서 배울 수 있는 유튜브 선생님을 선호한다. 이렇게 한 분야를 깊이 파고들어 덕후가 되는 디깅모멘텀Digging momentum 트렌드는 MZ세대를 지나 초등학생까지로 이어졌다.

여기엔 부모의 영향도 매우 크다. 밀레니얼세대는 알파세대의 부모임과 동시에 베이비부머세대의 자녀이기도 하다. 밀레니얼세대는 Z세대와 다르지 않게 한두 명 정도의 형제자매와 자라면서 부담스러울 정도의 부모 사랑과 뜨거운 교육열에서 비롯된 입시 전쟁을 겪어온 세대이다. 그들이 겪은 수능 입시 지옥은 서울이든 중소 도시이든 간에 마찬가지였다. 학창 시절엔 공부만을 강요당했고 좋은 대학에 입학하면 인생의 절반은 해결된다고 세뇌당했다(공부 외의 활동을 억지로 찾아내자면 고작 태권도나 피아노 학원이다).

부모에게 기타의 영역에서 천재적인 재능을 보여주지 않는 이상 '공부 외의 길'은 용납되지 않았다. 오로지 공부만이 밥벌이로 받아들여졌다. 필자의 부모 역시 스티븐 스필버그 같은 감독이 되겠다는 남동생에게 "일단 좋은 대학만 들어가주면, 그 이후엔 너 마음대로 해도 좋다"고 하셨다. 실제로 밀레니얼세대인 남동생은 1999년

공대에 입학하자마자 휴학을 했고 그 다음해 모 대학의 영화연출학과에 입학하여 지금은 영화감독이다. 부모님의 요청은 대학에 '들어가면'이 아니라 '들어가주면'이었다. 그 시절 전형적인 베이비부머세대다운 가이드라인인 셈이다.

그러나 밀레니얼세대가 대학에 가고 사회생활을 하고 해외교육을 접하면서 부모 세대의 획일화된 교육관이 늘 옳지만은 않다는 것을 알게 됐다. 대치동 교육열을 버텨냈으나 아이러니하게 역대급의 취업난과 고용불안 세파를 겪은 억울함도 한몫한다. 세상은 국영수로 돌아가지 않는다는 것을 깨닫기에 충분하게 고달픈 현실이었다.

그래서 밀레니얼세대 부모들은 오히려 자녀의 행복 수치에 집중할 것으로 전문가들은 예상한다. 이들은 자녀에게 무조건적인 희생을 하던 부모에 대한 반작용으로 '나는 엄마처럼 그렇게 살지는 않을 거야'라는 마음가짐으로 성장했다. 그로 인해 줄곧 스스로에 대한 행복 투자를 해왔고 자녀인 알파세대도 그렇게 살기를 바란다. 학부모 모임에서 알파세대를 키우는 밀레니얼세대 엄마가 아이와 자주 싸운다는 에피소드를 듣고 한바탕 웃었던 기억이 있다. 대부분 아이가 자신에게 함부로 할 때 싸우게 되는데 그때마다 본인은 일관되게 "넌 왜 그렇게 내 감정은 생각하지 않니?"라고 묻는다는 것이다. 밀레니얼세대의 엄마들은 아이의 감정과 함께 '내 감정'도 중요하다. 그 옛날 그녀를 키웠던 베이비부머세대의 엄마와는 천지 차이의 반응이다.

실제로 이미 밀레니얼세대 부모들은 내 아이가 좋아하는 특기와 취미를 즐기는 행복한 어른이 되도록 돈을 아끼지 않고 (공부 외의 것들을) 가르치고 있다. 본인이 겪은 입시 지옥에 대한 반발심도 일부 작용했을 것이다. 예를 들어, 축구, 수영, 스키에 악기 하나 정도는 숙련되게 시켜야 하며 K팝 댄스학원에 요리, 미술까지 각자의 개성을 살리는 방향으로 열심히 투자한다.

이렇게 특별하고 귀하게 자라고 있는 아이들이 바로 알파세대이다. 알파세대를 키우는 커뮤니티나 학부모 회의에서도 "애가 좋아하는 직업을 갖게 해야죠"라고 말하는 부모들이 상당수이다. 즉, 과거 베이비부머세대 학부모들이 "애들은 저 하고 싶은 거 시켜야지. 그게 행복이지"라고 했다면 대외용의 '있어빌리티' 발언이지만, 밀레니얼세대 학부모들이 말한다면 그건 진정한 마음의 소리이다(베이비부머세대의 교육관을 성급히 일반화했다면 지면에서 양해를 구한다). 자신은 전통적인 방식으로 교육받았으나 (역으로) 그들의 자녀는 그렇게 자라길 바라지 않는 부모들이 밀레니얼세대다.

더 흥미로운 건 북미시장에서 넘어온 IT서비스들의 영향력이다. 넷플릭스 키즈나 디즈니플러스 키즈, 유튜브와 틱톡은 아이들에게 내가 좋아하고 싫어하는 것이 무엇인지를 명확히 알려주고 있다. 과거 기성세대는 성인이 되어서도 '내가 뭐 좋아하지? 나도 날 잘 몰라'였다면, 알파세대는 초등학교 시절부터 나에 대해서 정확히 인지하고 있다.

이제 덕후들은 놀림을 받는 너드Nerd가 아니라 내 취향을 잘 가꿔 스스로의 행복에 충실한 건강한 사람이다. 보편적인 사람, 대중적인 콘텐츠, 보급화된 물건만이 괜찮은 시대는 저물었다. 개인의 취향과 소비가 트렌드가 되고 문화가 되는 시대이다. 이러한 환경에서 자라날 알파세대는 슬기로운 덕후생활을 영위하는 어른이 될 것이다.

Chapter 05

2030~2040년 그들의 철학과 노는 법

국경 없는 메타버스

월드컵에서 포르투갈을 응원하는 아이들

2022년 12월 3일은 카타르 월드컵에서 한국과 포르투갈 경기가 있던 날이다. 16강 진출 여부가 걸린 경기여서 온 국민이 간절했던 터였다. 아이가 축구를 워낙 좋아하는데 마침 늦은 새벽이 아닌 자정 경기라서 온 가족이 함께 경기를 시청했다. 그런데 아이가 포르투갈을 응원하는 게 아닌가? 처음엔 장난이겠거니 했는데 전반전 내내 소리를 내며 응원을 하니까 슬슬 거슬리기 시작했다.

"왜 그러는 거야 대체? 우린 한국 사람인데 왜 포르투갈을 응원해?"

"한국 사람은 포르투갈을 응원하면 왜 안 돼? 난 포르투갈이 좋으니까. 포르투갈 유니폼도 멋지고 페르난데스Fernandes가 진짜 멋져."

아이가 포르투갈을 응원하든 말든 한국이 무조건 이겨야 16강에 올라갈 수 있었던 긴박한 상황이라 더 이상 왈가불가하진 않았지만, 아무튼 나는 월드컵에서 포르투갈을 응원하는 아이와 살고 있었다. 그날 황희찬 선수의 황금 같던 역전골이 터지면서 우리 한국은 포르투갈과 함께 16강전에 진출했다. 동일 시각에 진행된 우루과이-가나 경기 결과에 따라 한국의 16강 진출이 영향을 받던 상황이라 온 국민이 초집중했던 역대급의 월드컵 경기였다.

그런데 며칠이 지나도 그날의 상황이 자꾸 떠올랐다. 왜 내 아이는 월드컵에서 포르투갈을 응원하는가? 왜 내 아이는 '캡틴 손'이 아닌 '페르난데스'를 좋아하는가? 물론 아직 열 살이니 그냥 애국심이 부족해서라고 가볍게 넘겨도 될 일이다. 그 옛날의 초등학교처럼 매일 두세 번씩 국기에 대한 경례와 국민체조를 하거나 음악시간마다 애국가를 부르던 시대는 아니지 않나? 2020년 조선일보는 '애국가 모르는 초등생들'이라는 보도를 했었는

		3절 2명
모르는 학생　64명	1절까지 쓴 학생 26명	2절 8명
		4절 0명

*서울지역 초등학생 100명 대상 조사

출처: www.chosun.com

데 당시 100명 중 64명이 애국가를 1절도 못 썼고, 작곡가를 물었더니 대통령, 신사임당, 베토벤이라 답하는 우스꽝스러운 상황이 연출되었다고 했다. 물론 이 같은 블랙코미디는 알파세대의 기질과는 무관하다. 이른바 운동장 조회시간이 사라지면서 애국가를 부를 기회가 대폭 줄었고, 사회 전반이 요구하는 인재상이 더 이상 확고한 국가 정체성은 아닌 탓으로 해석할 수 있다.

그러나 이런 외부 변수들이 알파세대의 국가적 정체성을 흐릿하게, 더 정확히는 국가와 나 개인의 관계를 끈적이지 않게 만들고 있음은 분명하다. 다시 말해 그다지 엉겨 붙지 않는다. 이러다보니 포르투갈 전에서 승리를 거두고도 우루과이와 가나의 경기가 끝나기만을 기다리던 '에듀케이션 시티 스타디움'의 한국 선수들이, 중계석의 캐스터들이, 광화문 광장에서 온 국민이 한마음이 되어 응원하던 그 새벽의 기운은 우리 세대만의 것이다(당시 우루과이가 3대 0으로 가나를 이겨버리면 승점에 의해 한국이 16강에 탈락하는 상황이었다).

디지털 커뮤니티의 영향력

알파세대에게 더 큰 영향을 주는 건 디지털 커뮤니티이다. 알파세대는 사물을 제대로 인지하기도 전에 이미 스마트폰을 사용한 아이들이다. 유튜브와 틱톡은 스타 크리에이터를 바로 내 옆의 친구처럼 느끼게 한다. 스마트폰만 켜면 볼 수 있는 사람들이니 멀리 떨어져 있다는 심리적 문턱이 거의 없는 것이다. '스낵타운(유튜브 구독자 47만 명)'의 재율이 형도 틱톡에서 K팝이든 CF음악이든 내가 원하는 모든 것을 다 연주해주는('형형형, 이거 가능해?') 준커리안JunCurryahn도 나와 늘 연결되어 있는 내 커뮤니티의 친구이다.

이젠 메타버스로 넘어가보자. 알파세대는 디지털 네

이티브인 Z세대와는 또 다르다. 오히려 디지털 네이티브 라기보다 '메타버스 네이티브'이므로 가상세대Virtual라고 표현해도 좋다. 제페토와 로블록스, 마인크래프트와 포트나이트에서는 진짜 인간이 보이지 않는다. 블랙 페이스에 구찌 스타일의 추리닝을 입고 내게 총총총 뛰어오는 아바타의 주인이 한국인인지, 캐나다인인지, 일본인인지는 중요하지도 않고 알 바도 아니다.

현재 전 세계 사용량 1위의 메타버스 플랫폼인 '로블록스'에 올라와 있는 5,000만 개가 넘는 게임은 거의 대부분이 알파세대가 만들었다(다만 한국의 알파세대는 '로블록스'보다 '마인크래프트'를 좀 더 많이 좋아한다). 이렇게 메타버스 게임을 하면서 노는 것이 일상이고, IT소셜서비스가 없는 세상을 아예 모르며 자라왔다. 알파세대에게 디지털 세상은 하나의 커다란 국가이며 메타버스는 그냥 단일 공동체이다. 즉, 국가와 나이, 성별의 구분이 유명무실하다. 더 정확히는 기성세대에 비해 흐릿하고, 그다지 중요하게 생각하지 않는다는 뜻이다.

즉, 알파세대가 월드컵에서 포르투갈을 응원하는 것은 국가적 소속감이 부족한 어린 나이에 보이는 잠깐의 행태가 아니다. 태어난 순간부터 국경이나 국가적 경계가 흐릿한 디지털 세상, 더 나아가 메타버스에서 노는 알파세대에게는 (물론 개인별 정도의 차이는 있겠으나) 공통적으로 나타날 수 있는 현상이다. 필자는 대학시절 PCS(2.5세대 개인이동통신)를 접하고 처음으로 문자라는 것을 보냈으며 한창 직장 생활을 하던 중에 스마트폰이라는 것을 접했다. 해외에 나가 하얗고 눈이 파란 대학생들과 난생 처음 말을 섞어본 것도 대학생 때였다.

군이 오래된 이야기를 꺼내지 않아도, Z세대의 초입 아이들조차도 세상에 스마트폰이 없던 시절을 분명히 기억하고 있다. 그렇지만 알파세대에게는 IT서비스가 삶에 부재했던 시절이 존재하지 않는다. 이러한 아이들에게 기성세대의 잣대로 국가와 국경을 구분하며 살아가라는 것은 꽤 어색하다. 오히려 특정 메타버스의 공간에서 적용되는 커뮤니티의 국룰이 체계화되며 구분될 것이다.

앞에서 인용했던 국내 메타버스 산업의 권위자인 김상균 교수님과 알파세대의 다양한 현상들에 대해 대화를 할 기회가 있었다. 꼬리에 꼬리를 물며 담론을 이어가던 중, "이러한 범지구적 공감대 안에서 성장하고 있는 알파세대가 성인이 되면 '세계 대전'이라는 말이 어색하지 않을까요? 내 옆집을 쳐들어갈 것 같진 않으니까요?"
라며 농담 반 진담 반의 흐뭇한 엔딩으로 대화를 마무리
했던 기억이 있다.

어찌 보면 알파세대는 그 어떤 세대보다도 세련된 사
고를 가진 글로벌 시민이다. 미래 알파세대는 내가 한국
인임을 드러낼 기회가 매우 희소한 시대에서 살아가게
된다. 사실 우리 어른들조차도 세계 최대 암호화폐 거래
소인 바이낸스Binance의 본사가 어느 국가에 있는지 모른
다(열심히 검색해보면 중국, 싱가포르, 케이맨제도 등이 거론된
다). 2023년 2월 기준으로 전 세계 자산 가치 16위인 비
트코인을 어느 국가에서 만들었는지도 구글에 검색하거
나 챗GPT에 물어봐야 안다. IT기술과 서비스는 어떤 대
륙과 어떤 국적에 소속된 기업이, 혹은 어떤 개인이 만
들었느냐가 중요한 것이 아니라 누구에게 제공하느냐가
중요한 시대를 만들었다.

메타버스를 모르면서 가장 많이 소비하는 그들

유럽의 시장조사 기관 헤븐Heaven의 발표 내용을 소개

한다. 조사 결과에 따르면 13세 이하 아이들의 89%가 스마트폰을 소유하고 있고, 1개 이상의 소셜서비스에 규칙적으로 접속하고 하루 2시간 이상 스마트폰을 사용하고 있었다. AI 역시 알파세대의 삶에 깊숙이 들어와 있으며, AI로봇과의 상호작용을 인간과의 소통만큼 요구당하며 살아간다는 것이다. 아이들의 나이를 감안하면 AI와의 상호작용은 대부분 교육서비스에서 일어날 것으로 추론할 수 있다. 흥미로운 건 메타버스에 대한 질문이었는데 알파세대의 71%는 "메타버스가 무엇인지 잘 모른다"고 답변했다.

'메타버스'라는 단어는 산업과 어른들이 현실 세계와 구분 짓기 위해 만든 개념일 뿐, 그 어떤 세대들보다 메타버스 환경에서 많은 시간을 소비하는 알파세대는 정작 메타버스가 무엇인지 모르더라는 것이다. 그런데 굳이 알파세대가 아니더라도 AR, VR을 비롯한 메타버스 유관 분야의 전문가 집단은 10년 안에 미각과 통각 등을 제외한 대부분의 산업이 메타버스 환경에서 구현될 즈음이면 그 누구도 '메타버스'라는 단어를 쓰지 않을 것이라고 한다. 혹자는 IT기술의 진화에 따라 미각이나 실질적인 의료행위도 구현될 것으로 예측할 정도이니, 가까운 미래에 메타버스와 현실 세계를 매번 구분지어 부르지는 않을 것이다. 우리가 어느 순간부터 1990년대 들어 시작된 월드와이드웹www이라는 단어를 쓰지 않는 것처럼 말이다.

이처럼 전문가 집단마다 메타버스가 일상화될 시점을 이야기하지만, 인접 분야의 경제적 가치에 대해서는 제각각 다양한 예측들을 내놓는다. 그럼에도 유일하게 무리 없이 합의되는 지점은 메타버스에서 소비하는 시간과 돈은 지속해서 늘어나리라는 것이다. 이미 '지구촌 한마을'을 넘어 메타버스에는 확장된 현실 세계가 더해지고 있다. 인류는 크고 작은 인식의 변화를 수용해야 한다. 전통적으로 이해관계가 다른 일부 기업들과 집단들의 반발도 있겠지만 감당해야 할 것이다. 이제 미래의 아이들은 IT기술에 대한 충분한 이해를 바탕으로 메타버스 환경에서 자신의 디지털 공간을 쉽게 설계하고 디자인할 수 있어야 한다. 기술자나 개발자가 되라는 것이 아니라, AI와 메타버스 서비스를 기획하고 제어할 수 있는 높은 이해도가 요구된다는 뜻이다. 그것이 새로운 패러다임에서 우위의 조건으로 살아갈 힘이 될 것이다.

물론 그동안 우리는 알파세대의 선배 격인 Z세대를

이미 '글로벌 세대'라고 명명해왔다. 메타버스에 친숙하지 않은 Z세대도 IT서비스만 등에 업으면 전 세계 어디든 못 갈 곳이 없으니 말이다. 기성세대도 마찬가지이다. 팬데믹 때 우리는 뉴욕 비행기 티켓을 끊지 않고도 비대면 줌 출장을 십 수번 다녀왔고, LA 소파이 스타디움에서 개최된 BTS의 '퍼미션 투 댄스 온 스테이지 - LA'를 방에서 찐친들과 맥주를 마시며 시청했다. 이미 IT서비스와 기술의 진화는 물리적 거리감을 점점 없애고 있다.

이러한 시대적 흐름이라면 국가나 세대 간의 공동체 의식 부재가 만들어낼 부작용은 큰 문제가 아니다. 더 중요한 것은 취향으로 인한 갈등 문제가 이해관계로 변질되며 커지지 않도록 해야 한다. 월드컵에서 포르투갈을 응원하는 것 자체는 더 이상 우려할 담론이 아니라는 뜻이다. 오히려 어느 누구도 같지 않을 알파세대 아이들이 개인의 취향 커뮤니티 안에 갇혀 살지 않도록 우리 어른이, 기업이, 서비스가, 학교와 교육기관이 노력해야 한다. 알파세대가 나와는 다른 취향 집단을 존중하고 소통하며 터치스크린 너머의 활동에도 즐거움을 느끼도록 성장해야 한다.

콘텐츠는 보는 것이 아니라
만드는 것

소비와 생산이 동시에

아이가 초등학교에 갓 입학했을 무렵이니 8살쯤 되었을 때다. 학교에서 돌아오자마자 "엄마, 엄마, 우리 반 내 친구는 유튜브에 나오더라?" 한다. "그래? 누군데? 보여줘 봐"라며 스마트폰에서 유튜브에 접속했다. 아이는 채널 이름을 검색하더니 내게 보여줬다. 고작 구독자 13명인 영어동화 채널이었다. 콘텐츠를 보니 영어 동화책을 알파세대 특유의 원어민 수준의 좋은 발음으로 재잘재잘 손 동작을 더하면서 읽어주는 채널이었다.

"이 친구는 이걸 누가 찍어준대?" 물어보았다. 혹시

촬영은 엄마나 아빠가 도와주나 싶어서 한 질문이다. "삼촌이 쿠팡에서 올인원 촬영 장비를 사줘서 혼자 한대", "너도 하고 싶어서 그래? 넌 뭘 찍고 싶은데?", "그냥 내 일상들…." 유튜브를 하겠다는 8살 아이에게 "뭘 할 건데" 물었더니 "내 일상들…"이라고 대답하는 것이다. 콘텐츠를 기획해본 적도, 촬영해본 적도, 구독자를 모을 힘도 없는 아이들이지만 그냥 엄마, 아빠, 이모, 삼촌, 할아버지, 할머니만 보더라도 소소한 내 일상 콘텐츠를 만들고 싶은 것이다.

JTBC 육아예능 〈내가 키운다〉에는 초등학생 딸이 본인 책상에서 스마트폰과 설탕 스틱만으로 ASMR 콘텐츠를 자유자재로 제작하는 장면이 등장한다. 이에 대해 엄마는 콘텐츠 제작과 관련해서 어느 누구도 가르쳐주거나 도와준 적이 없다고 말한다. 알파세대는 '구성원이나 조력자가 아닌 내가 셀럽' 모드로 한 평생을 살아왔다. 기저귀 차던 시절부터 스마트폰으로 유튜브를 시청하고 가족, 학교, 학원 모두가 나의 언행에 집중하는 알파세대에게 콘텐츠로 나를 표현하는 것은 연예인들만의 특별함이 아닌 것이다.

알파세대를 양육하는 부모라면 한두 번은 경험하게

본인 책상에서 미니 삼각대만으로 콘텐츠를 제작하는 알파 크리에이터

되는 해프닝이 있다. 아이 방에서 말소리가 계속 들려서 '친구랑 통화하는 건가? 아님 엄마를 부르는 건가?' 방문을 스윽 열면, 아이는 혼잣말로 무언가를 스토리텔링하거나 지금의 내 상황을 유튜브 브이로그처럼 재미있게 혼잣말로 떠든다. 내 앞에 듣거나 보는 사람이 있는지 없는지는 이들에겐 중요하지 않다. 예를 들어, 수학 숙제를 하는 순간에도 "안녕? 나는 ○○야, 난 방금 카레라이스를 먹고 내 방에서 디딤돌(초등학생 수학 학습지)을 풀고 있어…" 같은 혼잣말 브이로그를 하고 있는 것이다.

이 아이들에게 좋아하는 연예인을 물어보면 대답은 "음, 5명만 뽑으면 깔수, 꼬예유(한예찬), 블루위키, 로드타운(이진욱, 최민준) 그리고 경서?" 정도가 된다. 깔수, 꼬예유, 블루위키, 로드타운까지는 모두 유튜버였다. 가수 경서마저 구독자 16만 명을 보유한 유튜버이다. TV보다

2023년 1월 세대별 Top10 앱 조사에서 알파세대에게만 포함된 앱, 틱톡, 로블록스, 캡컷, 브롤스타즈

유튜브를 더 많이 보는 알파세대에게 유튜버가 미치는 영향력을 새삼 확인할 수 있다.

2023년 1월 NHN데이터는 안드로이드 이용자 2,800만 명을 대상으로 세대별 가장 많이 사용하는 앱 Top10을 분석했다. 순위에서 Z세대, 밀레니얼세대, X세대에게는 없고 유일하게 알파세대에게만 등장한 앱은 예상 가능한 대로 로블록스와 틱톡이 있었다. 그 외 브롤 스타즈Brawl Stars(초등학생의 모바일 슈팅 게임)와 캡컷CapCut이라는 동영상 제작 툴이 순위에 올랐다.

캡컷은 중국의 IT기업인 '바이트댄스Bytedance'가 만든 동영상 편집 앱으로 2022년 전 세계 글로벌 다운로드 4위(미국은 3위)에 오른 바 있다. 알파세대의 콘텐츠를 대하는 태도가 보는 것에 그치지 않고 전문적인 제작 툴을 사용해 만드는 등 더 적극적으로 변했음을 알 수 있다.

2022년 말 NHN이 공개한 세대별 앱 다운로드 순위

순위	α세대	Z세대	Y세대(밀레니얼세대)	X세대
1	카카오톡	인스타그램	카카오톡	카카오톡
2	네이버	네이버	네이버	네이버
3	로블록스	카카오톡	네이버지도 내비게이션	밴드
4	틱톡	페이스북	인스타그램	네이버지도 내비게이션
5	줌	디스코스	배달의 민족	쿠팡
6	포켓몬고	페이스북 메신저	쿠팡	티맵
7	인스타그램	네이버 웹툰	당근마켓	카카오맵
8	브롤스타즈	유튜브 뮤직	밴드	당근마켓
9	캡컷	줌	카카오T	유튜브뮤직
10	네이버 웹툰	토스	토스	카카오T

출처: www.nhn.com

또 알파세대에게는 콘텐츠 생산이 매일의 일상이 되었음을 여실히 알려주는 대목이다. 콘텐츠를 소비하고 바로 본인의 생각을 동영상 제작 툴로 만들어 업로드하고 있으므로 소비와 생산이 동시에 이루어지는 셈이다.

알파세대가 소비와 동시에 콘텐츠를 만들어 공유하는 것은 유튜브와 틱톡에서 #다이소깡, #신상다이소깡,

#DaisoUnboxing, #다이소하울 #다이소추천템 등을 검색하면 제대로 알 수 있다. 이들은 매일 하굣길에 다이소에 들러 쇼핑을 한다. 알파세대에게 다이소는 생활마트가 아니라 문구점이다. 그런데 쇼핑에서 그치지 않고 그날의 '다이소 브이로그'를 찍어 업로드하는 것이다.

'다이소 브이로그'를 보다 보면 콘텐츠에 아이들의 얼굴이 등장하지 않는다는 것을 알 수 있는데, 대부분 구매한 물건을 부각시키고 ASMR 정도의 감성을 더해 브이로그를 완성하는 편이다. 틱톡의 지식정보 채널 '뉴즈'의 김가현 대표는 이처럼 알파세대가 본인 얼굴을 드러내지 않고 목소리, 손 낙서, 디지털 그래픽 중심으로 콘텐츠를 만드는 것을 의미 있는 흐름으로 지적했다. 잔뜩 꾸민 얼굴이나 웃긴 표정으로 소통하는 과거의 콘텐츠보다 포맷이 자유로워지고 정보와 스토리로 소구하는 콘텐츠가 늘어나고 있다는 뜻이다. 동시에 기성세대보다 오히려 콘텐츠의 본질을 잘 이해하고 있다는 메시지이기도 하다.

구구절절 요청하기보다 그냥 만들어버린다?

혹시 주변에 알파세대가 있다면, 이들이 유튜브를 시청하는 방식을 잘 관찰해보길 바란다. 대부분의 알파세대는 (우리처럼) 영상을 더 큰 화면으로 보기 위해 스마트폰을 가로로 돌리지 않는다. "화면 너무 조그많잖아. 눈 나빠져. 가로로 돌려서 크게 봐"라고 하면 "그러면 댓글 볼 때 불편해서…"라는 대답이 돌아온다. 즉, 영상 화면이 작거나 큰 건 이들에게 중요하지 않다. 나와 비슷한 콘텐츠를 좋아하는 사람들과의 소통이 콘텐츠 그 자체만큼 중요한 것이다. 더 직관적으로 말하면, 알파세대는 '댓글도 콘텐츠의 일부'로 받아들인다고 해석할 수 있다.

알파세대 특유의 직관성으로 거침없이 일단 해보는 기질은 콘텐츠 제작 행태에서도 동일하게 발현된다. 흔히 유튜브에서 알파세대 하면 '썰툰', '영상툰'을 떠올린다. 군이 풀어서 설명하자면 자신이나 친구의 경험담 같은 '썰'을 재편집해 만드는 '영상 웹툰'이다. 알파세대는 이 썰툰을 그들만의 아지트인 틱톡에 올리기 위해 모바일 게임과 썰툰을 합성하여 편집한다. 게임과 썰툰을 합성하는 이유는, 틱톡은 세로형이라 영상 댓글을 보려면

틱톡의 썰툰 합성 영상. 썰툰에 모바일 게임을 합성하면 틱톡에서 댓글창을 열어도 썰툰 화면이 가려지지 않는다.

화면 하단이 상당 부분 가려져버리기 때문이다.

즉, 영상과 댓글을 동시에 보기엔 꽤 불편한데 콘텐츠보다 커뮤니티 댓글이 더 중요한 알파세대에게 이건 엄청난 죄악이다. 그런데 2개의 영상을 합성하고(썰툰과 게임을 위아래로 배치하는 등) 댓글창을 켜면 화면이 가려지지 않는 것이다. 그러다가 이런 합성이 대유행하는데 결국 영상과 댓글을 함께 보기 위해 알파세대 스스로 '알파UI'를 만들어버린 셈이다. 이후 유튜브 영상을 녹화해서 틱톡에 올리는 게 저작권 문제가 있다고 알려지면서 지금은 썰툰·게임 합성을 틱톡에 공유하는 것을 서로 금지하는 분위기이다. 다만 하고 싶은 말은 불편하고 마음에 안 들면 내가 고쳐버리는 게 바로 알파세대의 특징이라는 것을 알 수 있다.

어느 날 '뉴즈'의 김가현 대표는 초등학생 팬으로부터 "초딩 팬덤이 많은데 왜 굿즈를 만들지 않느냐"는 질문을 받았다고 한다. 2023년 3월 기준 '뉴즈' 채널의 알파세대 팔로워는 20만 명 이상에 달한다. 그런데 그 순간에 흘려들었던 그 질문이 그날 오후에 바로 '디지털 응원봉'이 되어 돌아왔다고 한다. 질문을 했던 그 친구가 프로페셔널 수준으로 응원봉을 그려 틱톡에 올린 것이다. 이처럼 알파세대는 필요하다고 생각되면 응원봉이나 액세서리 굿즈 등을 스스로 만들어 자기만의 표현을 실천한다. '왜 굿즈가 없지? 없으면 내가 만들면 되지 뭐'라는 식이다.

그들은 더 나아가 만든 응원봉이 상대방에게 굳이 전달이 안 돼도 상관없다고 생각한다. 그 옛날 GOD와 HOT 팬들이 오밀조밀 팬레터를 쓰고 인형을 사서 우편으로 배달하거나, 밤새 아티스트 기획사나 집 앞에 기다

내가 만든 선물이 직접 전달되지 않아도 디지털 공유만으로 충분히 만족하는 알파세대

출처: www.youtube.com/@newzvibe

려 직접 전달하고 흐뭇함을 느끼던 시절과는 완전히 다른 소셜 감성이다. 내가 만들었으니 내 디지털 세상인 틱톡 피드에 올리면 된다. '뉴즈'의 김가현 언니(누나)는 '보면 좋고, 안 봐도 그만'이라는 사고방식이다. 알파세대는 남의 시선을 두려워하지 않고 나의 생각과 감정을 콘텐츠로 표현한다. 디지털 네이티브인 Z세대보다 한발 더 나아간 디지털 온리의 DNA를 가진 것으로 해석된다.

응원봉을 스스로 기획하고 생산하는 과정을 가치 있게 여기는 것은 오히려 프로 창작자들보다 성숙한 자세이다. 알파세대는 시간을 투자하여 굿즈를 만드는 내 노력과 정성 자체를 의미 있게 생각하며, 그 어떤 세대보다 과정의 가치를 정확히 알고 있는 세대이다. 남이 알아주면 좋지만 그렇지 않더라도 내가 만족한다. 일본의 베스트셀러 《프로세스 이코노미》의 저자이자 IT비평가인 오바라 가즈히로는 "미래의 기업들은 좋은 상품으로 승부가 나지 않는다. 이제 프로세스를 파는 새로운 가치 전략을 밀어야 한다"는 '프로세스 이코노미Process Economy'를 강조했다. 결국 그가 말하는 프로세스의 가치를 2030~2040년 미래의 주역이 될 알파세대는 제대로 보여줄 것이다.

흔히 요즘 글로벌 미디어 시장에서는 개인의 취향을 파고들어 콘텐츠를 기획하고, 그 취향 팬덤들이 바이럴을 이어가는 전략이 중요하다고들 한다. 이러한 '개인 취향의 시대' 흐름은 단 한 명도 같은 곳을 바라보지 않고 살아가는 알파세대에게 더 유리하게 작용할 것이다. 알파세대 크리에이터들은 '승자독식제Winner Takes All' 식의 스타가 모든 걸 쥐는 빈익빈 부익부 패러다임에서 벗어나, 매일 소셜미디어에 올라타서 '나의 이야기'를 하는 방식이 될 것이다.

이미 시장은 〈오징어게임〉과 〈더글로리〉를 만든 스타 작가나 감독만을 크리에이터라고 부르지 않는다. 우

리가 매일 10번 이상 접속하는 유튜브, 블로그와 인스타
그램에 나만의 디지털 언어로 피드를 생산하는 모두가
크리에이터이다. 나노 단위로 쪼개질 일상 크리에이터들
이 산업에서 더욱 의미 있는 역할을 할 것이고 그 중심
에 알파세대가 있다.

게임 산업의 변화도 이끄는 알파세대

알파세대는 이미 게임 산업의 변화도 이끌고 있다.
이들은 메타버스 환경에서의 게임을 단순히 '노는 것'으
로 인식하지 않고, 직접 설계하거나 참여하는 성향이 강
하다. 이번에도 콘텐츠는 노는 것이 아니라 만드는 것이
다. 이런 알파세대의 성향이 메타버스 기술의 진화에 맞
물려 게임의 확장성을 높여가는 중이다. 그리고 이를 대
표하는 게임이 바로 '마인크래프트'와 '로블록스'이다.
앞서 충분히 언급했던 마인크래프트의 경우 유튜브
최초의 게임 조회수 1조 회를 기록했다(참고로 마인크래프
트 게임 콘텐츠로 방송하는 크리에이터를 줄여서 '마크유튜버'라
고 부른다). 1억 회도 아니고 무려 1조 회를 돌파한 마인

놀이터 모래 장난을 '마인크래프트'와 '로블록스'에서 하고 있는 알파세대 아이들

크래프트 이야기를 잠시 해보자. 당시 유튜브는 이를 기념하기 위해 헌정 영상을 제작하기도 했다. 2011년 출시된 마인크래프트는 아이들이 네모난 블록을 원하는 대로 쌓아 올려 공간을 만드는 게임으로 크게 채광Mine과 만들기Craft 기능이 있다. 그 공간에서 아이들은 집을 건축하거나 사냥, 농사, 채집 등을 하는데 그냥 저냥 바닷가에서 하는 모래놀이와 비슷하다고 하여 '샌드박스SandBox' 게임 장르로 불린다. 그 놀이가 딱히 정해진 목적이나 스토리는 없지만 절대 수동적인 소비가 아니다.

이에 대해 메타버스 게임 창작 플랫폼인 '레드브릭'

의 양영모 대표는 그 옛날 동네 놀이터에서 우리가 흙장난하며 뛰어놀던 장난을 알파세대 아이들도 동일한 감성으로 메타버스에서 하고 있는 것이라고 말한다. 알파세대 아이들이 메타버스 내에서도 유난히 모래 장난질 같은 '샌드박스'류에 집중하는 것에 딱 부합하는 설명이다. 동시에 전 세계가 팬데믹을 거쳐오며 아이들이 뛰어놀 공간이 적어진 탓에 메타버스가 그 대체 공간의 역할을 해왔다고 생각하니 어른으로서 짠하고 씁쓸한 마음이 드는 것도 사실이다.

이처럼 알파세대는 꼬맹이 흙장난의 메타버스 판인 마인크래프트에서 놀이터를 만들고, 로블록스에서 게임을 만들어 팔고, 제페토에서 아바타 옷과 가방을 만들어 파는 식으로 콘텐츠를 생산하고 있다. 그리고 자신이 만든 메타버스 콘텐츠를 유튜브에 올리면서 영향력을 키우고 스스로를 드러낸다. 메타버스 드라마 크리에이터인 이호와 월간 모두, 제페토에서 생산하고 유튜브에서 활동한다. 더욱이 전 세계적으로 게임이나 영상 콘텐츠 제작을 '쉽게, 쉽게, 더 쉽게' 도와주는 스타트업 솔루션들이 늘어나면서 알파세대의 생산활동에 기름을 붓고 있다.

다만 알파세대의 '콘텐츠 창작'을 산업적인 규모로

완성시키기에는 무리가 있다. 산업적인 영향력을 갖기에는 접근성과 완성도 측면에서 부족할 수 있다는 뜻이다. 예를 들어, 초등학생이 만든 콘텐츠라는 선입견과 틀이 분명히 존재하는 시장 상황에서, 시간과 에너지를 무한정 투자하기에는 한계가 있을 것이다. 그러나 메타버스 창작 플랫폼인 '레드브릭'을 비롯해 틱톡의 다양한 채널들에서 알파세대의 콘텐츠 소비량은 90%에 달한다. 즉, 생산량으로 국한할 경우(아직까지는) 알파세대보다 Z세대 막내뻘인 중학생의 비중이 압도적으로 큰 것이다.

알파세대가 IT서비스를 대하는 일상성과 콘텐츠를 받아들이는 즉각적인 감각 그리고 내 생각을 콘텐츠로 표현하는 본능을 볼 때 이들의 미래 언어는 바로 '콘텐츠'이다. 이들에게 콘텐츠는 보는 것이 아니라 만드는 것이다.

평균 대여섯 개의
직업군을 갖는 아이들

직종을 끊임없이 바꾸는 세대

앞서 우리는 알파세대의 미래 라이프스타일을 기술 혁명이 가져올 주거, 직업과 놀이 그리고 이들이 영위하게 될 풍요로운 덕후생활로 설명했다. 이번엔 이 중 직업에 대한 이야기를 새로운 관점에서 펼쳐보려 한다. 정확히는 알파세대가 갖게 될 '직업의 유동성'이다. 한 직업에 머무는 것이 아닌 직종을 끊임없이 바꾸어 나가는 것을 의미한다. 그리고 시장이 얼마나 빨리 변해 가는지, 우리 시대에 전문성이라는 것이 어떻게 퇴색되어 가는지, 변화하는 학교의 역할 등에 대해 알파세대의 특징을 더하여 설명하고자 한다.

세계경제포럼WEF은 2021년 이후 초등학생이 된 알파세대의 65%가 현재는 존재하지 않는 완전히 새로운 직업 유형에서 일할 것이라고 분석했다. 아이들에게 (현재 기준에서) 전도유망한 직업을 향한 목표를 심어주며 키우는 전 세계의 부지런한 부모 입장에서는 기함할 분석 결과이다. 예상 가능한 대로 새로운 직업 유형의 상당수는 기술의 변화로 인한 것이다. 많은 직업이 단계적으로 사라질 테지만 오히려 AI로봇, 자율주행차, 드론, 가상현실, 의료 메타버스, 블록체인 기반의 무수한 융합 산업 분야들에서 새로운 직업이 탄생할 것이고 이런 점에 주목해야 한다.

그런데 여기에서 구체적으로 들여다봐야 할 부분이 또 있다. 전 세계에서 알파세대를 처음으로 규정한 매크린들연구소는 알파세대가 평생 6개 업종에 걸쳐 18개 직장에 종사할 것으로 전망하고 있다(업종은 커리어 분야를 광범위하게 말하는 것이고, 직장이란 말 그대로 회사를 뜻한다). 물론 여기에는 '비정규 프리랜서' 같이 노동환경이 달라지고 여유시간이 늘어나며 활발해진 '긱 이코노미' 근무 형태가 더 늘어날 것이라는 예측을 포함한다.

제 아무리 부모인 밀레니얼세대가 그동안 기업의 획일화된 수직적 구조를 수평적 구조로 바꾸어놓은 장본인이라지만 그럼에도 이들은 평생 1개의 업종에서 통상 서너번 정도 회사를 옮기며 살아온 세대이다. 즉, 직업적으로는 알파세대와 매우 다른 양상이며, 심지어 밀레니얼세대는 업종을 바꾸거나 이직이 잦은 동료에게 '전문성이 없다'라는 평을 하기도 한다.

혹자는 Z세대나 알파세대가 평생 대여섯 개의 직업의 흐름에서 살아가게 될 것에 대해 너무 당연하다고 생각할 수 있다. 세상이 변화하는 속도는 지금보다 더 빨라질 테고 AI기술의 진화에 따라 직업이 없어지고 생기기를 반복하다 보면 아이들이 한두 가지 직업으로 평생을 살아갈 확률은 매우 희소할 것이기 때문이다.

검색포털과 소셜미디어, 모든 정보와 지식을 평준화

그래서 여기에는 다소 생뚱맞을 수 있겠으나 공부에 대한 이야기가 잠시 필요하다. 우리는 앞서 검색포털과 소셜미디어가 전 세계적으로 모든 정보와 지식을 평준화시켰는데(여기서 평준화란 누구나 시간과 노력을 투자하면 방대한 양의 지식 정보를 섭취할 수 있다는 뜻이다) 이제 그 지식마저 너무 빨리 변해간다는 말을 했다. 인간이 보편적으로 준수해야 할 도덕규범이나 명확한 기록이 있는 역사와 지리 분야가 아니라면 교과서 속 내용도 시간의 흐름에 따라 보완이 필요하다.

특히 사회·경제·기술 분야가 그럴 것이다. 카이스트의 정재승 교수는 이미 교과서가 사회 변화 속도를 못 따라가는 상황을 설명하면서, '평생 공부하는 시대'가 왔음을 강조했다. 후에 소개될 테슬라 창업주이자 CEO 일론 머스크가 설립한 학교 '애드 아스트라AD Astra'에는 단한 권의 교과서도 없는 것으로 알려졌다.

한편으로는 교과서를 통해서 얻는 지식보다 디지털 콘텐츠를 통해 흡수하는 것이 질과 양에서 더 신선하고 알찰 수 있다. 2023년의 지금은 더욱 그러하다. 챗GPT는 출시 3개월 만에 1억 명의 가입자를 모았고, 매일 챗GPT에게 이것저것 쓸머리 없는 질문들도 던져가며 놀다보니 편안한 친구가 되고 있다. 그런데 어느 순간 인간과 산업에 미칠 미래의 이야기나 챗GPT의 다음이 궁

일론 머스크가 설립한 애드 아스트라의 사이버 스쿨 Synthesis

금한 것이다. 동시대 인류의 궁금증은 다 거기서 거기인
터라 유튜브의 지식정보 채널 티타임즈TV는 〈챗GPT
쇼크 릴레이 인터뷰〉를 순식간에 기획하고 AI 전문가 8
명과의 심층 인터뷰를 통해 산업과 비즈니스에 미칠 영
향, 개인에 미칠 영향, 생성AI기술, 저작권과 윤리적 이
슈 등의 내용을 담은 시리즈 콘텐츠를 만들었다.

"챗GPT가 로봇에 이식되면 어떤 현상이 일어나는
가", "챗GPT가 자꾸 삼천포로 새는 이유는?" 등 귀에 쏙
쏙 들어오는 질문들이 눈에 띄었다. 하버드 캠퍼스에서
가장 큰 와이드너 도서관에서도 찾을 수 없는 정보를 유
튜브는 검증된 AI전문가들을 모아 심지어 20~30분 정

도로 친절하게 편집하여 전달한다.

그렇다면 학교의 역할은 어떻게 달라져야 할까? 이제 학교는 교과서의 지식을 전달하는 데 그치지 않고 오히려 '삶의 긴 여정 안에서 늘 공부가 필요하다'는 것을 깨우쳐주는 방향으로 나아가야 한다. 정규 교육기관에는 송구한 발언이지만 학교는 많이 느리다. 학교가 유튜브에서 해외 석학들이 시장 변화에 긴밀하게 움직이며 가려운 곳을 정교하게 긁어 실시간으로 전달하는 정보나 메가스터디의 일타 강사 콘텐츠를 이길 수 없지 않은가?

초등학교 엄마들 사이에서 회자되는 블랙코미디 같은 에피소드가 있다. 학부모 커뮤니티에서 한 엄마가 학교 상담시간에 담임 선생님께 단원평가 점수를 상의했다고 말한 것이다. 그러자 이구동성 "귀한 상담시간을 왜 그렇게 (공부에) 허비하냐"며 면박을 준 것이다. 무슨 말이냐 하면, 지금 알파세대 부모들에게 학교는 '공부'를 위한 곳이 아니다. 학교는 '사회성'을 위한 곳, 학원이 '공부'를 위한 곳으로 분리되어 있다.

2023년 3월 새학기가 시작되고 초등학교마다 학부모 참관수업이 열렸다. 4학년 참관수업에서 담임 선생님의 말씀이 기가 막히다.

"잘 아시는 대로 지금은 지식을 얻을 수 있는 곳이 너무 많잖아요. 저는 학교가 아이들의 성장을 위한 경험의 공간 역할을 잘 하도록 최선을 다할 거고, 친구들끼리 협업하는 교우 관계의 질을 높이는 데 집중하겠습니다. 그건 '다른 데서는' 못하잖아요"

사실상 선생님은 구조상 늦을 수밖에 없는 학교 커리큘럼을 인정하신 셈이고, 여기서 '다른 데서는'이란 학원을 비롯한 사교육을 언급한 것임을 우리 모두가 알고 있다. 허심탄회한 담임 선생님의 말씀이 오히려 많은 학부모들에게 신뢰감을 주었다. 이 밖에도 필요한 지식을 적시에 찾아 적소에 응용하는 방법, 그리고 정보 과잉의 시대에 디지털 플랫폼이 생산하고 확산시킬 잘못된 자료들을 걸러낼 수 있는 판단력도 포함되어야 한다.

여러 번 학교로 돌아가야 하는 세상

마우로 기엔의 《2030 축의 전환》에서는 "우리는 한평생 다양한 직업Job이 아닌 다양한 커리어(업종)를 갖고 필요한 지식들을 찾는 방법을 배우기 위해 여러 번 학교로 돌아가야 한다"라고 말한다. 여기에는 두 가지 의미가 있다. 학교는 학창 시절의 전유물이 아니며, 학교란 꼭 교육부 산하의 정규 교육기관만을 의미하지는 않는다는 것이다. '평생 교육', '평생 학교'라는 단어는 더 이상 현업에서 은퇴한 노년세대에게 통용되는 단어가 아니다. 그렇다면 미래 대학은 산업의 흐름에서 기업들이 직면한 문제를 함께 고민하는 파트너가 되어야 한다. 어떤 방식으로든지 시장, 기업들과 영향을 주고받는 학교가 아니라면 도태할 수밖에 없다.

2030~2040년을 살아갈 우리 아이들은 예측 불가능한(식상하지만 이보다 더 정확할 수 없는 표현인) 미래를 맞이하게 된다. 더 지능화될 AI융합서비스로 자격증 기반 직업들이 상당수 사라질 시대에, 교과서 안에 갇힌 고정된 지식을 습득하면 교육 생산성이 퇴색될 수밖에 없다. 아이들이 쏟아부은 시간과 에너지에 대한 공부ROI(투자 수익률)가 터무니없이 낮아질 것이다.

심지어 코딩산업 전문가나 관련업계 종사자들조차도 지금은 IT 전반을 깊이 이해하는 것이 코딩 공부보다 더 경쟁력 있다고 말한다. 코딩의 세밀한 언어를 학습하는 것보다는 기술의 진화를 예측하는 힘을 키우는 것이 중요하다고 하는 맥락도 바로 이 지점이다. 코딩기술에 새로운 사업 아이디어를 접목시켜 어떻게 우리 삶을 더 편리하게 할 것이냐를 고민하고 개발자와 소통하여 기획하는 IT역량이 필요하다.

이처럼 알파세대는 시대의 암묵적인 강요 또는 불가피한 선택에 의해 다양한 직업을 탐험하며 살아가게 될 것이다. 동시에 평생 변화의 속도에 숙련되어 역사상 그 어떤 세대보다도 적응과 흡수에 능한 슈퍼맨이 될 것이다. 오죽하면 이름도 뭐든지 다 탁월한 '알파Alpha'가 아니겠는가. 이것이 바로 평생에 걸쳐 직업을 탐험하고, 변화에 적응하고, 새로운 지식을 흡수해야 할 존재들이지만, 태어나는 순간부터 그들의 숙명을 알고 있는 것 같은 알파세대의 슈퍼 적응력이다. 2010년 마크 매크린들이 왜 이들에게 '알파'라는 명칭을 부여했는지 납득이 될 정도이다.

이러한 알파세대가 가장 중요하게 추구하는 가치는 삶의 질well-being이다. 밀레니얼세대 부모 아래에서 공부와 취미, 일과 휴식의 균형감을 맛보고 자란 알파세대에게 삶의 질이란 물질 축적에서 오지 않는다. 알파세대에게는 가족, 친구, 커뮤니티 그리고 나의 정신적인 건강 그 자체가 삶의 질이다. 나와 가족을 넘어 알파세대가 기업과 사회와 관련하여 '웰빙'을 어떤 개념으로 받아들이는지는 '7장 알파세대와 소통하는 법'에서 더 자세히 다룰 예정이다.

알파세대에게 메타버스란?

김상균 경희대 경영대학원 교수

진득하지 못하고 호기심을 주체하지 못해서 여러 분야를 옮겨 다니며 탐험했다. 로보틱스, 산업공학, 인지과학, 교육공학을 공부했다. 메타버스 안에서 사용자들을 어떻게 몰입시키고 움직이게 할 것인가를 연구한다. 삼성, LG, GS, 현대, 한국콘텐츠진흥원 등의 국내기업, 국외교육, 제조기업의 프로젝트에 참여했으며, 베스트셀러인 《메타버스: 디지털 지구, 뜨는 것들의 세상》을 비롯하여 최근 저서로는 《메타버스2》, 《스쿨 메타버스》, 《머니 트렌드 2023》 등이 있다.

알파세대가 시장을 끌어갈 2030~2040년 즈음에는 지금의 온라인쇼핑몰들이 메타버스 환경에서 구현되는 '메타커머스'가 보편화될 텐데요. 그런데도 많은 기업들은 메타버스 플랫폼 구축을 위해 노력하지만, 미래의 주 고객일 알파세대에 대한 고민은 부족해 보입니다. 향후 기업들은 이들과의 커뮤니티 구축이나 소통을 어떻게 준비하면 될까요?

한국 기업들은 단기적인 경영 실적이 최우선시되기 때문에 경영진들이 장기적인 전략을 세우고 지금부터 실행하는 것이 쉽지는 않은 구조입니다. 기업들은 이미 알파세대가 2030년 이후 세상의 중심이고 지금까지 그 어떤 세대들보다 시장 영향력이 클 것임은 충분히 공감하고 있습니다. 그럼에도 당장 2~3년 안에 매출 증진이 되는 식의 직접적인 시너지는 낮기 때문이겠죠. 게다가 아직 알파세대가 초등학생이다 보니 대부분 초등 커뮤니티에 부모들이 관여를 하게 됩니다. 이런 부모들의 태도는 알파세대 커뮤니티가 제대로 움직이는

데 어려움을 주기도 합니다. 그렇기 때문에 오히려 한국의 기업들은 알파세대 부모 타깃으로 커뮤니티를 구축해놓고 소통하는 것도 효과적인 방법입니다. 예를 들어, '웅진스마트올'의 경우 팬데믹이 끝났음에도 회원수, 재방문율, 매출 등이 지속해서 오르는데요. 내부적으로는 알파세대 부모들과의 소통 마케팅을 꾸준히 하고 있기 때문으로 분석됩니다. 이 밖에도 현재 알파세대들이 빈번히 방문하는 소셜이나 창작 플랫폼들은 그들과 활발히 소통하거나 서비스 내에서 알파세대들끼리 자유자재로 커뮤니티를 구축하는 모습을 보입니다.

알파세대의 멤놀(멤버놀이), 메타버스 아바타, 모버실(슬라임콘텐츠의 한 장르)에서 보여지는 순식간의 세계관 몰입도, 버츄얼 휴먼에 서사 부여 등을 보면 어떤 공통점이 보입니다. 이처럼 엄연히 현실이 아닌 역할과 스토리를 디지털에서 창조하고 바로 몰입하는 현상은 어떻게 해석해야 할까요?

알파세대는 장대한 서사를 경험해보지 않았습니다. 태어난 순간부터 TV나 극장이 아닌 유튜브나 소셜미디어 등을 통해 영상 콘텐츠를 접해왔기 때문이죠. 그런데 심지어 그 영상들이 유튜브 숏츠, 틱톡 쇼츠처럼 점점 더 짧아지기 때문에 창작자들이 보여주고 싶은 것을 콘텐츠 초반에 심어놓는 것이 일반적입니다. 게다가 콘텐츠가 짧아지면 시청 개수는 늘어나게 되므로 기성세대들 대비 다양한 세계관이나 자아 설정에 노출이 되어 있습니다. 디지털 콘텐츠 트렌드가 이렇게 변화하고 있고 알파세대는 이 문법에 익숙해지다 보니 찰나의 순간에 몰입하고 빠져나오고 또 다시 몰입하는 경향이 있어 보입니다.

(지금 추이로 보면) 미래의 모든 대학이 메타버스 환경에서 구현될 것으로 보입니다. 그런데 이와는 별개로, 대학 관계자들도 미래 대학의 역할과 기능 축

소에 대한 우려를 하고 있습니다. 알파세대가 대학생이 될 2030~2040년, 대학에 입학하는 비중과 대학 교육기관의 역할과 구현 형태(메타버스 또는 하이브리드 등)는 어떻게 달라질 것으로 보시는지요?

대학의 역할과 기능, 입학 규모의 변화는 멀리 갈 필요 없이 당장 2030년만 되더라도 상당 부분 바뀔 것으로 보입니다. 1980년대 이전의 전통적인 서가 역할을 하는 대학과 학생이 시장과 교수, 커뮤니티 멤버들과 활발히 상호작용하는 실습 위주의 프로젝트가 많은 실용 대학으로 양극화될 것으로 보입니다. 그리고 무엇보다 교수는 전공 서적 외의 경험이나 의견을 적극적으로 개시하고 계속해서 새로운 대안을 모색해 나가야 할 것입니다. 입학 비중은 지금보다는 적어질 테고, 커리큘럼은 '가르친다', '배운다'의 개념이 아니라 세상과 내가 피어링되는 매개체로의 역할이 중요해집니다. 그러나 대학 본연의 역할인 지적탐구를 충족해야 하는 미래 하이레벨 지식 노동자들에게는 여전히 중요한 역할과 기능을 할 것입니다.

알파세대가 성인이 될 무렵에 AI로 많은 직업이 사라질 것이라지만, 더 각광받거나 새롭게 탄생할 직업도 있을 겁니다. 2030~2040년 가치가 올라가게 될 직업군들에 대한 생각은 어떠신지요?

다양하게 출시되는 융합서비스들이 챗GPT의 상용화로 인류의 노동 가치가 변화하고 노동의 양이 지속적으로 줄어들 것임에 대해서는 대부분의 사람들이 실감하고 있습니다. "당신은 노동의 양과 시간이 줄어들 때 대신 무얼 할 것인데?"라고 질문한다면 저의 대답은 이렇습니다. 결국 놀고 즐기고 유희하는 데 시간을 소비하지 않을까요? '호모루덴스Homo Ludens'로 돌아가는 거죠. 네덜란드 역사학자 하위징아가 만든 개념인데 유희하는 인간이라는 뜻입니다. 인간이 다른 동물과 다른 본질은 오히려 놀이를 하는 것이라고 보는 인간관이죠.

심리학 연구에서 주로 사용하는 인간의 27가지 감정 카드가 있습니다. 저는 그중에서 유사한 감정들을 합쳐서 20장의 감정카드로 만들어 수업에 사용하곤 하는데요. 그 카드에서 '유희'와 관련된 감정은 황홀Entrancement, 경외Awe, 로맨스Romance, 미적 감상Aesthetic appreciation, 공감Sympathy인데요. 그렇다면 결국 2030년 이후 가치가 올라갈 직업은 인간에게 이러한 다섯 가지 종류의 희열을 안겨줄 수 있는 직업군일 겁니다. 예술가, 엔터테인먼트 산업 종사자들, 스포츠 선수 또는 이들과 관련된 산업 종사자들이 지금보다 각광을 받을 것으로 보입니다.

알파세대들은 디지털 친화적인 세대이면서도, 오프라인 구매 비중이 낮지 않고(무인결제 시스템이 대부분이지만) 다이소나 사진 스튜디오, 버블티 커피숍 등 오프라인 활동도 즐겨합니다. 알파세대에게 오프라인 활동은 색다름을 주는 희소한 재미로 인식되는 건지, 향후 알파세대들에게 오히려 럭셔리한 프리미엄한 경험이 되는지요. 이들에게 오프라인은 어떤 의미가 될지 궁금합니다.

우선 일부 지식인들이 '돈이 없을수록 메타버스에서 놀 것이다', '오프라인 공간은 부자들만의 전유물이 될 것이다'처럼 '부자 오프라인 vs 가난 메타버스' 식의 패러다임을 씌워가는 것이 개인적으로는 많이 안타깝습니다. 위험한 사고이기도 하고요. 제 주위 소위 세속적인 기준으로 슈퍼리치 가이들이 '리니지'를 하고 메타버스에서 부동산 투자를 하기도 합니다. 왜 그럴까요? 돈이 없어서가 아니라 오프라인에서는 경험하지 못하는 '썸씽 뉴Something New'가 있기 때문이겠죠. 새로운 경험을 위해서 메타버스에 가는 겁니다. 메타버스는 오프라인 대체가 아니라 새로운 확장이라는 뜻입니다. 최고급 백화점 명품관에서 살수 없는 굿즈들을 메타버스에서 살 수 있고 절대 만날 수 없는 친구나 셀럽을 만날 수 있습니다.

메타버스를 태어나는 순간부터 접하고, 이런 경험들에 익숙한 '메타버스 네이티브'인 알파세대들은 오프라인에 대한 집착이 우리보다 낮을 것으로 보입니다. 여전히 '슈퍼카', 여전히 '샤넬'이겠지만 소유에 대한 집착이 오프라인에만 의존했던 세대들과는 확연히 다를 것이라는 거죠. 그렇다면 역으로, 알파세대에게 오프라인은 프리미엄이 아니라 메타버스와 다른 경험의 확장입니다. 물론 기성세대보다 신선하게 받아들일 수는 있지만 그 경험을 '럭셔리하다'라고 인지하지는 않을 것입니다.

알파세대 전문가 INTERVIEW

키즈테크의 성장과 시장성

양영모 레드브릭 대표

한국의 로블록스라 불리는 메타버스 창작 플랫폼, 레드브릭RedBrick 대표이다. 삼성전자와 바이두 OS 개발자를 거쳐 2018년 위즈스쿨을 창업했다(삼성전자에서 '자유의 영혼'이라 불렸다고 한다). 2021년 '레드브릭'으로 사명을 바꾸며 본격적으로 메타버스 사업에 뛰어들었다. 레드브릭은 알파세대에 주목해 메타버스 크리에이터를 양성하는 데 주력하고 있고, 2022년까지 234억 원의 누적 투자금액을 유치했다

레드브릭'은 두 가지 측면에서 의미가 큽니다. 크리에이터 이코노미를 유튜브와 SNS를 넘어 메타버스 플랫폼으로 넓혀가고 있다는 점(로블록스보다 제작 방식도 편리하죠) 그리고 경제활동을 하는 크리에이터를 알파세대

로 확장하고 있다는 점입니다. 그런데 속도와 시기에 대한 입장 차이일 뿐 트렌드에 대해서는 대부분이 동의하는 것도 사실입니다. 그렇다면 알파세대에서 (조금씩이라도) 수익을 내는 크리에이터가 늘어나고 K알파 크리에이터들이 글로벌 시장에서 주목받는 시기에 대해서는 어떻게 생각하시는지요?

제가 생각하는 알파세대는 디지털 네이티브에서 더 나아가 '메타버스 네이티브'입니다. 알파세대는 그 어떤 세대들보다 메타버스에 익숙하고 (무언가를) 창작하는 본성을 타고 났습니다. 그렇다면 이 둘을 합친 메타버스 창작 플랫폼의 미래에 알파세대가 있습니다. 게다가 한국의 '알파세대=K알파 크리에이터들'은 지금 넷플릭스를 필두로 한 K콘텐츠 르네상스의 흐름을 탈 것으로 기대됩니다. 우선 그 어느 국가의 알파세대보다 IT환경이 좋고, 기획력도 매우 특출나잖아요. 즉, 토양은 잘 만들어졌다고 봅니다.

레드브릭의 중요한 미션은 메타버스 플랫폼에서 직업을 만들어준다는 것입니다. 게임과 아이템을 판매하는 것 외에도 현재 광고 시스템을 접목하는 준비를 하고 있어요. 현재 레드브릭의 콘텐츠 소비는 90% 이상 알파세대에서 일어나지만 생산은 중고등학생(14~16세) 중심이거든요. 그렇지만 환경적으로 수치적으로 콘텐츠를 생산하고 돈을 버는 알파세대 크리에이터는 지속적으로 늘어나고 있습니다. 지금 레드브릭이 준비하는 광고시스템도 큰 역할을 할 것으로 보이고요. 또, 레드브릭에서 게임을 만들고, 이를 동영상으로 제작하여 유튜브에서 수익을 창출하는 크리에이터들이 늘어나고 있어요. 학업과 진로 관련해서는 레드브릭 경진대회에서 수상한 친구들이 과학고를 입학하거나, 소위 일류대학이라고 하는 학부에 소프트웨어 특별전형에 지원하는 친구들을 보면 메타버스 창작 플랫폼이 창작 외적인 영역에서도 선한 영향력을 미칠 것으로 기대됩니다.

알파세대는 디지털 친화적이고 '10포켓 키즈'라는 신조어가 생길만큼 기존 세대 대비 구매력도 있습니다. 그렇다보니 북미시장에서는 이미 알파세대를 겨냥한 키즈테크 서비스로 유니콘 기업들이 나오고 있잖아요. 이러한 IT서비스들이 알파세대를 어떻게 바라봐야 할지 그리고 가장 적절한 소통 방식은 무엇일까요?

알파세대는 나의 분신이 디지털 세상에서 있어야 하는 인류입니다. 예를 들어, 유튜브는 재밌지만, 유튜브를 소비할 때 그 안에 나는 없잖아요. 알파세대는 디지털 세상에 '내'가 있고 '내 친구들'이 있고 '나의 공간'이 있는 것이 매우 중요합니다. 즉, 메타버스 환경과는 뗄 수 없는 '메타버스 네이티브'이죠. 이 관점에서 생각의 전환을 하자면, 메타버스를 포함하여 알파세대를 겨냥한 많은 서비스들은 결국 소셜 커뮤니티에 집중해야 한다는 답이 나옵니다. '레드브릭'도 게임이지만 소셜 강도가 매우 높거든요.

흥미로운 것은 기존 세대와 완전히 다른 새로운 판의 아이들이지만, 노는 방식은 과거와 비슷하다는 건데요. 무슨 말이냐 하면 우리 어릴 적에 동네 놀이터에서 모래 장난하고 술래잡기하고 있을 때 엄마가 그만 들어오라고 해도 친구랑 더 놀고 싶어했잖아요. 이 놀이를 그대로 메타버스로 갈아타서 하고 있는 것뿐입니다. 지금 로블록스에서 인기 있는 게임들 모두 단순하거든요. 누가 산에 '더 멀리 더 빨리 가느냐' 같은 추억의 놀이들이 인기가 많고 이런 놀이에는 친구가 가장 중요합니다. 이렇다 보니 로블록스나 제페토 모두 세련된 디자인 구현보다는 친구와 함께하는 소셜 기능을 중요시합니다.

주로 키즈테크 서비스는 교육, 돌봄이, 용돈관리, 주식투자, 게임 엔터테인먼트 등을 언급할 수 있겠지만 향후 매우 다양하게 확장될 것으로 보입니다. (대표님 개인적으로) 알파세대를 겨냥한 키즈테크 서비스 산업에서 향후 잠재성이 높은 영역이나 아직 시장에 등장하지 않은 영역은 어디로 생각하시는지요?

크리에이터 이코노미가 핀테크와 연결되는 사업모델이 필요합니다. 예를 들어, 레드브릭이나 로블록스에서 수익화를 만들어내는 알파세대가 본인이 번 돈을 내 카드에 넣고 물건도 사고 주식투자도 하고 저축도 하는 거죠. 돈은 부모로부터 오는 게 아니라는 경제교육도 되고요 (웃음) 단순히 부모에게 수동적으로 받은 용돈을 관리하는 것이 아니라, 내가 번 돈을 내가 관리하는 크리에이터 이코노미와 핀테크의 결합인 셈입니다. 결국, 알파세대와 알파세대의 부모 모두가 가려운 곳을 잘 예측하여 제공하는 서비스들이 주목받게 될 것으로 보입니다.

흔히 돈 버는 10대라고 하면, 유튜버나 키즈 인플루언서, 로블록스나 레드브릭에서 활동하는 게임 창작자들을 생각하는데요. 북미시장에서 '키드프레너'라는 말이 생겼듯이 콘텐츠 크리에이터가 아닌 10대 비즈니스맨들도 이제 등장하고 있습니다. 기존 세대와는 완전히 다른 흐름이고 속도가 빠르죠. 이러한 현상이 가능한 알파세대의 원동력을 어떻게 해석하시는지요?

결국 '키드프레너'가 될 수 있는 기반도 플랫폼에서 출발한다고 봅니다. 지금 그리고 미래에 알파세대가 노는 다양한 키즈테크 서비스나 창작 플랫폼에서 친구들과 놀고 내가 무언가를 만들어보고 팔아보면서 내 재능이 무엇인지 스스로 알아가는 겁니다. 과거에는 부잣집 아이들이 아무래도 경험도 풍부하고 교육이나 진로의 선택지도 다양했잖아요. 그런데 메타버스나 키즈테크 서비스들은 이러한 특별한 경험들을 더 어린 나이에 제약 없이 경험할 수 있게 해줘요. 플랫폼에서의 이 경험들이 쌓이고 나 스스로를 알아가면서 키드프레너가 되기 위한 사전 학습을 하고 있다고 봅니다. 마지막으로 알파세대는 그 어떤 세대보다도 도전하는 데 주저하지 않는 챌린지 정신이 강한 인류라는 점에도 주목해야 합니다.

레드브릭이나 유튜브 등에서 성장과 잠재성을 주목해서 보고 계시는 알파세대 크리에이터 한두 명을 소개해주실 수 있을까요?(부모의 유튜브, 인스타그램 채널 등에 등장하며 스타가 된 알파 크리에이터 제외)

북미시장과 한국 모두 알파 크리에이터들이 점점 늘어나고 있으니 스타급들도 곧 등장할 겁니다. 그런데 최근 제가 주목해서 본 알파세대 크리에이터는 약간의 자폐 스펙트럼이 있어 홈스쿨링을 하는 친구였어요. 그럼에도 불구하고 게임 창작에 열정을 갖고 꾸준히 콘텐츠를 생산하고 있더라고요. 그 친구의 게임이 2022 지스타G Star에서 소개되었는데 전문가들이 보더라도 완성도가 높아서 깜짝 놀랐습니다. 이렇게 현실에서 어떤 제약들이 있는 아이들이 메타버스 플랫폼에서 스스로를 증명해내고 경제활동으로 이어가고 있는 모습을 보면 많은 자극을 받습니다. 지금보다 창작의 허들을 더 낮추고 작은 성공들을 맛보게 하겠습니다.

알파세대 전문가 INTERVIEW

다른 세대와 알파세대의 차이점

정유라 트렌드 빅데이터 분석 연구원

2015년부터 빅데이터로 라이프스타일과 트렌드를 분석하는 일을 해오고 있다. 온라인 공간에 남긴 소셜 빅데이터를 통해 트렌드를 분석하는 업무를 주로 해오다, 2023년부터 일터를 옮겨 결제 데이터를 바탕으로 시대의 흐름과 변화를 포착하는 일을 하고 있다. 좋아하는 것이 생기면 푹 빠져버리는 타고난 덕심으로 《나 홀로 축구 여행》(2014)을 썼고, 2015년부터 소셜데이터로 라이프스타일 트렌드를 분석하는 《트렌드 노트》(2017, 2018, 2020, 2021)에 공저자로 참여했다. 최근작으로는 《말의 트렌드》(2022)가 있다.

작가님께서는 다른 매체들과는 달리, "MZ세대는 공동체 의식이 부족한 나만 아는 이들이 아니라 개개인의 개성과 자아의 존엄성을 존중하며 다양한 사람들의 권리와 입장을 이해하기 위해 노력하는 사람들"이라고 하신 점이 인상적이었습니다. 그렇다면 작가님이 생각하는 '알파세대'는 어떤 아이들일까요?

알파세대와 다른 세대 사이에 가장 두드러지는 차이는 관계맺기의 방식과 감각이라고 생각합니다. 이 세대의 아이들이 관계를 맺기 시작할 때에는 물리적 공간에서 대면하지 않더라도 언제나 '네트워킹'을 할 수 있는 것이 기본인 세상에서 태어났습니다. 그렇기에 그들이 체감하는 '함께'와 '집단'의 개념이 다를 것이라 생각합니다. 한 번도 본 적 없는 상대와 절친이 될 수도 있지만 카톡방 안에서 은근한 따돌림을 느끼며 자랐을 수도 있는 이들에게는 함께하는 관계의 개념이 타 세대가 느끼는 것과는 전혀 다를 것입니다.

그렇기 때문에 보이지 않는 타인과 관계를 맺는 본능적인 감각이 더 진화했을 거라고 생각합니다. 정글 속 사슴들이 맹수로부터 자신을 지키기 위해 감각을 곤두세우고, 겨울철 식량을 찾기 위해 후각을 예민하게 유지하는 것처럼. 표정이나 눈치로 읽을 수 없는 '비대면' 상황에서 관계를 읽는 촉수가 기성세대와 달리 엄청나게 발달하지 않았을까요?

그렇기 때문에 이들은 아마 타 세대와는 다른 그들만의 본능과 감각을 탑재한 채로 '관계맺기'를 하고 있을 거라고 생각합니다. 표정이 아닌 다른 도구로 감정을 읽고, 말투가 아닌 다른 표식으로 맥락을 읽으며 네트워킹을 하는 것이 자연스러운 세대입니다.

MZ세대가 시작한 줄임말이나 신조어는 SNS를 통해 연결되고 확산되며 기성세대들에게 순차적으로 전파되잖아요. 그런데 초딩 오픈채팅방에서 만들어지는 알파세대의 디지털 언어들은 커뮤니티 중심으로 갇혀 있는 경향이 있습니다. 이건 사회생활을 하지 않는 알파세대의 물리적인 한계 때문일까요? 아니면 다른 맥락으로 해석하시는지요?

삶에서 또래집단의 중요성과 영향력이 가장 큰 연령대의 특수성을 고려했을 때, 폐쇄적 언어 사용은 자연의 법칙 같습니다. 특히 '학교'같이 소속집단이 뚜렷한 시기에는 학교별로도 유행어가 다르고, 지역별로도 유행어가 다릅니다. 대부분 학교와 지역을 기반으로 만들어진 언어들은 지역성에 연고를 두고 만들어진 것들이기에 더 폐쇄적일 수밖에 없습니다. ('트램펄린'을 동네별로 부르는 방식이 다 달랐던 것처럼) 시기적으로도, 정서적으로도 자신들만의 무리를 만들어 소속감을 느끼고 싶어 하고, 또 그 무리에 '어른들'이 침범하는 것을 극도로 꺼리는 때이니까요(아마도 그들에게 어른의 언어는 대부분 충고와 조언을 가장한 '간섭'이나 '잔소리'로 들리겠죠.) 그 시기 그들이 좋아하는 어른이란 (가족을 제외하고는) 그들이 선망하고 좋아하는, 즉 덕질하는 대상이 유일할 텐데요. 선망의 대상이 아닌 어른들과의 관계는 대부분의 경우에서 평등할 수 없기에 더 그들과 소통을 원치 않으며 폐쇄적 언어를 사용할 것이라 생각합니다.

작가님은 MZ가 만들어내는 신조어에 대하여 기성세대들이 그 배경과 서사를 보려 노력한다면 그것이 세대 간 간격을 줄이는 이해와 애정으로 연결된다고 하셨는데요. 다만 (그들의 나이를 고려할 때) 알파세대의 경우에는 신생 디지털 언어에 사회적 맥락까지 함축되어 있다고 하기에는 무리가 있어 보입니다. 그럼에도 알파세대의 디지털 언어를 이해하기 위해 우리가 고민해야 할 지점들이 있을까요?

시대가 언어를 바꾸지만 언어가 시대를 바꾸기도 합니다. 알파세대는 전혀 다른 사회적 조건과 규범 속에서 태어나고 자라난 세대이기 때문에 그들이 사회와 세계를 어떻게 감각적으로 느끼고 어떻게 사회와 협응해갈지를 이해하는 것은 매우 중요하다고 생각합니다. 그들이 세계를 감각하는 방식을 가장 쉽게 읽을 수 있는 부분은 언어가 아닐까요? 그들이 어떤 단어에 민감하게 반응하는지, 슬픔과 기쁨을 어떤 단어로 표현하는지, 행복과 우울을 어떻게 표현하는지를 아는 것은 그들을 이해하는 아주 중요한 단서가 될 것입니다. 그런 언어들 중 기성세대와 전혀 다른 관점과 온도를 지닌 언어가 있다면 그 언어가 우리 사회의 묵은 관습이나 규칙을 바꿀 수 있는 단초가 될 수도 있을 것입니다. 평등의 언어를 사용하고 퍼뜨린 MZ세대의 언어습관처럼, 그들이 확산시킬 새로운 규범과 질서가 무엇일지 눈여겨봐야 할 것 같습니다.

저서 《말의 트렌드》에서도 설명하셨듯이, MZ세대는 좋아하는 것을 자신의 정체성으로 여기며 매우 생생한 언어로 이보다 더 구체적일 수 없을 만큼 개인의 취향을 드러내는데요. 향후 알파세대가 더 커서 취향 커뮤니티를 주도하게 될 즈음에는 이보다 더 어떻게 파편화되고 쪼개어질 것으로 생각하시는지요?

네, 그렇습니다. 아무도 같은 것을 보고 있지 않은 시대에서 자라난 아이들, 즉 공중파의 영향력으로부터 자유로웠던 시대에 자라난 이들이 추구할 취향의 결과 종류는 무한할 것입니다. 1,000만 뷰 짜리 영상을 모두가 보고 있는 집단이 아니라, 1만 뷰짜리 영상을 1,000명이 보고 있는 시대의 '공통점'이라는 것은 다르게 작동할 것입니다. 아이돌을 예로 들면 더 이상 아이돌의 영역이 사람에 머무는 것도 아닌 시대니까요. 누군가는 인간을 좋아하고, 누군가는 버추얼 휴먼을 좋아하고, 누군가는 트랜스-휴먼을 좋아할 수도 있겠죠.

다만 모두가 다른 것들을 보고 자란 시대의 사람들이, 너무 섣불리 자신의 취향 버블에 갇히지 않았으면 하는 바람입니다. 너무 빨리 협소한 취향이 고착되어 버리면, 다양한 맥락과 세상의 교차 경험이 어려워지고 그것이 사회적인 소통을 단절하기 때문입니다. 그래서 사회, 제도적인 차원에서 다양한 취향과 관심사를 가진 사람들의 취향 교환을 통한 소통을 계속해서 추진해야 한다고 생각합니다. 그래야 파편화된 버블들의 껍질이 두꺼워져 소통이 단절되고 사회가 분열되는 것을 막을 수 있지 않을까요? 버블의 경계를 허물고 넘어 더 큰 버블, 더 다양한 색의 버블이 만들어지는 새로운 타입의 창조성이 발현될 수 있을 테니까요.

알파세대의 크리에이터

이호 메타버스 드라마 제작자(17살)

2019년에 메타버스 드라마라는 개념이 없을 때부터 네이버의 메타버스 플랫폼 제페토Zepeto에서 드라마를 만들기 시작했다. 메타버스 아바타들의 연기를 촬영해 영상으로 제작하는 웹드라마로 알파세대와 10대들에게 큰 인기를 끌고 있다. 중학교 1학년 때부터 3년 넘도록 꾸준히 제작하며 유튜브에서 팬덤이 생겼다. 메타버스 드라마의 1인자이자 제페토 스타이다. 2023년 외교부 주관의 '글로벌 혁신을 위한 미래대화'에 메타버스 발제자로 참여했다.

드라마 조회수가 늘어나기 전까지는 부모님께는 비밀로 하고 메타버스 드라마를 만든 것으로 알고 있습니다. 그때까지 상당한 시간 투자와 노력을 했을 테고, 처음부터 경제활동이 가능할 것이란 확신도 없었을 텐데 콘텐츠를 만들 수 있었던 원동력은 무엇이었을까요?

저는 제페토 드라마를 제작할 때 정말 즐겁게 제작을 했습니다. 이야기들을 상상하며 구상을 하는 것이 너무 재밌고 새로웠어요. 시간이 가는 줄도 모르고 스토리를 구상하고 편집하고, 유튜버라는 꿈을 이루기 위해 노력하는 저의 모습들이 신기했습니다. 저는 이 마음들이 콘텐츠를 만들 수 있었던 원동력이라 생각합니다. 그리고 구독자분들의 따뜻한 댓글들도 저에게 정말 많은 도움을 준 것 같아요.

이호 님은 지금 이호 님의 드라마를 좋아하는 '초등학생(알파세대)' 팬덤이 많고 그들과의 소통도 활발히 하는 것으로 알고 있습니다. 이호 님의 경우, 15살부터 '메타버스 크리에이터'로 활동했으니 알파세대는 더 어린 나이에 크리에이터가 될 것으로 예상할 수 있습니다. 향후 알파세대는 어떤 방식으로 콘텐츠를 소비하고 만들게 될지, 또 어떤 형태의 크리에이터가 될지 자유롭게 상상해주실 수 있을까요?(유튜브, 메타버스, 게임, 웹툰 등 자유롭게 답변해주세요)

제가 생각하는 알파세대는 지금보다 일상 속에서 메타버스를 더 쉽게 접할 것 같습니다. 다양하고 더 발전한 메타버스 플랫폼에는 다양한 크리에이터들이 생겨 지금보다 더 활발한 메타버스 세상이 만들어지지 않을까 생각합니다. 그래서 알파세대 크리에이터 분들 중에서 메타버스를 활용한 브이로그, 드라마, 영화, 먹방 등 다양한 콘텐츠에 도전하는 분들이 많이 생겨나 지금보다 더 새로운 콘텐츠들을 많이 만들어낼 것 같습니다.

평일에는 학교와 학원 공부를 하고 주말에만 고정적으로 시간을 빼서 드라마를 만드는 것으로 알고 있습니다. 콘텐츠 창작에 모든 시간을 쏟고 있지 않는 걸 보면, 크리에이터 말고도 다양한 경험과 대학 진학 또는 직업 등을 계획하고 있으실 것 같은데요. 어떤 일들을 꿈꾸고 있는지 궁금합니다.

지금은 원하는 대학을 가기 위해 열심히 공부하고 있고, 아직 저의 꿈은 '확실히 이거다!' 하는 건 없어서 크리에이터 활동을 하면서 다양한 경험을 해보면서 진로를 정할 예정입니다. 그리고 미래에 하고 싶은 게 있다면 제가 좋아하는 애니메이션 제작사인 '지브리 스튜디오'의 〈센과 치히로의 행방불명〉, 〈이웃집 토토로〉 등의 영화처럼 몽글몽글하고 다양한 연령층이 즐길 수 있는 그런 메타버스 영화를 한번 만들어보고 싶어요.

매체 인터뷰에서 "메타버스 드라마를 만드는 게 어려운 게 아니라 꾸준히 하는 게 어렵다"라고 하신 답변이 인상적이었습니다. 콘텐츠를 기획하고 만들고 또 경제활동을 하고자 하는 미래 알파세대의 크리에이터들에게 해줄 조언이 있을까요?

저는 처음에 제가 이렇게 메타버스 드라마로 유튜브 활동을 계속할 줄 몰랐고 많은 팬분들이 생길 줄도 몰랐어요. 그냥 저는 제가 만들고 싶은 드라마를 꾸준히 제작했을 뿐입니다. 그렇기 때문에 알파세대 크리에이터 분들도 자신이 하고 싶은 것, 잘하는 것을 하며 크리에이터 활동을 꾸준히 하시면 분명 좋은 결과가 나올 거라 생각합니다. 전 메타버스를 또 다른 나를 발견할 수 있는 곳이라고 생각해요. 저 또한 메타버스에서 '이호'라는 또 다른 저를 발견했고요. 일단 시도해보는 거예요. 해보고 안 되면 또 다른 것을 찾아서 하면 되죠. 계속하다 보면 언젠간 다음이 올 거라 생각합니다. 파이팅!

메타버스에서는 컵라면을 먹으며 포만감을 느낄 수 없고, 얼굴에 스치는 바람을 체감할 수 없는 거 빼고 모든 것을 할 수 있다고 하셨잖아요. 5년 뒤, 10년 뒤 메타버스는 어떻게 달라질 것으로 예상하는지요? 질문이 어려우면 크리에이터 관점에서만 상상해주세요. (웃음)

5년, 10년 뒤의 메타버스는 지금의 메타버스보다 더 발전해 메타버스 플랫폼 이용자들은 모션 캡처를 이용해 직접 캐릭터를 움직일 수 있지 않을까 생각합니다. 지금도 메타버스 캐릭터를 움직일 수 있는 기능들이 많지만 미래에는 조금 더 자연스럽고 퀄리티 있는 메타버스가 만들어지지 않을까 생각하며 기대하고 있습니다.

PART 03

어떻게 교육하고
소통할 것인가?

Chapter 06

하이테크 시대의
하이터치 가이

챗GPT?
이제 하이테크
하이터치 시대다

포용력과 유연함이 만드는 창의성이 중요한 시대

지금까지 우리는 알파세대를 규정하며 그 특성을 살펴보고 이들의 출현이 산업에 미치는 영향과 라이프스타일을 예견했다. 그렇다면 지금 알파세대를 양육하고 교육하는 부모와 학교, 학원은 완전히 새로운 종인 이들에게 어떠한 방향성을 제시해야 하는가? "아이 하나를 키우려면 온 마을이 필요하다It takes a village to raise a child"라는 아프리카 속담이 있다. 한 아이를 돌보고 가르치는 일은 부모만의 책임이 아니며 이웃과 학교, 지역사회의 관심과 애정이 필요하다는 뜻이다. 결국 아이들의 교육은 사회와 국가의 중요한 책무인 것이다. 이런 관점에서 알파세대의 교육 이야기를 시작한다.

팬데믹을 보내면서 가장 갈팡질팡했던 영역 중 하나가 공교육이었다는 건 부인하기 어렵다. 융통성과 속도가 떨어지는 공공의 영역이기에 더 그렇다. 예측 불가한 청천벽력 앞에 비대면 커리큘럼을 기획하고, 인프라를 구축하고, 시행착오를 통해 개선시키는 데 2020년 팬데믹 첫해가 통으로 날아가 버렸다. 이 기간 공교육 시스템의 혁신을 기다리지 못하고 가장 초조했던 층은 누가 뭐래도 학부모들이었다. 그 첫해에 자녀를 초등학교에 입학시키는 이들은 더욱 그러했다.

금세기 최고의 미래학자인 존 나이스비트John Naisbitt는 첨단기술이 세상을 지배할수록 인간의 감성력이 중요할 것임을 1982년 저서 《메가트렌드》에서 '하이테크 하이터치'로 설명했다. 비즈니스 전략가 다니엘 핑크Daniel Pink는 미래에는 '하이컨셉 하이터치' 인재가 필요할 것임을 강조했다. '하이터치'란 공감을 끌어내는 능력으로 사람들을 포용하고, 넓은 유연함으로 이질적인 아이디어들을 결합해 새로운 것을 창조하는 능력이다. 즉, 포용력과 유연함이 만드는 창의성이다. 또는 하이테크의 상반되는 개념으로 높은 수준의 감도와 인간적인 감성을 의미하기도 한다.

잘 생각해보면 하이테크의 끝판왕인 AI스피커는 오히려 따뜻한 '갬성'으로 우리에게 말을 걸고, 인스타그램에서 블랙핑크 제니 스피커로 알려진 '브리온베가'도 귀엽게 웃는 스마일 눈꼬리가 인기 요인이다. 스피커의 모델명 역시 '라디오 포노그라포Radio Fonografo'로 지극히 아날로그적이지 않은가. 이것이 결국 AI융합서비스의 시대에 가장 필요한 인간의 능력일 수 있다. 이처럼 시대의 변화에 따라 미래형 인재의 모습이 달라질 것임은 자명하다.

사실 우리 모두가 대충은 안다. 미래에는 출신대학의 꼬리표보다는 '달란트'가 중요할 것임을, 유튜브와 포털이 만들어놓은 정보의 평준화 세상에서는 엄마의 정보력보다는 자기주도형 학습이 우선이라는 것을, 4차 산업혁명과 AI서비스들과 엉클어져 살아갈 미래에는 창의적인 문제해결능력을 가진 아이들의 경쟁력이 높아질 거라는 것도 말이다. 그리고 미래에는 공감능력이 보다 중요해질 것이라는 것 또한 대부분의 부모들이 알고 있다. 굳이 미래교육 전문가나 IT기업 종사자들 또는 엘리트 부모들이 아니더라도 시대적 흐름을 대충은 아는 것이다.

그 옛날 학력고사 시대의 70년대생 부모들조차도 2030년 즈음에는 SKY(서울대, 연세대, 고려대)를 졸업해 대기업에 취업해 40대 후반에 은퇴하는 것보다, 자신만의 콘텐츠(특화된 전문성)로 평생 은퇴하지 않을 직업을 갖는 것이 안전하다는 것을 아는 것이다.

그래서 어떻게 해야 하는데?

그런데 이 지점에서 알파세대의 부모들은 그리고 그들과 더불어 살아갈 우리 모두는 '그래서 어떻게 해야 하는데?'가 궁금하다. '하이테크 하이터치' 시대에 필요한 미래형 인재를 공부하기 위해 세계적인 석학들의 미래학 서적과 미래를 재편할 핵심 키워드(#)들을 열심히 뽑아 유튜브와 포털을 통해 찾아봐도 그 어디에서도 '왜', '무엇이', '얼마나 빠르게', '그래서 어떻게?'를 친절히 떠먹여주진 않는다.

미래학 서적들의 경우 인구 · 지정학 · 정치 · 경제 · 과학 등 너무 깊숙이 들어갔고 육아 서적들의 경우 실천이 어려워서 그렇지 부모라면 이론상으로는 알고 있는 내용이 대부분이었다. "그래서 어떻게?"에 속 시원한 답을 찾기는 어렵다. '미래에 사라질 직업'에 대한 담론에서도 원론적인 답만 있다. 어떤 직업군들이, 언제, 얼마나, 어느 정도의 속도로 사라지고 어떤 부류의 직업들이 뉴러너New runner로 부상할 것인지도 없다. 물론 불확실한 미래에 대해 답을 내리려는 것은 욕심일 수 있으나 궁금한 것이 너무 많다.

"아이비리그 대학생들이 챗GPT로 에세이 쓴다는데, 입학할 때도 괜찮나? 그럼 교육은 어떻게 달라져야 하지?

"이미 2017년에 미국은 중국에게 PPP 실구매력 평가 1위를 역전당했고, GDP국내총생산는 미국 내부에서조차 2030년 안에 중국에 역전될 것이라 하는데, 그럼 이제 대치동이나 제주국제학교들에서는 아이비리그가 아닌 베이징대학교를 목표로 해야 하나?"

"인구학적 변화도 있다는데, 이 속도로 가면 전 세계 중산층 소비의 무게 중심이 아시아, 중국, 인도로 옮겨간다는데, 그럼 실리콘밸리를 끌어가는 이방인 창업주(링크드인, 페이스북, 테슬라 등)들이 굳이 미국에 남을 이유가 있을까?"

"AI서비스들이 보급화되면 창작가들과 간호사, 요리사들의 가치가 높아진다는데, 일본에서는 로봇이 글도 쓰고 곡도 만들고 그림도 그리고 간병도 하던데, 그럼 이제 어떤 교육을 시켜야 하지?"

"송길영 박사님 책《그냥 하지 말라》에서 미래 인간의 '업'으로 크리에이터와 플랫폼만 남는다는데, 그럼 우리 아들 의대 간다는데, 진로 바꿔야 하는 건가? 왜?"

물론 미래 세상이 매우 극단적으로 AI융합서비스들과 하이터치 인재들만 필요로 하진 않을 것이다. 다만 2030~2050시대에는 하이터치 가이들의 산업적 가치와 필요 비중이 압도적으로 높아질 것이다. 국경의 구분이 무색해질 글로벌 시장에서 K알파세대들이 마음껏 역량을 펼칠 수 있도록 미리 준비해야 한다. 회계사와 판사, 부동산 중개인, 오퍼레이팅 중심의 회사원 같은 직업이 완전히 사라진다는 것도 아니다. 물론 쉽게 예측 가능하듯이 전문적인 지식을 쌓아 자격증을 획득하여 얻는 직업들의 경우, 그 경쟁력은 크게 줄어들 것이다.

용산구의 회계사도, 해운대의 이비인후과 의사도, 현대자동차 그룹의 엔지니어도 다양한 택트ㆍ언택트 커뮤니티에서 자신만의 스토리로 브랜딩할 수 있는, 즉 하이터치 근육을 가진 인재들이 살아남을 것이다.

그런데 부모가 아무리 '하이터치 인재'로 키우고 싶어한들 실천을 못하는 경우가 훨씬 많다. 현재 공교육 시스템을 들여다보면 결국 부모가 시간과 관심을 최대한으로 쏟든지, 돈을 많이 쓰든지(방향성과 How To를 커리큘럼으로 만들어 적용할 수 있는 선도적 사교육 등) 둘 중 하나인데 어느 하나 현실적으로 쉽지 않기 때문이다. 독일, 핀란드 같은 국가들은 공교육 커리큘럼 자체가 공감능력을 키우는 것을 최우선으로 하고 일과 공부의 일원화 교육에 앞서 있다지만, 나와 상관없는 먼 나라 이야기일 뿐이다.

1921년 소파 방정환 선생님은 "아이들을 잘 교육하면 나라의 미래가 밝다"라고 하셨다. 당연한 이야기지만 어린이들이 자신의 생각을 잘 표현하도록, 예술ㆍ문화ㆍ체육을 통해 각자의 능력을 발휘하도록 지원해야 한다는 뜻이다. 그리고 그래야만 창의성과 혁신성을 갖춘 인재로 자라날 수 있다는 것이다. 창의성과 혁신성, 자주 쓰는 단어이지만 생각할수록 모호하다. 그러나 AI와 공존하며 살게 될 알파세대 어린이들을 위해, 1921년이 아닌 지금이야말로 모두가 집중해서 더 들여다봐야 할 단어이다.

정서지능과 공감근육, 상위 1%의 학교는 어떤 인재를 원하는가?

챗GPT의 등장

"챗GPT 내 핸드폰에서도 쓸 수 있니? 요즘 하도 뉴스에서 야단이길래…"

일흔이 넘으신 부모님들까지 자식들에게 이런 질문을 한다. 2023년 지금 전 세계는 챗GPTGenerative Pre-trained Transformer에 푹 빠져 있다. GPT란 학습Pre-trained을 통해 문장을 생성하는Generative AI서비스인데 마치 인간과 대화하는 것 같다는 뜻의 챗Chat이 더해진 챗봇이다. 보다 쉽게는 대화형 AIConversational AI라고도 할 수 있겠다. 식상하지만 지금 챗GPT는 '열풍'이라는 단어보다 더 적합한 표현을 찾기 힘들다. 인스타그램에서는 챗GPT와 대화한 대여섯 줄의 대화를 피드에 올리는 게 밈처럼 번지는 중이다.

2023년 2월 기준 챗GPT에 관련한 태그들은 수백여 개, 연관 태그까지 합치면 수천여 개에 이른다. "구글 시대의 종말인가?"라는 자극적인 헤드라인이 달린 칼럼도 드문드문 보이기 시작한다. 게다가 챗GPT가 직접 쓴 책이 한국에서 출간된다는 소식까지, 여러모로 AI가 우리의 일상사에 훅 들어온 것이 실감나는 요즈음이다.

2023년 2월 《삶의 목적을 찾는 45가지 방법》이라는 제목으로 챗GPT가 직접 쓰고 편집, 교열까지 끝낸 책이 출판되기도 했다. 기존에 갖고 있던 기획안과 목차까지 챗GPT에 제공했더니 30시간 정도에 꽤 완성도 있는 책을 내놓았다는 것이다. 현재 챗GPT는 출시 두 달 만에 전 세계 이용자 수 1억 명을 돌파했다. 2023년 3월 미국과 한국을 포함한 일부 국가에서 우선 출시한 유료 모델(월 20달러) 역시 단 3일 만에 100만 명 이상이 매출을 일으키고 있다. 한편 네이버는 2022년 상반기에 '서치GPT'를, 카카오 역시 연내 '코GPT'를 출시하겠다는 계획을 밝혔다.

바야흐로 AI챗봇의 시대가 오는 중이다. 챗GPT가 온 지구를 떠들썩하게 할 때 요구되는 담론은 기술의 발전 속도가 아니라 그 기술이 인간의 능력과 흡사해지는 방향으로 가는 것에 방점이 찍혀 있다. 가수 윤종신이 인스타그램에 챗GPT 사용 후기를 올리면서 "이 친구가 나와 대화를 해가면서 나를 학습한다는 것을 느낄 수 있었다"라고 한 것처럼, 생성형 AI는 축적된 지식을 학습하는 것에서 벗어나 지식을 연결하고 스스로 사고하면서 새로운 형태의 콘텐츠를 창조한다. 다시 말해 인간의 뇌, 심지어 똑똑하면서도 창의적인 뇌로 발전하고 있는 것이다.

2022년 하반기에 금융권 노조를 중심으로 진행된 은행 파업의 주된 골자는 영업점 폐쇄 중단과 적정인력 유지였다. 인터넷 뱅킹과 모바일 뱅킹 등 디지털화로 인한 영업점의 운영 효율성 과제는 금융 노조와의 불가피한 갈등으로 이어졌을 테니 말이다. 그러나 파업의 결과는 '인간이 없어도 잘 운영되는구나'를 금융권에 증명해버린 웃지 못할 코미디로 귀결되었다.

그렇다면 AI와 경쟁하며 살아가야 할 첫 번째 인류인

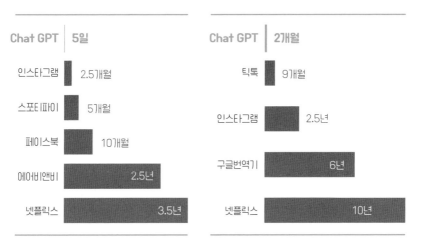

주요 서비스별 이용자
'100만 명 달성' 소요 기간 비교

Chat GPT	5일
인스타그램	2.5개월
스포티파이	5개월
페이스북	10개월
에어비앤비	2.5년
넷플릭스	3.5년

주요 서비스별 이용자
'1억 명 달성' 소요 기간 비교

Chat GPT	2개월
틱톡	9개월
인스타그램	2.5년
구글번역기	6년
넷플릭스	10년

알파세대는 어떠한 자질이 요구되는가? 저명한 교육 전
문가들은 하나같이 단순한 지식 축적이 아닌 유연한 사
고와 공감력, 창의성이 기반이 된 융합적 사고, 디지털
문해력Literacy 등에 방점을 찍어야 한다고 말한다. 이 지점
에서 얼핏 유연한 사고와 공감력을 단순히 정서적인 부
분이라고 오해할 수 있다. 하지만 이는 타인과 세상사를
공감하며 유연함이 바탕이 된 비판적 사고를 목표로 한
다. 즉, 생각의 연결을 통한 비판적 사고는 AI와 공존하
며 때로는 경쟁하며 살아갈 알파세대에게 필수적인 자

산이 될 것이다.

흥미로운 건 바로 여기부터다. 알파세대가 스스로의
생각을 연결해가며 주체적인 의사결정을 하기 위해서는
철학적 사고가 필요하다. 챗GPT 담론과 AI융합의 시대
에 필요한 교육 이야기가 갑자기 왜 철학적 사고의 필요
성으로 이어지는지 의아할 것이다. 우리가 쉽게 범하는
오류 중의 하나가 바로 철학적 사고와 과학적 사고는 대
치된다고 생각하는 것이다.

철학은 한마디로 'Why'에서 출발하는 학문이다. 끊
임없이 질문을 요구하고 답하는 학문인 것이다. '나는 생
각한다, 고로 존재한다'라는 데카르트의 명제처럼 생각
자체를 의심하고 비판적 사고를 하는 학문이기에 아이
러니하게 가장 논리적이기도 하다(언어학, 문학, 경제, 과학,
의학 등 이 모두는 고대 그리스의 철학에서 갈라지기 시작한 세부
학문에 불과하다).

AI와 공존해야 할 시대에는 인간이 알고 싶은 것이
무엇이고 왜 필요한 것인지를 정확히 판단하는 것이 가
장 중요하다. 그리고 그것이 알파세대가 왜 철학적 사고
에 대한 소양을 길러야 하는지에 대한 답이 된다. 다소
관념적인 설명일 수 있으나, 지금 내가 어떤 도움이 필요

한지를 AI와 소통하기 위해서는 우리도 인공지능 같은 사고가 필요하며, 그것이 곧 과학적 사고이자 동시에 철학적 사고이다.

그런데 철학을 이해하기 위해서는 그 사조의 뿌리가 되는 역사를 알아야 하고, 역사는 그 지역의 기후와 환경이 어떤지를 알아야 근본적인 이해가 가능하기 때문에 지리적 특성을 알 필요가 있다. 그리고 이 모든 것에 대한 인간의 반응과 탐구는 곧 문학으로 이어진다. AI와 공존하며 살아야 할 미래 인류가 흔히 '문·사·철'이라고 하는 문학, 역사, 철학에 대한 충분한 이해가 필요한 이유이다. 그래야 생각의 연결을 통한 비판적 사고가 가능하다.

지금 인류는 AI 덕분에 자의 반 타의 반 슈퍼 생산성의 혁명을 거쳐가고 있다. 알파세대는 인간보다 모든 것을 더 빨리 부지런히 습득하는 AI와 함께 '지능'이 범람하는 슈퍼 지능의 시대에서 살게 될 것이다. 인간의 뇌는 물리적이고 이성적인 판단을 하는 좌뇌와 창의적인 사고와 직관적 판단을 하는 우뇌로 구분된다. 그런데 지금껏 제도권의 교육은 오로지 좌뇌를 우선시하고 이를 수치화하여 성적을 매겼다. 흔히 우리가 '쟤 공부 잘하잖아'라는 것 역시 대부분 좌뇌 중심의 평가였으니 말이다. 그런데 십수 년간 제도권이 매달려온 이 좌뇌는 AI가 너무 쉽게 침범할 수 있는 영역이니 혼란스러울 수밖에 없다. 아니 이 영역들은 이미 상당 부분 대체되었다.

2023년 3월 신학기를 시작하며, 한양대학교 장동선 교수는 '퓨처 테크 리터러시Future Tech Literacy'라는 교양수업에서 학생들이 챗GPT를 과제에 적극적으로 활용하도록 하겠다고 발표했다. 세간의 관심사처럼 '학생들이 AI에게 과제를 시키면 어쩌지?'라는 걱정 대신에 거꾸로 정면 돌파하겠다는 것이다. 모든 학생이 같은 과제를 챗GPT에 시킨다 해도, 각자의 사용 방법과 더불어 AI의 산출 답변을 흡수하고 해석하는 인문학적 소양과 비판적 사고에 따라 결과물이 천차만별일 테니 말이다. 새로운 기술을 제한하는 대신, 최적의 활용 방법을 찾아내고 개인의 부족한 점을 더 키우자는 의미로 해석할 수 있다.

다시금 주목받는 학교

전 세계가 팬데믹을 거치면서 다시금 주목을 받고 있

는 몇몇 학교를 소개한다. 급변하는 시장 환경보다 더 빨리 움직여 1%의 학교가 되었거나, 상위 1%의 슈퍼 기업가나 글로벌 리더들이 자제들을 보내는 학교이다.

첫 번째 학교는 실리콘밸리의 상위 1% 슈퍼리치들이 구글과 NASA의 지원을 받아 설립한 싱귤래리티Singularity 대학이다. 이 대학의 가장 특이한 점은 학교의 비전이다. 인류의 모든 지능을 합친 것보다 더 높은 지능을 가진 AI가 출현하는 시점을 2045년으로 잡고, 그 시대의 리더를 육성하겠다는 것이다. 그런데 안타깝게도 팬데믹이 IT 기술의 진화를 10년가량 앞당겼다고 하니, 결국 싱귤래리티 대학의 비전도 2035년의 미래 인재로 정정해야 할 것으로 보인다.

두 번째 학교는 하버드와 스탠퍼드 대학보다 입학하기 어려운 곳으로 유명한 미네르바Minerva 스쿨이다. 2010년 미국의 벤처투자자 벤 넬슨Ben Nelson이 설립하였으며 인공지능 시대의 리더를 양성한다는 목적을 갖고 있다. 주된 커리큘럼은 인문학과 인공지능, 수학과 과학이다. 미네르바 스쿨은 100% 디지털 수업을 하고 캠퍼스가 따로 없다는 점이 가장 특이하다. 학생들은 대학 본부인 미국 샌프란시스코를 시작으로 서울(한국), 하이데라바드

애드 아스트라, 싱귤레러티 대학, 미네르바 대학

출처: https://static.wixstatic.com; https://www.rism.ac.th; https://i.guim.co.uk

(인도), 베를린(독일), 부에노스아이레스(아르헨티나), 런던
(영국), 타이베이(대만)에서 생활하며 인간의 복잡성과 깊
이를 이해하는 시간을 보낸다. 서로 다른 문화를 가진 사
회와 커뮤니티, 개인들을 연결하는 능력을 집중적으로
키우기 위함이며 미네르바 스쿨은 이를 문화인류학이라
고 부른다.

세 번째 학교는 애드 아스트라Ad Astra이다. 테슬라 모
터스와 스페이스X의 창립자인 일론 머스크Elon Musk는
2015년 특권층 자녀들이 다니는 비싼 사립학교가 21세
기에 맞지 않는다며 다섯 명의 아이들을 모두 빼냈다. 그
러고는 '애드 아스트라'라는 학교를 직접 설립했다. 그는
이 학교를 학생들이 궁금증을 꺼내 생각을 연결시키며
새로운 관계를 정립하고 자기 주도적인 학습을 하는 곳

으로 만들었다. 학계에서 애드 아스트라는 '소크라테스식' 대화법으로 유명하다. 철학이 모든 교과과정의 기본이란 뜻으로 그 외 커리큘럼은 기업가 정신과 리더십, 인공지능, 수학과 과학 등으로 구성된다. 애드 아스트라는 외국어는 따로 배우지 않는다는 점이 특이하다. 인공지능의 외국어 습득이 인간보다 더 빠를 것이기 때문이다.

이 학교들의 일관된 공통점이 보이지 않는가. 바로 철학과 인공지능이다. 다시금 주목받는 이 학교들은 전통적으로 좋은 학벌이 여전히 성공법칙인지에 대해 총체적인 메시지를 던지고 있다. 2022년 12월《채용 대전환, 학벌 없는 시대가 온다》라는 다소 자극적인 제목의 신간이 시장에 나왔다. 이 책에서 대한민국 최대 사교육 업체 '메가스터디'의 손주은 회장은 새로운 직업의 시대가 도래하면서 좋은 학벌로 성공하는 모델이 통하는 시대는 끝났다고 말한다. 다른 교육 전문가도 아니고 사교육계의 레전드급 인물이 이제 아이들은 지금까지 사교육이 길러주려던 것과는 다른 능력이 필요하다고 하니 참 아이러니하다.

그가 말하는 논리적 배경은 명문대 성공방정식은 부모 세대로써 끝났다는 것과 산업과 인구의 급격한 변화로 인해 학벌 효용성이 떨어지고 있다는 것이다. 실제로 구글, 애플 같은 글로벌 빅테크 기업은 이미 고등학교 이상의 자격 요건을 요구하지 않는다. 여전히 치열한 경쟁을 뚫어야 입사할 수 있는 정글이지만 더 이상 학벌은 이를 해결해주지도 않고 지름길도 아니다. 바야흐로 학벌과 무관하게 새로운 직업의 문을 스스로 여는 아이들이 주목받을 시대가 온다.

친하게 지내는 한 IT스타트업 대표가 "우리 아이들 있잖아, 디지털 찌래기로 크지 않으려면 인문학이 가장 중요해"라고 한 말이 생각난다. '디지털 찌래기'가 되면 안 된다니, 결국 알파세대의 경우 'AI를 얼마나 잘 다루는가'가 중요한 경쟁력이 된다는 뜻이다. 혹자는 인간이 역사를 알아야 하는 이유에 대해 역사를 알면 인류에 대한 연민이 생기고 그것이 곧 '공감능력'이라고 했다.

철학적 사고와 역사에 대한 이해는 정서 지능과 공감 근육을 키운다. 어쩌면 머지않아 공감능력이 전 세계적인 도덕적 기준이 되어 초등학교의 도덕 교과서가 바뀔는지도 모르겠다.

A에서 Z까지
모두 융합이다

'융합=컨버전스'에 대한 이야기

한창 수학 과외 수업을 하던 중 아이는 책상 위에 굴러 다니는 건전지에 자기가 지금 배우고 있는 +와 –가 적혀 있음을 알아채고 "선생님, 왜 건전지에 덧셈 뺄셈이 적혀 있어요?"라는 질문을 던진다. 수학선생님은 건전지가 작동하는 방식을 알려주기 위해 전류가 전자의 흐름이고 전자가 무엇인지 설명하다가 자연스럽게 원자에 대한 이야기로 넘어간다.

그러다가 그 원자의 구조가 우주에 있는 태양계와 똑같이 생겼다는 말을 해주고 싶은 선생님은 우주 이야기를 시작하고 아이는 갑자기 별에 대한 질문을 한다. 그래서 선생님은 또

별이 팽창하고 수축하다 폭발해 사라지는 생애에 관한 낭만 적인 이야기를 시작하게 된다. 그렇게 별의 진화에 대한 이야 기를 한참 해주다보니 선생님은 블랙홀 이야기를 더 해주어 야겠다는 생각을 하고 자신의 블랙홀에 대한 지식을 보완해 줄 유튜브의 〈안될과학: Unrealscience〉 채널을 아이와 함께 집중해서 듣게 된다.

결국 1시간 만에 아이는 건전지-태양계-별-블랙홀로 이어지 는 서로 연결되지 않을 것 같은 여러 주제들을 흡수한다. 건 전지의 작동방식에서 시작해 별의 생애와 블랙홀과의 연관성 까지 지식을 입체적으로 받아들인 것이다. 물론 블랙홀의 원 리에 대해서는 10%도 이해하지 못했겠지만 꼬리에 꼬리를 무는 질문을 열심히 설명해주는 어른에 대한 기억과, 궁금한 것이 있을 때 유튜브를 어떻게 활용할 수 있는지는 평생 아이 의 머릿속에 남을 것이다.

최근 몇 년간 '융합=컨버전스Convergence'에 대한 이야 기가 넘쳐나고 있다. 알파세대의 융합 교육과 관련된 위 의 에피소드에서 수학 과외선생님이 "건전지에 왜 덧셈, 뺄셈이 쓰여 있어요?"라는 아이의 질문에 만약 "+는 양 공이고 -는 전자를 나타내는 것인데 나중에 크면 과학

시간에 배울 거야"라고 답을 했다면, 아이는 절대 꼬리에 꼬리를 무는 질문을 하지 않았을 것이다.

컨버전스의 시대, 융합형 인간, 융합 학문과 융합 교육, 서비스의 융합에 이르기까지 융합에 대한 다양한 담론들이 튀어나오고 있는 요즘이다. 그러나 엄밀히 말하면 융합 교육은 최근 몇 년 사이에 생겨난 것은 아니다. 앞서 소개한 싱귤래리티, 애드 아스트라, 미네르바 스쿨 등은 모두 꽤 오래 전부터 학년의 구분, 과목의 경계가 무분별한, 아니 그런 것에 그다지 큰 의미를 두지 않는 방식을 취해왔다. 그리고 국내에서도 몇몇 대안학교들과 대치동의 혁신적인 학원들이 융합적 사고를 키우는 커리큘럼을 적극 도입하고 있는 모양새다.

2020년 하반기 물리학자 정재승 교수가 카이스트 대학에 학점 없는 '융합 인재학부'를 신설한다는 내용이 크게 보도되었다. 정 교수의 설명은 이러하다. 어떤 학생이 인공지능을 이용해서 신약 개발을 하고 싶으면 AI수업도 들어야 되고 약학이나 의학과 관련된 수업도 들어야 하는데 그 분야의 전공생들과 경쟁하면 학점에서 불리하니까 포기하고 만다는 것이다. 그래서 융합적인 결과물을 위해 본인이 필요한 수업을 자유롭게 듣되, 학점 부담은 없애주기 위해 새로운 평가방식으로 개설한 학부라고 했다.

그렇다면 학점은 어떻게 취하는가? 정 교수는 융합 인재학부 학생은 누구나 '지성과 문명 강독' 과목을 이수해야 하는데 우주, 인간, 자연, 사회, 예술, 기술 등에 관한 고전도서 100권을 읽고 서평을 제출하면 졸업이 가능하다고 한다. 서평 역시 글뿐 아니라 2시간 내외의 영상 콘텐츠로 제출이 가능하다는 것이다. 이에 대해 그는 "내가 읽은 책에 대해 2시간 정도 떠들 수 있다는 것은 그 책이 완전히 내 것이 되었다는 의미이다. 졸업할 때쯤엔 100개 이상의 콘텐츠를 보유한 내 이름의 유튜브 채널이 완성되는 것이니 고전독서에 특화된 '지식 크리에이터'가 되는 것이기도 하다"라고 말한다. 카이스트에서 공개한 고전도서 100권에는 《발자크 평전》(1998)이나 제레드 다이아몬드의 《총·균·쇠》(2005) 같은 인문학, 과학사회 분야는 물론이고 박찬욱 감독의 《몽타주, 오마주》(2005)나 재즈의 명반들을 만화로 소개하는 《재즈 잇 업》(2004) 같은 문화 예술 분야까지 다양한 책이 포함된다.

결국 융합 인재학부의 목표는 전통적인 학문 간의 장벽을 넘어 문제해결형 인재를 배출하겠다는 혁신이다.

카이스트 융합인재학부 학생은 '지성과 문명 감독' 과목을 이수해야 하는데 우주, 인간, 자연, 사회, 예술, 기술 등에 관한 고전도서 100권을 읽고 서평을 제출해야 졸업이 가능하다고 한다.

인간의 본성에 대한 프레임을 대차게 파괴시켰던 책《휴먼카인드》(2021)에서도 "세상이 과목별로 나뉜 곳은 오직 학교뿐이다. 그런 일은 다른 어떤 곳에서도 일어나지 않는다"라고 하지 않았던가. 결국 융합은 문제를 해결하기 위한, 본질에 다가가기 위한 무기일 뿐이라는 뜻이다. 과학고를 졸업하고 카이스트에서 물리학으로 학부, 석사, 박사를 거쳐 대한민국의 제도권 교육에 최적화된 교수가 제도권에 도전한 사례라는 점이 아이러니하다.

이에 대해 카이스트의 한 동료 교수는, "그동안 (사람들은) 학교에서 배운 것을 사회에서 사용하지 못하는 학위들이 무슨 의미가 있는지 생각하려 들지 않았다. 그러나 학교를 졸업하니 사회에서 더 이상 미적분도 삼각함수도 에너지 보존법칙도 엔트로피 법칙도 쓸 일이 없다는 것을 알게 되었으며, 왜 이런 것들을 배워야 하는지를 몰라 학업에 의미를 못 찾고 방황하는 학생들에게 융합인재학부가 새로운 방향성을 주고 있다"라며 새로운 학부의 탄생을 격려했다.

융합적 사고는 왜 중요한가?

융합적 사고는 왜 중요한가? 쉬운 예를 들어보자. 한국이 인터넷, 통신 등 IT인프라 전반에서 세계 1위라는 데는 이견이 없을 것이다. 심지어 스마트폰 교체 주기가 매우 짧은 국가이기도 하니 말 그대로 'IT의 IT에 의한 IT를 위한' 국가와 국민이다. 그런데 이상하지 않은가? 전 세계를 쥐고 흔드는 시가총액 Top10에 들어 있는 IT기업들은 (2023년 2월 기준 전 세계 시총 TOP10 기업 중 8개가 IT기업) 왜 죄다 미국 기업들인가? 감히 속단하자면 인간의 니즈와 욕망이 무엇이고 지금 시대와 인류는 무엇을 필요로 하는지 어떻게 해결해야 하는지에 대한 사고의 연결, 융합의 힘이 부족하기 때문이다.

식상하지만 스티브 잡스 이야기를 안 할 수 없다. 잡스는 익히 다양한 매체와 자서전에서 "내 스스로 늘 기술과 인문학의 교차점에 있고자 했다"하며 한평생 '연결의 힘'에 집착했던 존재이다. 2007년 아이폰이 등장했을 때로 거슬러 가보자면, 아이폰은 MP3플레이어(아이팟), 전화기, 인터넷을 합쳐놓은 것일 뿐이다. 지금이야 한데 붙어 있는 게 너무 당연하지만 당시에는 서로 이질적인 것들을 연결하여 새로운 창조를 끌어낸 셈이다.

또 다른 예로는 2021년 실리콘밸리를 뒤집어 놓은 '클럽하우스'가 있다. 스타 CEO들의 사랑을 듬뿍 받으며 단숨에 이용량이 급증하며 유니콘 기업의 반열에 올랐다. 잘 살펴보면 클럽하우스도 마찬가지이다. 하이테크의 심장인 실리콘밸리의 유니콘 기업이지만 신기술로 승부를 본 것이 아니다. 지극히 올드미디어인 오디오 채널 방송국에 SNS기능이 접목된 소셜서비스에 불과하다. 즉, 시장에는 늘 새롭고 멋진 것들만 존재하는 것이 아니고, 하이테크 기술이 늘 새로운 서비스를 만드는 것은 아니다.

잡스의 그 유명한 신념, "하늘 아래 새로운 것은 없으며 모든 사물을 다르게 보고 서로 연결하는 것만으로 새로운 세계를 창조할 수 있다"처럼 말이다. 즉, 실리콘밸리의 성공한 기업과 서비스의 성공법칙은 결국 하이테크가 아닌 '컨버전스'였던 것이다. 산업적으로는 이종 산업들끼리의 융합으로 세상에 없었던 상품(서비스)이 만들어지는 것이다.

그렇다면 이쯤에서 궁금한 것은 융합 교육만 잘 받으면 융합형 인재로 성장하는가? 융합적 사고를 위한 출발은 무엇일까? 사고를 연결시켜 융합하기 위해서는 기초 지식과 유연성이 요구된다. 기초 지식의 습득은 그야말로 '기반'에 불과하기에 유연한 사고를 중심으로 설명해보자.

유연한 사고에서 오는 '포용성 지표'에 대한 재미있는 조사 결과가 있다. 미국의 경제학자인 리처드 플로리다Richard Florida는 우수한 인력이 많이 모인 도시에는 어떤 특성이 있는지를 조사했다. 그런데 흥미롭게도 미국의 10대 하이테크 도시와 게이 지표Gay Index(도시별 동성애자 거주비율)가 높은 도시 10위에서 6개 도시가 겹치는 걸발견하게 된다.

리처드 플로리다에 의하면 '우리와 다름'에 대한 포용성Tolerance이 재능 있는 사람들을 불러모으고 재능 있는Talent 사람들이 모이면 첨단기술Technology이 발전하며 도시가 성장한다.

출처: www.shutterstock.com

분석 결과는 이러하다. 실리콘밸리가 대표적인 것처럼, 다양한 특성을 지닌 재능 있는 사람이 많으면 첨단기술이 발전하는 도시가 되는 것은 자연스럽다. 그리고 소수 집단 중에서도 차별 지수가 높은 동성애자들은, 전 세계에서 어떤 도시가 살기 좋은지 파악하는 정보의 하나로 첨단도시 지표를 커뮤니티에서 수시로 주고받는다고 한다. 과거에도 지금도 성소수자 주거 비율이 높은 곳은 샌프란시스코이며 그 인근에는 실리콘밸리가 있다.

'우리와 다름'에 대한 포용성Tolerance이 재능 있는 사람들을 불러모으고 재능 있는Talent 사람들이 모이면 첨단기술Technology이 발전하며 도시가 성장하는 것, 이것이 바로 리처드 플로리다의 '3T이론'이다. 소수집단인 게이가 많이 거주한다는 것은 그 도시가 포용성과 다양성이 있다는 뜻이고, 그것이 바로 도시의 생산성으로 이어진다는 이론이다. 물론 조사의 시점은 1990년대였으나 3T이론은 도시의 경제발전 지표를 특징짓는 데 여전히 중요한 모델로 활용된다.

또 다른 에피소드가 있다. 2020년 국회의원 선거가 있는 날, 아이의 친구가 집에 놀러왔다. 개표방송이 시작되자 그 친구는 "○번 이겨라! ○번 이겨라! 절대 ○○가 뽑히면 안 돼!"라며 청군 백군 편을 갈라 해맑게 응원을 했다. 후보들을 인지하고 평가하기에는 어린 나이였기에 집에서 어른들의 대화 내용을 듣고 특정 후보를 응원했을 것이라는 추정이 가능하다. 별거 아닌 아이의 천진난만한 모습일 뿐이다. 그럼에도 너무 어린 나이에 정치 성향을 마치 성별처럼 흡수하는 것이 옳은 것일까, 정치에 '정政'자도 모르는 나이에 불필요한 가지치기가 무의식 중에 이루어질 경우 혹여 이들이 성인이 되었을 때 걸림돌이 되진 않을까라는 생각이 들었다. 물론 사고의 확장과 유연성에 대한 관점에서 말이다.

알파세대를 어떻게 양육해야 할까?

아직 한국 기업들의 움직임은 없으나 글로벌 기업의 입사 인터뷰에서 D&I 척도 지수는 매우 중요하다. 'D&I'란 다양성Diversity & 포용성Inclusion의 약자로 그 지원자가 다양성과 포용성을 얼마나 갖고 있느냐를 평가하는 것이다. 구체적으로는 나와 다른 성, 인종, 계층, 학교, 정치, 성 취향(소수자), 장애 등 다양한 커뮤니티의 사람들을 뇌가 아닌 마음으로 수용하는 자세를 평가한다.

마이크로소프트의 D&I 척도 도입은 유명하며 넷플릭스 역시 매년 D&I 리포트를 발간하며 '어느 누구도 배제하지 않는 유연성'이라는 넷플릭스만의 D&I 철학을 강조한다. 특히 별도로 인클루전Inclusion(포용성) 전략 임원(버나 메이어Verna Mayer)을 배치하고 그에게 부여한 권한을 보더라도 넷플릭스의 D&I에 대한 진심은 충분히 느껴진다. 이 기업들의 D&I 기준은 기업 입장에서의 채용 다양성이 아니다. 단순하게 피부색이 다른 인종이나 아시아인, 성소수자, 여성 채용 같은 소수집단의 의무비율을 채워 기업의 다양성을 보여주는 것이 아니라 특정 개인이 다양성을 어떻게 수용하느냐를 지원자의 활동과

인클루전 임원을 둔 넷플릭스와 개인의 D&I 평가가 중요한 마이크로소프트

출처: https://static-prod.adweek.com; https://blogs.microsoft.com

인터뷰로 평가하는 것이다. 즉, 개인 내면의 다양성, 다시 말해 유연한 사고에서 오는 포용성을 본다.

한 국제학교의 입학원서를 본 적이 있다. 지원자의 기본 프로필과 성장 환경, 관심사, 재능 등과 함께 가족 유형을 선택하는 문항이 매우 인상적이었다. 제시된 가족 유형 중 우리 가족의 형태를 선택하는 것인데 가족 유형으로는 싱글맘 가족, 싱글대디 가족, 삼촌이 양육하는 가족, 삼촌과 할머니와 사는 가족, 조부모와 사는 가족 등을 포함하여 자그마치 22개가 있다. 학교를 다니는 학생들은 입학 원서에서부터 세상에 존재하는 가족의 다양한 유형을 배우는 것이다. 입학 원서가 바로 D&I 교육의 시작인 것이다.

이 학교의 학생들은 적어도 "너는 왜 아빠랑만 살아?", "너는 왜 할머니랑 살아?" 같은 타인에게 상처 주는 질문은 하지 않으며 관계를 살피고 주변을 포용하는 사람으로 자랄 수 있는 것이다. 최근 사례는 아니지만, 바비인형과 애니메이션 〈토마스와 친구들〉로 유명한 미국의 장난감회사 마텔Mattel이 2019년 보청기를 낀 바비, 백반증을 가진 바비, 의족을 한 바비 등을 만들어 다양성과 포용을 위한 캠페인을 추진했던 것도 물론 상업적인 브랜드 전략이겠으나 다양성의 가치 확산 측면에서는 비슷한 맥락이다.

이제 다방면에 열려 있는 유연한 사고로 지식과 기술, 비즈니스를 연결하는 인재가 필요하다. 알파세대는 더욱 그러한 시대에서 경쟁하며 살아남아야 한다. 한국의 기성세대는 문과, 이과를 구분해온 유일무이한 국가에서 교육받았고, 아직 인재 양성 철학과 시스템은 정체되어 있다. 이런 상황에서 가정과 교육기관들은 알파세대가 융합적 사고로 문제를 해결해갈 수 있도록 노력해야 한다.

최근 300여 년의 전통을 가진 브리태니커Britannica 백과사전이 종이형 사전 출판을 중단하겠다고 발표했다. 사람들이 종이책을 더 이상 보지 않기 때문일까? 아니다. 백과사전이 쏟아지는 지식 정보의 속도를 못 따라가기 때문이다. 이것은 팬데믹의 장기화가 시장의 변화 속도를 앞당긴 탓도 있지만 검색포털과 소셜미디어가 가져온 정보의 과잉공급 탓이기도 하다.

이제 챗GPT까지 이 판에 가세했다. 속도의 시대에 필요한 건 지식과 정보를 흡수하는 기간의 확장이다. 2014년 부임한 마이크로소프트 CEO 사티야 나델라Satya Nadella는 그간 평생 학습하는 기업 문화를 정착시켜 왔다. '평생교육'은 인간은 지속적으로 성장한다는 전제가 깔려 있으므로 스탠포드 대학의 심리학자 캐롤 드웩Carols Dweck의 성장 마인드셋Growth Mindset으로 설명할 수 있다. 반면, 좋은 학벌을 가진 사람은 계속 똑똑하고 무슨 일이든 잘할 것이라는 고정 마인드셋Fixed Mindset과는 상반되는 개념이다.

평생교육이 과거에는 은퇴한 실버층에게 요구되었다면 지금은 모두에게 필요한 단어이다. 지식정보가 넘쳐난다는 것은 아이러니하게도 지식정보의 종말을 뜻한다. 지식의 암기는 AI에게 맡기고 그 지식을 검색해서 서로 연결하고 문제를 해결하는 능력이 중요한 시대이다. 그리고 이를 위해서는 평생 학습하는 성장 마인드셋이 훈련되어야 한다. 결국 융합과 관용, 유연한 인재가 세상을 끌어갈 것이다.

코딩학원은 보내면서 로블록스는 못하게 하는 엄마들

코딩교육 열풍이 불다

시가총액 730억 달러(한화 98조 원)를 자랑하는 로블록스는 코딩을 통해 이용자가 게임을 직접 설계할 수 있는 세계 최대의 메타버스 플랫폼이다. 그러나 코딩학원에서조차 조심스럽게 "어머니, 1시간 정도의 대기 시간에 아이에게 로블록스를 좀 시켜 봐도 될까요?" 하고 물어본다. 4차 산업혁명이 어쩌고저쩌고 코딩이 중요하다고 부르짖으며 9살 때부터 코딩학원을 보내지만, 이상하게 자녀들이 로블록스에 접속하는 건 싫은 것이 부모들의 마음이다.

사용량의 51%가 알파세대인 메타버스 게임플랫폼, 로블록스

출처: ROBLOX, 삼성증권

전 세계 이용자가 1.5억 명이며, 미국 알파세대의 2/3
가 유튜브보다 더 많은 시간을 보낸다는 로블록스이다.
로블록스의 게임 제작 코딩언어인 LUA(루아)의 가벼운
직관성은 알파세대가 유난히 로블록스에서 게임 설계를
하는 이유이기도 하다. LUA는 쉽다는 장점 때문에 샌
드박스의 마인크래프트나 넥슨의 메이플스토리 등 여러
게임에서도 사용된다. 에듀테크 서비스들 중에는 로블록
스 게임으로 코딩학습을 가르치는 월 구독료 5달러의 유
료 상품도 있고 몇몇 기관들은 이미 로블록스 코딩학교
도 개설 중이다.

그런데도 엄마들은 코딩학원은 보내면서 아이들이
로블록스를 하는 건 싫다. 코딩 놀이터이지만 역시 국영

수 공부가 아닌 게임이기 때문이다. 그렇다면 언제부터 사교육 시장에 코딩 열풍이 불게 되었을까? 팬데믹이 길어지며 초등 학습지 기업들도 하나둘 코딩교육을 시작했다. 당시 학습지 선생님들이 들고 다니던 홍보용 전단지에 그 어떤 미사여구 없이 스티브 잡스와 빌게이츠의 얼굴이 부각되었던 점이 재미있다. 다음과 같은 강렬한 문장들만으로도 충분했던 것이다.

"세상의 모든 사람은 코딩(프로그래밍)을 배워야 합니다. 생각하는 법을 가르쳐주기 때문입니다(애플의 창업자 스티브 잡스)."

"코딩은 사고의 범위를 넓혀주고 더 나은 생각을 할 수 있게 만들며 분야에 상관없이 모든 문제에 대해 새로운 해결책을 생각할 수 있는 힘을 길러줍니다(마이크로소프트의 창업자 빌게이츠)."

"여러분이 코딩을 할 수 있다면, 앉은 자리에서 무엇인가를 만들 수 있고, 아무도 당신을 막을 수 없습니다(페이스북의 창업자 마크 저커버그)."

코딩이 저절로 짜지는 로블록스의 미래 영상
QR코드 삽입

https://youtu.be/e2w0mBheCQ4

2023년 2월 로블록스가 공개한 생성형 AI도구로 제작하는 게임

출처: 로블록스

　세상을 뒤집어놓은 잡스와 빌게이츠, 저커버그가 말하는 코딩의 중요성이라니, 부모에게 어린이 코딩교육의 필요성을 전파하는 데 이보다 더 강렬한 방법은 없을 것이다. 그리고 세 사람 모두 공통적으로 개발자의 영향력 따위는 말하지 않는다. 인류의 존재 이유이기도 한 생각하는 법, 세상을 살아갈 때 요구되는 문제해결 방법, 그리고 창의적인 사고에 대한 이야기를 하고 있다.

　2023년 2월 온 지구가 챗GPT에 대해 떠들던 어느 날 로블록스가 유튜브 자체 채널에 공개한 영상 한 편이 있다. "빨간색, 2인승, 컨버터블 스포츠카"라고 단어(생성 명령어) 몇 개만 쓰면 자동으로 코딩 언어가 입력되더니 거의 실시간으로 게임 애니메이션을 완성한다. 심지어 오디오 사운드와 아바타 생성까지 한꺼번에 처리된다. 즉, 복잡한 코딩언어 체계와 이론 학습 없이도, 머릿속에 기획 아이디어만 있으면 자유자재로 게임을 설계할 수 있는 세상이 오고 있는 것이다. 로블록스에서 공개한 이 영상을 보면 '굳이 시간과 에너지를 써가며 코딩을 배워야 하나?'라는 단편적인 생각이 드는 것이 사실이다.

'생각하는 법'을 가르쳐주는 교육

초등교육의 코딩수업에서 사용하는 '스크래치' 코딩의 아버지, 미첼 레스닉Mitchel Resnick MIT 교수는 챗GPT의 등장에도 여전히 AI는 표준화된 영역에 국한될 것이며, 인류에게 이 시대에 가장 필요한 서비스와 창의적인 기획은 결국 인간의 뇌에서 나올 것으로 확신했다. 그리고 코딩을 단순히 프로그래밍 기술로만 생각하지 말 것을 강조하기도 했다.

코딩은 기술이 아니라 사람의 생각과 관심을 표현하는 수단이라는 것이다. 굳이 작가가 아니더라도 본인의 생각을 표현하기 위해 초등학생 때부터 읽고 쓰는 것을 배우는 것처럼, 미래에는 스스로의 생각을 표현하기 위해 코딩 언어를 알아야 한다는 뜻이다. 결국 그가 강조하는 것은 코딩은 미래의 문해력이므로 개발자가 되지 않더라도 코딩 언어를 익히라는 것이다.

익히 알려진 스티브 잡스와 애플의 공동창업자인 스티브 워즈니악Steve Wozniak과의 관계가 생각나는 대목이다. 잡스의 자서전에서 워즈니악은 "스티브는 한 번도 코딩을 한 적이 업습니다Steve didn't ever code. 그는 엔지니어가 아니었죠. 그런데 (당대 최고의 엔지니어였던) 제가 진행하던 설계를 다른 사람들이 알아듣게 설명하는 건 쉽지 않았는데 스티브는 바로 바로 알아듣더라고요. 그는 설계된 디자인을 바꾸거나 추가하는 수준의 기술은 갖고 있었습니다"라고 말했다.

코딩의 중요성을 저렇게 설파한 잡스가 코딩을 직접 짜지는 못했다? 얼핏 보면 아이러니하다. 결국 잡스는 코딩을 직접 짜는 전문성은 갖고 있지 않았지만, 코딩 언어를 포함한 IT이해도가 뛰어났고 그의 놀라운 상품력은 인간에 대한 이해에서 비롯되었을 것이다. 그가 코딩의 중요성을 강조했던 맥락도 결국엔 '생각하는 법'을 가르쳐주기 때문이라고 했으니 말이다.

다시 로블록스로 돌아가자. 그럼 코딩교육의 중요성을 충분히 인지한 알파세대의 부모들은 아이가 로블록스에 시간을 소비하는 행위를 장려해야 하는가? 이에 대해서 코딩교육 스타트업 ㈜디랩의 대표이자 IT혁신 대안학교 교장인 송영광 대표는 이렇게 조언한다. 로블록스에는 게임을 단지 엔터테인먼트로 소비하는 영역과 콘텐츠를 창작하는 생산의 영역이 있는데, 만약 아이가 로블록스에서 소비만 한다면 시간 제한을 두라고 조언한다. 그런데 이이가 게임을 통해 비즈니스를 설계하고 있다면, 아이디어를 기획하고 사용자 반응을 테스트하고 비즈니스를 실현하고 실패하는 것 모두가 자산이니 당연히 장려하라고 말한다. 아이가 이런 경험을 얻기 위해서는 코딩 언어와의 소통이 필요하다.

스스로를 스토리텔링해야 커뮤니티 리더

수천수만 개로 쪼개질 커뮤니티의 시대

알파세대는 사회라는 개념보다는 수천수만 개로 쪼개질 커뮤니티의 시대에서 살아가게 된다. 게다가 과거의 커뮤니티와 달리 디지털 기반이기에 알파세대가 커뮤니티를 접하고 활용할 기회는 넘치게 열릴 것이다. 지금보다 세밀하게 쪼개질 세상에서 알파세대는 수십여 개의 커뮤니티에서 놀고 공부하고 일하고 취향을 공유하고 때론 경쟁하고 새로운 기회를 모색하며 미래를 설계하며 살아갈 예정이다. 이러한 커뮤니티를 끌어가는 사람을 소위 '커뮤니티 리더'라고 하는데, 글로벌 기업들은 커뮤니티 리더로 활동한 경험과 역량을 갖춘 개인을 그 어떤 인재보다 높이 평가하며 서로 모셔가려 한다.

그렇다면 커뮤니티 리더에게는 어떤 역량이 필요할까? 커뮤니티 리더를 정의하고 수식하는 방법은 다양할 테지만 한마디로 표현하면 '좋은 영향력을 전파하는 사람'이다. 선한 영향력을 전파하면 사람들은 모이고 커뮤니티 리더십은 자연스럽세 따라온다. 커뮤니티 리더에게 요구되는 덕목은 크게 세 가지가 있다. 본인의 지식과 정보를 나누는 데 부지런하고, 사람들을 포용할 줄 알아야 하며, 커뮤니티를 나은 방향으로 이끌기 위해 기획력을 갖춰야 한다. 여기에 비즈니스 역량이 더해지면 금상첨화이다.

그렇다보니 해당 커뮤니티의 정체성에 가장 직결된 전문성을 가진 사람이 리더가 되고 애초부터 그를 중심으로 커뮤니티가 만들어진다. 때로는 목적과 니즈에 대한 공감대가 모여 커뮤니티가 우선 만들어진 뒤 (오히려 전문성보다는) 많은 시간을 투자하여 더 많은 것을 나누려는 사람이 자연스럽게 리더가 되는 경우도 많다.

앞서 우리는 알파세대가 사회의 중심축이 될 2030~2040년에 마주할 노동의 변화 그리고 AI서비스들과 공존하고 경쟁하며 살아가야 할 이들의 미래에 대해 알아보았다. 하지만 2023년 휩쓸아친 챗GPT의 등장과 이로 인한 위기의식은 아이들이 아닌 부모 세대의 향후 노동 방식까지 고민하게 했다. 나는 죽어라 노동하고 싶은데 시장에서 필요로 하지 않아서 도태되는 세상이라니, 이러한 세상에서 알파세대에게는 어떤 능력이 요구될까?

하룻밤 자고 일어나면 새로운 지식 정보가 넘쳐흐르며 트렌드가 달라진다. 여기에 혁신적인 IT기술은 데이터의 수집과 확산 속도까지 가속화시키는 중이다. 궁극적으로 정보 접근의 하향 평준화는 지식을 보유한 자와 그렇지 않은 자의 차이를 점차 좁히고 있다. 추상적인 개념으로 보일 수 있으나 이게 바로 4차 산업혁명이 말하는 '초지능Super Intelligence · 초연결Hyper Connectivity · 초융합 Hyper Convergence'이다.

초지능은 인간과 AI의 협력으로 더 나은 서비스가 제공되는 것, 초연결은 사람과 사물이 연결되는 것, 초융합은 과거에는 어울리지 않아 보이던 서로 다른 기술과 산업 사이의 결합으로 새로운 것이 탄생하는 것을 말한다. 이렇게 IT기술이 사회 · 문화 · 경제 전반에 적용되며 기존의 산업 규칙들이 무너지고 새로운 패러다임이 만들어진다. 결국 이것이 융합의 시대가 가져올 중요한 파괴인 것이다. 당연하게도 이러한 세상에서는 정해진 범위의 지식을 습득하여 받는 자격증이나 천편일률적인 스펙을 쌓아가는 교육은 (과거 대비) 다양한 문제를 해결하거나 좋은 직업과 사회적 지위를 얻는 데 큰 도움이 되지 않을 것이다.

이제 개인은 변하는 지식, 정보 그리고 간접 경험을 위해 커뮤니티를 만들고 해체하고 진화시켜야 한다. 때로는 커뮤니티의 멤버로, 때로는 커뮤니티 리더로서 기능하기 위해 사람이 필요하고, 역으로 인간관계의 확장을 위해서도 커뮤니티 활동이 필요하다.

필자는 최근 'AI큐레이션'이라는 새로운 커뮤니티에 들어갔다. 커뮤니티 리더는 현재 활발히 활동 중인 웹툰 작가이다. 그는 챗GPT에 기획 의도와 캐릭터만 제공했는데 대략의 웹툰 스토리가 뽑혀 나오는 것을 목도하고, 위기감과 기대감이 혼재된 복잡한 마음에서 AI큐레이션 커뮤니티를 열었다고 한다.

커뮤니티 멤버에는 영화감독, 대중문화 평론가, 드라마 작가, K팝 작곡가 등으로 모두 각자의 분야에 AI가

침투하고 있다는 공통점이 있었다. 그 외 AI 스타트업 임원과 ○○대학교의 공학 교수도 커뮤니티에 참석한다. 전문가들은 AI가 다양한 산업에 어떻게 융합되고, 창작자들에게 어떤 영향을 미치는지 궁금했을 것이다.

이 커뮤니티는 기획 배경, 멤버 구성, 목표와 지향점이 모두 융합에서 출발했다. 커뮤니티 리더는 챗GPT 사용 후 느낀 호기심과 두려움, 기대감을 커뮤니티 기획으로 연결시키는 데 신속했고, 비슷한 생각으로 고민하는 사람들을 모으는 데 일주일이 채 안 걸렸으니 인적 네트워크와 사람을 수용하는 능력도 우수한 편이다. 게다가 AI 큐레이션이 미래 창작자들의 노동 가치를 저해하지 않고 확장시키는 '하우투HowTo'를 설계하여 전파한다는 커뮤니티의 지향점도 선하고 명확했다. 앞서 언급했던 커뮤니티 리더의 세 가지 조건을 충분히 만족시키는 것이다.

이렇게 완성된 하우투를 B2B로 판매한다면 비즈니스까지 연결될 수 있다. 우리가 커뮤니티를 통해 배움의 습관을 기르고 사람을 얻는 활동을 지속한다면, 세상을 보는 눈과 지금 나에게 어떤 커뮤니티가 필요한지 주제를 포착하는 힘을 기를 수 있을 것이다.

왜 기업들은 커뮤니티 리더를 원하는가?

지금 글로벌 시장에서 잘 나가는 기업들은 왜 커뮤니티 리더를 원하는가? 마이크로소프트나 구글, 아마존처럼 시가총액 Top10에 늘 들어가는 공룡 기업들뿐 아니라, 이제 갓 시작한 혁신적인 스타트업까지 그들은 왜 커뮤니티에서 활동한 경험들을 높이 평가하는가? 흥미로운 건 이들이 대부분 IT기업들이라는 점이다. 그중에서도 마이크로소프트의 경우 전 세계적으로 커뮤니티 리더를 육성하고 지원한 것이 벌써 25여 년이니, 커뮤니티와는 떼려야 뗄 수 없는 문화를 갖고 있다.

IT기업은 서비스를 제공하는 쪽이다. 이익을 추구하지만 소외받는 어떤 계층을 포함한 전 세계의 모두를 편리하고 따뜻한 삶을 살아가게 도와주는 역할을 해왔고 앞으로도 그럴 것이다. 페이스북, 아마존, 구글, 에어비앤비 모두 마찬가지이다. 이들은 끊임없이 고객의 가려운 곳을 파악해 서비스를 기획하고 시장을 빨리 읽고 피드백을 받아 서비스를 진화시켜야 하는 숙명을 가진다.

그렇지 않으면 서비스는 퇴화하고 기업은 도태된다는 것을 십수 년 동안 지켜보며 지금의 그 사리에 왔을

지금보다 세밀하게 쪼개질 세상에서 알파세대들은 수십여 개의 커뮤니티에서 놀고 공부하고 일하고 취향을 공유하고 때론 경쟁하고 새로운 기회를 모색하며 미래를 설계하며 살아갈 것이다. 이 융합의 시대에는 커뮤니티 리더십이 필요하다.

출처: https://globalleadershipfoundation.com; https://marxcommunications.com

것이다. 시장의 이야기에 공감하지 못하거나 이를 무시하고 개선하지 않았을 때, 주가가 얼마나 하락하고 끝내 어떻게 고객에게 외면받는지 속속들이 알고 있다. 이 지점이 바로 IT기업들이 크고 작은 커뮤니티에서 커뮤니티 경험을 해보고 더 나아가 리더의 소임을 다하며 실패와 성공을 맛본 인재들을 선호하는 이유이다.

이렇게 커뮤니티의 중요성을 한발 앞서 인지하고 커뮤니티 활성화에 끊임없이 지원을 해온 기업들이 글로벌 시장 경제를 끌어가고 있고 지금은 많은 기업들이 그 뒤를 따르고 있다. 아직 국내 기업의 본격적인 움직임은 없으나, 그들도 커뮤니티에 대한 철학과 필요성에 대해서는 충분히 인지하고 있다. 알파세대가 성장 과정에서 다양한 온오프라인 커뮤니티 경험과 리더십을 쌓아야 하는 이유이다.

최근의 시장 흐름을 보면 공통의 취향과 관심사에서 출발한 커뮤니티가 대형화되면서 스타트업이 되고 빅머니로 연결된다. 고작 '재미와 취향' 따위에서 출발한 커뮤니티가 바야흐로 산업으로 들어오고 있는 것이다. 가장 일반적인 구조는 사람들이 모이더니 요밀조밀 콘텐츠들이 생산되고 이후 커머스 플랫폼으로 확장해가는 경우이다. 무신사, 오늘의집, 당근마켓 등이 대표적이다.

커뮤니티에서 열심히 활동하며 영향력을 행사하는 사용자에게 금전 보상을 제공하는 커뮤니티도 늘어나고 있다. 소셜 세상에선 '좋아요'와 '트래픽'이 돈으로 연결되므로 이러한 (비공식) 커뮤니티 리더들을 꽉 붙들어둬야 하기 때문이다. 기업들의 움직임이 이러하자 커뮤니티 구축 컨설팅을 제공하는 이른바 '커뮤니티를 빌딩해주는 커뮤니티'도 생겨날 정도이다. IT서비스 관련자들의 SNS인 디스콰이엇Disquiet 대표는 기업이 신규시장에 진출하는 '고투마켓GoTo Market' 전략으로 커뮤니티를 개설하는 게 트렌드로 자리 잡았다고 설명했다.

앞서 정서지능과 공감근육의 필요성을 설명하며 소개한 '애드 아스트라'의 커리큘럼으로 잠시 돌아가보자.

일론 머스크가 설립한 학교 '애드 아스트라'에서 중요하게 다루는 논리학과 수사학은 내 생각과 내 논리를 글과 말로 표현하여 다른 사람들의 공감을 얻게 한다는 공통점이 있다. 잘 들여다보면 궁극적인 목표는 단순히 글과 말로 표현하는 기술이 아닌 다른 사람들의 공감을 얻는다는 데 방점이 찍혀 있다. 우리 모두는 누군가의 공감을 얻기 위한 가장 중요한 방법이 '스토리텔링'이라는 것을 하루에도 여러 번 깨닫는다. 이렇듯 스토리는 인류에게 글자가 태어나기 전부터 시작된 인간의 본능이다.

필자는 가끔 콘텐츠 산업을 설명할 때 스토리텔링에 대한 인간의 본성을 내러티브Narrative, 즉 이야기와 서사에 집중하는 '호모-내러티브쿠스'로 표현하곤 한다(물론 사전에 이런 단어는 없다). 지난한 역사를 통해 인류는 자신을 뽐내고 싶어하며 이야기를 만들어내고 또 듣고 싶어하는 본성이 있음을 보여줬다. 결국 이러한 인간의 본성이 신화와 연극, 영화 등 스토리 창작을 이어온 힘이고, 오늘날의 할리우드 산업을 발전시켰을 것이다.

그런데 미래 인류와 공존할 AI융합서비스들이 삶에 투영될수록 우리는 역으로 인간의 본성에 충실한 능력을 키워야 한다. 학교, 도서관, 학원에서 잘 외워 학습한 그 정도의 지식 습득은 AI가 수만 배 빠르고 절대 잊어버리지 않는다. 심지어 그 정보는 지워지지도 않는다. 물론 알파세대가 활개를 칠 2030~2040년대에는 한 스푼이 아닌 수만 스푼의 휴먼터치가 가미된 AI스토리텔링이 진화하며 등장할 것이다. 그럼에도 불구하고 미래의 아이들인 알파세대는 끊임없이 정서지능과 공감근육을 키워야 하고, 이를 위해 가장 필요한 감각이 바로 스토리텔링이다.

스토리는 타인에게 맥락을 전달하고, 공감을 주고, 웃음과 응원을 전달한다. 스토리텔링은 커뮤니티에서 지지와 응원을 받으며 인적 네트워크를 확장해갈 때도 가장 요구되는 역량이다. 때로는 정확한 숫자와 딱 떨어지는 논리보다 빠르고 효과적이고 따뜻하다. 로블록스의 기술책임자CTO 다니엘 스터먼Daniel Sturman은 미래는 "오직 창작자들의 창의성만이 한계가 될 것이다"라고 했다. 유일하게 인간이 AI에게 쉽게 뒤집어지기 어려운 영역이 창의성이라는 뜻이다. 이 창의성은 스스로를 스토리텔링하는 기술에서 훈련될 수밖에 없다. 미래의 아이들인 알파세대는 AI융합과 커뮤니티의 시대에 스스로 스토리텔링이 가능한 커뮤니티 리더로 자라야 한다.

아름다움의 효용성이
높아지는 시대

IT기술에 대한 이해와 함께 인문학적 감성이 중요

지금까지 알파세대 아이들에게는 IT기술에 대한 높은 이해도와 함께 인문학적 감성이 중요할 것임을 강조했다. 이 지점에서 미래 리더에 대한 카이스트 대학 정재승 교수의 생각을 잠시 공유한다. "미래의 리더는 공학적인데 인문적이면서 동시에 '예술적'인 사람이 되어야 한다"는 말이다. IT시대의 미래 리더가 예술적인 사람이어야 한다니 얼핏 어색하게 들릴 수 있다.

역사를 거슬러보자면 2차 산업혁명 이후 세계 경제는 200배 이상 성장했다. 그리고 자본주의 체제는 인류에게 풍요로운 물질적 성과를 가져왔다. 이렇게 포화와 풍족의 시대로 진입한 뒤, 2020년대 AI가 다양한 산업에 실질적으로 투입되었다. 인류는 머지않아 슈퍼 생산성의 혁명을 거치게 될 것이다. 극단적인 비유이지만 배고픔이 해결되었으니 미美에 대한 탐닉이 본격적으로 시작되지 않겠는가? 모든 것이 부족하고 배고프던 시대를 지나 상품이 넘치는 시대가 왔는데, 이제 수많은 IT서비스들로 시공간에 구애받지 않고 아무때나 물건을 구할 수 있기까지 하다. 이제 그 과잉공급과 과잉접속에서 마지막 경쟁력은 바로 '아름다움'이다.

아름다움을 추구하는 철학의 저변이 넓어진다는 것은 곧 아트와 디자인 감각의 대중화를 의미한다. 수억 원을 호가하는 거장들의 단색화 작품들이나 1900년대 중반부터 가구를 예술로 여기며 생산해온 북유럽 작가들의 가구들만 예술은 아니라는 뜻이다. 이에 더해, AI 혁명은 상품을 대량으로 신속하게 만들어내던 기업 생산력이 경쟁력이던 시대를 지나 아름다움의 효용성이 높아지는 시대를 만들었다. 이제 아름다움은 플러스나 덤이 아닌 상품과 서비스 경쟁력의 필수 요소이다. 기능 차별화의 시대가 끝났다기보다는 '아름다움이 곧 기능'이면서 또 경쟁력이라는 해석이 더 적합할지 모른다.

롯데그룹의 디자인 경영센터 사장이자 카이스트 산업디자인학과의 배상민 교수는 일상의 모든 서비스와 상품은 디자인을 요구하며 산업 디자인은 세상사의 모든 불편함을 해소하고 더 나은 세상을 만들어가는 것이라고 한다. 디자인 감수성은 특별한 이들만의 전유물이 아니라 모두가 생활 디자인 속에서 살아가고 있다는 뜻이다.

최근의 데카르트Techart 마케팅 역시 이런 움직임을 제대로 활용한 트렌드이다. 데카르트는 테크Tech와 아트Art의 합성어이다. 데카르트 마케팅은 유명 예술가의 작품을 제품 디자인에 적용하여 소비자의 마음을 움직이는 전략을 말한다. 지속적으로 "우리는 움직이는 예술작품을 만들고 있다"라고 말해오던 BMW는 앤디워홀과 로이 리히텐슈타인Roy Lichtenstein의 팝아트, 로버트 라우센버그Robert Rauschenberg 등의 감성을 아트카에 반영시키고 있다.

추상화의 거장 몬드리안의 작품들은 럭셔리 브랜드 입생로랑의 의상에 더해진다. 쿠사마 야요이Kusama Yayoi, 제프 쿤스Jeff Koons처럼 동시대의 가장 영향력 있는 아티스트와 콜라보를 진행하는 루이비통은 이러한 협업이

예술과의 디자인 콜라보에 집중하는 입생로랑과 루이비통, 미학 캠페인을 펼치는 BMW

단순한 럭셔리 브랜드의 이미지를 만드는 전략이 아니라, 실질적으로 몇 천억 원의 매출을 올리는 사업적인 성과로 연결되고 있다는 메시지를 끊임없이 시장에 던지고 있다.

이제 제품의 성능은 더 이상 소비의 최우선 조건이 아니다. 예술이 일상에 스며드는 지금 다양한 기업들이 그들의 상품과 서비스에 예술을 접목시키려 최전방에서 움직이고 있다. 산업의 경쟁 논리가 파괴되며 이제 아름다움은 하나의 기능으로 중요해지고 있다.

상품의 미학은 부가가치가 아니라 본질

AI혁명이 시작되기 이전부터 사업과 디자인을 동일
시하며 "사업가들은 디자이너가 되어야 한다"고 전파해
온 기업가들이 있다. 상품의 미학은 부가가치가 아니라
본질이라는 뜻이다. 짐작 가능한 것처럼 애플의 창업주
스티브 잡스, 《지적자본론》으로 알려진 마스다 무네야키
Masuda Muneaki, 그리고 배달의 민족의 창업주인 김봉진 의
장이 대표적이다. 김봉진 의장이 본인 스스로를 "나는 사
업하는 디자이너"로 소개하거나 본사 사옥 한쪽에 마스
다 무네아키 《지적자본론》의 한 부분인 "디자인은 본질
적 가치이다. 기업은 모두 디자이너 집단이 되어야 한다.
그러지 못한 기업은 앞으로 비즈니스에서 성공할 수 없
다"라는 포스터가 붙어 있는 것은 창업주의 디자인 철학
을 극명하게 보여준다.

이렇게 아름다움은 사치가 아닌 기능이 되고 세상의
모든 비즈니스에는 디자인 감각이 동반된다. 미래 알파
세대는 아름다움에 예민한 감각을 보유해야 한다. 본인이
생각하고 상상한 것을 말로, 그림으로, 음악으로, 글로 표
현할 수 있는 특별함이 알파세대의 무기가 될 것이다.

"기업은 디자이너 집단이 되어야 한다"를 말하는 책 지적자본론과 배달의 민족의 굿즈들　출처: www.baemin.com

　　2023년 2월 현대백화점은 AI신입사원을 채용했다. 신입사원의 이름은 '루이스'이다. 무슨 말인가 보면, 자체 개발한 AI광고 카피라이터를 '루이스'로 명명하고 공식 업무를 시작하는 날인 '20230302'를 사번으로 부여한 것이다. 예를 들어, 루이스에게 '봄과 입학식'이라는 키워드를 주면 '향기로 기억되는 너의 새로운 시작'이라는 광고 카피를 순식간에 만들어낸다. 계절이나 이벤트에 따라 시시각각 광고 캠페인을 바꿔줘야 하는 백화점이라는 업의 특성상 향후 루이스의 역할은 속도와 양 모든 면에서 커질 것으로 보인다.

이렇게 2023년의 AI는 단순히 운영을 효율화하고 생산성을 높이는 데 그치지 않고 '창작'의 영역까지 야금야금 들어오고 있다. 그렇다면 인간에게는 창작이 아닌 '창조하는 인간'으로서의 경쟁력이 요구될 것이다. 국립국어원의 표준국어대사전에 따르면, 창조創造는 전에 없던 것을 처음으로 만드는 것으로 새로운 성과나 가치를 이룩하는 것이지만, 창작創作은 모방이나 재창조가 포함된 예술이나 문학을 만들어내는 것을 말한다(물론 창조는 예술 이외의 영역도 포함한다).

디자인 감도와 창조가 가능한 미적 근육을 키우기 위해 알파세대는 어떤 교육이 필요할까? 일단 고전이 전부이자 모범답안이라고 학습시키는 훈련은 지양해야 한다. 렘브란트와 고흐, 피카소와 마티스만이 '좋은' 예술이던 시대는 지났다. 알파세대는 교과서에서 다빈치의 〈모나리자〉나 고갱의 〈타히티의 연인들〉을 보기도 전인 대여섯 살 때부터 인스타그램과 유튜브, 틱톡 등의 플랫폼을 통해 내 취향에 딱 맞는 아티스트를 만날 수 있다.

예를 들어, 카타르 월드컵의 손흥민 선수, 황의찬 선수의 포옹 장면을 패러디한 샘바이펜SAMBYPEN(김세동) 작가를 팔로우하면 그와 비슷한 결의 디지털 아티스트들

리바이스, 모나미 등과 콜라보를 진행한 샘바이펜

이 추천에 죽 뜬다. 그리고 그의 작품을 선별하고 또 팔로우하면서 나만의 아티스트 컬렉션을 채워가는 것이다. 그들에게 예술은 교과서 안에 갇힌 거장 아재들이 아니라 내 취향에 들어온 나의 '레전드'들이다. 그들에게는 이렇게 고전적인 그림이나 조각만이 예술이 아니다. 컴퓨터 그래픽이나 진화해가는 디지털 스튜디오 기능을 활용한 예술, 사용자를 감동하게 하는 경험을 창조하는 예술, 짤방으로 웃음과 감동을 주는 콘텐츠까지 모두가 다 '예술(아트)'이다.

나만의 콘텐츠를 기획하고 만드는 연습

그렇다면 교육에 대한 답은 나왔다. 아이를 아티스트로 키우기 위해 석고 소묘(아그립파)를 그리고 비너스를 그리던 전통적인 예술 교육은 한물갔다. 기본기를 알면 활용할 수 있는 범위는 넓어질 것이다. 하지만 이젠 그 기본기마저 유튜브나 넘치는 디지털 커뮤니티를 통해 배울 수 있다. 이제 그 어디에서도 배우기 힘든 나만의 콘텐츠(작품)를 기획하고 만드는 연습을 해야 한다. 샘바이펜이 한 인터뷰에서 말한 "나 자신을 어떻게 표현하는가에 늘 고민이 많았다"가 이를 제대로 드러낸다.

숙련된 드로잉으로 매끈한 작품을 생산하는 것만으로는 부족하다. 나를 고민하고 나를 표현해낸 예술이 미래의 알파세대들이 만들어야 할 세계이다. 2022년 9월 미국에서 "예술이 죽었다"라는 논란이 크게 일었다. 콜로라도 아트 페어에서 1등을 거머쥔 〈스페이스 오페라 극장〉이라는 작품이 사실 AI(미드저니Midjourney 프로그램)로 그렸다는 사실이 밝혀진 것이다. 〈뉴욕타임스〉와 CNN에서도 화제가 됐다.

수상자인 제이슨 앨런Jason allen은 자신의 생각을 '인풋'

AI가 그린 '스페이스 오페라 극장'

출처: https://img3.daumcdn.net

했고 AI가 '아웃풋'을 만들었을 뿐, 내 작품으로 공정하

게 수상했다는 주장을 폈다. 심사위원인 대그니 매킨리

는 "르네상스 예술이 연상되는 풍경이 시선을 사로잡았

다"라며 AI로 제작된 것인지 몰랐을 정도로 정교하다고

했다. 각종 소셜미디어에서는 "올림픽에 출전한 로봇",

"마라톤에 참가한 람보르기니" 등 수만 건의 비판이 이

하이테크 시대의 하이터치 가이　　**319**

어졌다. 비슷한 일은 계속 더 본격적으로 이어질 것이다.

한국에서도 AI가 시를 쓰고, 또 작곡을 하고 있다. AI가 작곡한 음악이 드라마 OST에 쓰이고 있다. 물론 과거에 사람이 만들어놓은 콘텐츠나 기획 콘셉트를 새로 제공한 뒤 AI가 작품을 만드는 것이니 창조가 아닌 단순 창작물이다. 그러나 어떠한 방식으로든 인간의 일을 침범하는 행위다.

결국 쟁점은 인간과 AI가 만든 예술의 차별점을 어디에 두느냐에 있다. 앞서 설명했듯이 인간의 예술은 생각이 들어간 '창조'여야 할 것이다. 창조는 흩어져 있는 인간의 데이터를 잘 수집하여 서로 다른 인간들의 입맛에 잘 맞춰 그려주는 것이 아니라 내 스토리와 내 생각을 내 방식대로 표현하는 것이다. 관련하여 알파세대의 예술교육기관인 파슨스 스튜디오 아트Parsons Studio Art 대표는 최근 진행한 '자화상Inside and Out' 수업을 소개했다.

겉으로 보이는 내 모습과 내면의 내 모습을 표현하는 시간이었다고 한다. 아이들에게 반고흐, 프리다 칼로 같은 고전 아티스트부터 피렐레이 바에즈Firelei Baez, 앨버타 휘틀Alberta Whittle처럼 소셜 이슈를 예민하게 담아내는 현대 작가들까지 수십여 장의 자화상을 보여준 뒤, "나를 어떻게 표현하지?"를 생각하도록 30분의 시간을 주었다고 한다. 큰 도화지에 '나'를 나타내는 다양한 단어들을 적게 하고(이 순간 아이들은 스스로 마인드매핑 과정을 거친 것이다) 생각을 정리한 후 나만이 표현할 수 있는 내 자화상을 그리도록 유도했다는 것이다. 선생님은 질문을 주고, 생각하게 한 다음에 자발적인 실행(자화상 그리기)을 유도했다. 더도 말고 덜도 말고 딱 조력자의 역할인 것이다.

만약 AI에게 아이들의 사진을 보여줬거나 아이들이 도화지에 적은 단어들을 똑같이 입력했더라도 아이들이 직접 그린 자화상과는 절대 같지 않았을 것이다. AI는 절대로 알 수 없는 아이들의 머릿속을 표현했기 때문이다. 수업은 여기에서 끝나지 않는다. 본인이 그린 자화상에 대해 설명하고 친구들의 자화상에 공감하는 과정도 미학의 일부이기 때문이다. 이 역시 인간들만의 고유한 감성이다.

이렇게 주제를 고민하고 나의 경험들을 바탕으로 사고를 연결시키고 이를 어떤 형태의 예술로 표현하고 이것을 친구들에게 설명하고 공감을 받는 것, 이것이 바로 알파세대에게 필요한 융합예술 교육이다. 그렇다면 이제 전국 방방곡곡에 수천수만 개가 있는 '미술학원'이라는

영화 〈타르〉의 한 장면

간판은 적당하지 않을 수 있다.

2023년 제95회 아카데미 시상식에서 작품상과 감독상을 비롯해 총 6개 부문의 후보에 오른 영화 〈타르TAR〉는 이렇게 시작한다. "혹자는 지휘자를 휴먼 메트로놈(템포를 지정하면 똑딱거리며 정확한 박자를 알려 주는 음악 기계)이라고 하죠. 어떻게 생각하시나요?" 베를린 필하모니 오케스트라의 스타 지휘자 리디아 타르(케이트 블란쳇)를 위한 마스터클래스에서 사회자가 그녀에게 질문한다. 이에 대해 지휘자 타르의 대답은 "맞아요. 그렇게 생각할 수도 있겠군요. 그런데 단원들은 저의 미세한 손가락 움직임에 시작하고 때로는 멈추고 또 다시 시작해요. 지휘자는 사람과 소리를 컨트롤하는 시계의 역할이죠"이다. 결국은 그녀의 판단에 따라 시작하고, 멈추고, 다시 움직인다는 뜻이다.

아름다움의 효용성이 높아지는 시대이지만 가까운

미래에 AI는 예술의 영역에 본격적으로 들어올 것이다. 이러한 시대에 인간은 사고의 연결과 자신만의 세계관으로 무언가를 창조하고 AI서비스를 수단으로 제어해야 할 것이다. 미래에는 우리 알파세대가 AI를 작동시켜야 한다. 오케스트라의 지휘자처럼 말이다.

Chapter 07

알파세대와
소통하는 법

그래서 Z와는
뭐가 다른데?

MZ세대 열풍과 세대별 차이

　대한민국 전체에 수년 동안 MZ트렌드 광풍이 불었다. 모든 기업과 브랜드, 서비스들은 MZ상품을 내놓지 않으면 뒤처져 보였으며 마케팅이나 컨설팅 기관들은 MZ트렌드를 분석하지 않으면 돈을 벌 수 없었다. MZ세대는 개개인의 개성과 취향이 너무 강해 전통과 규율을 거스르거나 조직에 희생하지 않고 칼퇴근을 일삼는 '나'만 아는 세대였다. 물론 내가 소중하니 타인의 취향을 존중하고 피해를 주지 않는 세련된 유연함을 장착한 세대이기도 하다.

이 와중에 대한민국 모든 기업의 팀장, 임원들의 필독서였던 《90년생이 온다》는 대대적인 흥행몰이를 했다. 모두가 MZ세대, 90년대생이 궁금하고 또 이들을 공부해야 한다고 강요하던 시절이었다. 그런데 MZ세대 열풍이 불 때조차도 1980년에서 1996년 사이에 출생한 밀레니얼세대(2023년 기준 27~43세)와 1996년에서 2010년 사이에 출생한 Z세대(14~26세)를 과연 한 묶음으로 보는 것이 맞느냐에 대한 시대적 의구심은 늘 있어 왔다.

다시 돌아가 지금껏 이야기한 알파세대는 온전히 21세기에 태어난 '디지털 온리' 세대라는 측면에서 새로운 인류이지만 나이로 보면 Z세대의 연장선에 닿아 있다. 틱톡의 정보 채널 '뉴즈'의 김가현 대표가 Z세대와 알파세대를 인위적으로 구분하면 자칫 오류를 범할 수 있다고 한 것도 이 측면일 것이다. 이 두 세대는 디지털 친숙도를 비롯하여 콘텐츠에 대한 즉각적인 반응과 공유, 커뮤니티 소속감 등 대부분 유사한 키워드를 공통적으로 갖고 있다.

실례로 Z세대 안에서는 조금 어리고 알파세대에서는 다소 형님뻘인 초등학교 5학년 학생부터 중학생까지의 아이들 사이에서 웹툰이나 애니메이션을 '합작'해서 그리는 협업 커뮤니티가 있는 것도 두 세대의 교집합을 증명하고 있다. 이러한 몇몇 공통점들이 두 세대에 걸쳐 공존하지만, 알파세대에게는 더 강하게 나타난다고 보는 것이 합리적이다. 예를 들어, Z세대가 콘텐츠를 소비하는 데 그치지 않고 창작까지 하는 '프로슈머'였다면 알파세대는 소비와 동시에 실시간으로 창작하는 행태를 보인다는 것이다. 즉, 더 이른 나이일수록 이러한 특징이 더 크게 발휘된다.

그래서 이번엔 그간 마케팅 바이럴의 중추 역할을 하며 시장의 애정을 듬뿍 받아온 Z세대와 이제 막 기업과 브랜드의 탐구 대상이 된 알파세대를 어떻게 구분하면 좋을지 이야기해보고자 한다. 우선 다음 표처럼 성장 환경을 중심으로 구분한 뒤, 두 세대가 갖고 있는 공통분모 안에서 특별히 어떤 차이가 두드러지는지 들여다보자.

Z세대와 알파세대는 명확히 다른 성향의 부모 아래에서 성장했다. 그 외 스마트폰과 SNS를 처음으로 접한 시기 등에서도 차이가 있다. 그럼에도 Z세대와 알파세대는 상당 부분 공통적인 상징성이 있다. IT디바이스와 매일의 SNS, 디지털 언어를 내 몸처럼 편하게 생각하며 나뿐만이 아니라 타인의 취향과 다양성을 함께 존중하는

Z세대와 알파세대의 차이

구분	Z세대	α세대
출생 (2023년 기준 나이)	1995년~2009년(14~28세)	2010~2024년(미출생~13세)
학년	대체로 중학생·고등학생·대학생	대체로 초등학생
특징	• 유치원 때부터 스마트폰을 접한 '디지털 네이티브' 세대	• 기저귀 시절부터 유튜브를 시청하고 유치원 때는 AI챗봇과 친구처럼 대화하는 '디지털 온리 = AI네이티브' 세대
부모 세대 및 성향	• 대부분 X세대(일부 밀레니얼세대) • 성장과정에서 아날로그와 디지털을 모 두 경험	• 대부분 밀레니얼세대(일부 X세대) • 청소년기부터 IT디바이스를 일상화하고 뉴스를 SNS로 소비
키워드 상징성	• 스마트폰, 유튜브, SNS, 인스타그램, 취 향, 다양성, 개성, 취업난, N잡러, 사회적 가치(ESG 등)	• 유튜브, AI챗봇, 디지털 크리에이터, 틱톡, 메타버스, 다양성, 재미, 코로나키즈, 줌 (ZOOM), 스크린에이저(Generation Glass)
환경	디지털	디지털을 넘어 가상(Virtual) 환경
IT기술 적응	• 소비에만 집중되어 있음 • 전공생이 아니면 따로 기술을 배우진 않음	• 초등 시절부터 국영수와 함께 코딩 언어를 학습 (공교육 + 학원)
주 플랫폼	유튜브, 인스타그램, 블로그, 페이스북, 줌, 본디 (웹 2.0 기반의 소셜 중심, 플랫폼 소비에 국한)	틱톡, 유튜브, 제페토, 로블록스, 줌 (웹 2.0에서 웹3.0 생태계로 확장)
AI와 메타버스	• 메타버스를 친숙하게 생각하지 않고 AI 는 기계로 인지	• 메타버스는 편하게 노는 공간이며 AI챗봇과의 말장난이 자연스러움
크리에이터 활동	• 직업화된 디지털 크리에이터를 제외하 고는 SNS 피드 정도를 생산(소극적) • '크리에이터는 특별한 사람'으로 인지	• 다양한 영상 편집 툴 앱을 활용하며 일상의 크 리에이터로 생활(적극적) • '크리에이터는 내 친구'라고 생각
영향을 주는 사람	K팝 아이돌, 스포츠 선수	• 유튜버, 소셜 인플루언서, 커뮤니티 친구들 • 개인의 가치
언어	말의 길이를 줄여 사용 (지만추, 고답이, 자낳괴, 얼죽아 등)	뜻 상관없이, 재미나 언어유희에 집중 ('응애', '응애 나 애기', '어쩔티비', '개펀리펀(개 Fun Re Fun)')

기질이 그렇다(단, Z세대 초입인 1995~1998년생의 경우에는
스마트폰이 없던 초등학교 시절을 기억한다).

그 어떤 세대보다도 '디지털 프랜들리'로 자랐고, 평
생을 살아가게 될 Z세대와 알파세대의 차이는 크게 세
가지로 설명된다.

첫째, 메타버스와 AI스피커 알파세대의 친구

첫째는 제4차 산업혁명의 기술인 인공지능, 로봇, 블
록체인(메타버스 포함 등) 기반 서비스와의 친밀도 차이이
다. Z세대에게 제페토와 로블록스는 매일의 SNS가 아
니다. AI스피커로 순간순간의 불편함은 해결하지만 애
플의 시리, KT의 기가지니 스피커나 챗GPT를 친구처
럼 받아들이지 않는다. Z세대에게 챗GPT는 궁금한 것
을 구글과 네이버보다 편하게 알려주는 AI비서일 뿐이
다. 즉, 기계는 기계라는 인식이다.

반면 알파세대에게 메타버스는 매일 들락거리는 공
간이며, AI스피커는 집에 가면 늘 있는 유치원 때부터
끝말잇기 하던 내 친구이다. 이러한 차이는 두 세대가 IT

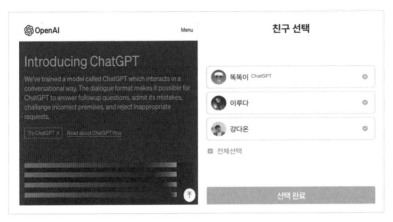

실제로 알파세대는 기계적인 방식의 챗GPT보다는 '이루다', '강다온'처럼 실제 얼굴과 인격을 부여한 AI 메신저서비스 '너티'를 선호하는 양상을 보인다.

출처: openai.com

서비스를 접한 시기가 다른 탓도 있으나 기술 매커니즘을 체화했느냐의 여부도 크게 작용하는 것으로 보인다. 무슨 말이냐 하면, Z세대는 IT기술을 '소비'만 하며 살아왔으나 알파세대는 코딩이 공교육 커리큘럼에 포함되어 있고, 여기에 점점 코딩 사교육을 많이 받아 IT서비스를 이해하고 있다.

두 세대가 AI기술을 인지하는 차이는 서비스 선호도에서도 드러난다. 실제로 알파세대는 챗GPT보다 AI인간과 대화하는 '너티Nutty'라는 채팅 서비스를 더 좋아한다. '이루다', '강다온'처럼 실제 얼굴과 인격을 부여한 AI

인간에게 딱히 필요한 질문이 없어도 아무런 목적 없이 친구처럼 채팅하며 '너티'에서 시간을 소비하는 식이다.

둘째, 콘텐츠를 대하는 방식이 다르다

둘째는 콘텐츠를 대하는 방식이다. 청소년기부터 SNS를 사용해온 Z세대는 내 일상을 글·사진·영상으로 블로그와 인스타그램에 업로드하는 것이 지극히 자연스럽다. 소셜미디어는 수시로 들어가 친구들의 일상과 내 일상을 공유하는 디지털 일기장이고 스마트폰은 내 몸의 일부이다.

최근 어떤 교수가 Z세대 제자들이 현대자동차 그룹 입사를 위한 자기소개서를 모바일로 작성하는 것을 보고 놀랐다며 웃었다는 일화가 있다. 대기업에 제출할 입사 서류라면 모름지기 집에서 컴퓨터를 켜고 정신을 가다듬고 '각' 잡고 써야 하는 기성세대의 사고로만 생각하면 놀랄 만도 하다.

하지만 Z세대는 딱 여기까지이다. 친구들 중에 유튜버도 있고, 가끔 '나도 유튜브 채널을 만들어볼까?'라는 생각은 하지만 여전히 콘텐츠 창작은 '크리에이터'라는 특별한 자들의 영역인 것이다. 그런데 알파세대는 다르다. 스마트폰 갤러리에 보관된 수천 장의 사진과 영상은 콘텐츠가 아니다. 무언가 내 노력과 재능이 더해진 결과물이 아니기 때문이다. 내 시간과 에너지, 재능을 투자해야 콘텐츠인 것이다.

이들은 기획 콘셉트를 잡고 음악이나 자막을 삽입하고 요즘 유행하는 편집 툴을 사용하며 콘텐츠를 만든다(콘텐츠 좀 만든다 하는 알파세대는 통상 대여섯 개의 편집 앱은 기본적으로 다운받는다). 좋아하는 크리에이터의 영상은 가장 훌륭한 편집 교과서이다. 여기에는 '내 아이가 유튜버 되는 것도 좋지'라고 생각하는 (X세대와는 다른) 밀레니얼 세대 부모들의 성향도 한몫하고 있을 것이다. 아이비리그나 SKY는 가주면 고맙지만, 재능과 끼가 있다면 유튜버나 게임 스트리머가 되는 것에 대해서도 거부감이 없는 부모들이다.

알파세대가 Z세대와는 달리 광고를 콘텐츠 그 자체로 받아들이는 행태도 주목해야 한다(물론 현 시점의 알파 키즈 나이대를 고려하면, '광고'의 산업적 의미를 무겁게 받아들이지 않는 탓도 있어 보인다). 이와 관련한 산업적인 해석으로는 두 가지가 가능하다.

첫째, 알파세대의 주력 플랫폼이자 디지털 놀이터인 틱톡과 유튜브 콘텐츠의 상당수가 바로 언박싱Unboxing이라는 점이다. 3,500만 명의 구독자를 보유한 '라이언의 세계Ryan's world'는 논외로 하더라도, 수백여 개의 유튜브 채널에서 타요와 폴리를 지나 50만 원어치 장난감 플렉스 리뷰까지 알파세대는 언박싱을 광고로 인지할 틈도 없이 성장했다. 이렇게 재밌으니 광고에 회의적이지도 않다. 광고든 뭐든 콘텐츠 그 자체로서의 가치(재미, 스토리, 정보 등)가 요구된다. 이는 지금도 미래에도 알파세대를 겨냥한 광고주들에게 중요한 지점이다.

둘째, 알파세대는 특정 상품이나 브랜드를 내가 좋아하고 지지한다면 경제적 이득과 무관하게 공유하고 알리는 것이 체화된 존재들이다. 스스로가 (인플루언서나 셀럽이 아니더라도) 광고 채널이 되는데 목소리를 아끼지 않으며 주저함도 없다.

셋째, 그들에게 영향력을 주는 사람들의 차이

셋째는 그들에게 영향력을 주는 사람들의 차이이다. Z세대는 여전히 K팝 아이돌이나 스포츠 선수들이 우주 스타이다. 그런데 알파세대는 커뮤니티 친구의 추천이나 스스로 생각하는 내 가치가 최우선일 때도 있지만, 대체로 유튜버나 틱톡커의 영향을 크게 받는 편이다. 소셜 인플루언서의 영향력이 엄마, 아빠, 선생님의 말씀보다 백만 배는 더 효과적인 것이다. 그럼에도 그들을 저 멀리에 있는 연예인으로 생각하지는 않는다. 크리에이터들은 셀럽이 아니라 내 주변의 친구처럼 여기는 알파세대의 디지털 친화력이 재미있다. 내 주변의 친구로 인식하는 것이다.

20만 명가량의 알파세대 구독자를 갖고 있는 틱톡 '뉴즈'의 김가현 대표는 알파세대 구독자들의 말투가 분명 사랑스럽고 공손하면서도 반말로 소통할 때 신기하다고 한다. 예를 들어, 틱톡의 한 크리에이터가 팬이 준 선물을 피드에 올리자 그 선물을 보낸 팬은 댓글에 "드디어 도착했구나~ 넘 기뻐 내가 다음에도 보내줄겡"이라고 쓰는 식이다. 본인이 애정하는 크리에이터에게 마

한국 알파세대들이 즐겨보는 크리에이터 채널

취향 카테고리	채널명 / 구독자수	특징
장난감, 로봇, 에니메이션	라이언의세계(Ryan's world) / 3,460만 명	전 세계에서 가장 인기가 많은 장난감과 애니메이션 캐릭터 리뷰로 월마트 독점 협업 등 기업들과의 콜라보 수익이 큼
	장난감티비(Toy TV) / 661만 명	자동차, 로봇, 공룡 등 장난감을 클로즈 업하며 설명
메타버스 게임	잠뜰TV(sleepground)/ 260만 명	마인크래프트 중심의 다양한 게임을 콘텐츠로 제작. 마인크래프트 채널에서는 '잠뜰 크루', '팀 샐러드 크루' 등 가상 공간에서 크루를 맺으며 상황극을 연출하는 경향
	양띵 유튜브(yd0821) / 160만 명	
	마플 마인크래프트 채널 (MOMOISDOG) / 60만 명	
상황극	헤이지니(Hey Jini) / 170만 명	사람이 장남감을 들고 어린이들에게 상황 극으로 설명
	흔한남매(hhnm) / 254만 명	어린이 대통령으로 불림. 어린이들이 공감할 상황극 위주
클레이, 슬라임, 문구, ASMR 먹방	엘 언니(Sisteryell) / 330만 명 (틱톡 1,400만 명)	틱톡 크리에이터로 시작하여 유튜브로 확장. 요즘 트렌드인 간식 먹방, 어린이가 좋아하는 물건 리뷰 등
	클레이모험(ClayAdventure) / 190만 명	클레이, 다양한 색깔 점토로 시의적인 트렌드에 맞춰 어린이들이 좋아하는 캐릭터를 만듦
	재열(Jaeyeol) / 440만 명	강렬한 색채를 사용한 ASMR먹방, 알파세대를 타깃으로 주로 아이스크림이나 장난감 모양의 음식 사용
일상 실험	허팝(Heopop) / 411만 명	어린이 과학 실험, 흥미 위주의 일상적인 실험 등
	파뿌리(Popfree) / 155만 명	24시간 동안 음식을 먹는 것을 비교하는 실험 등
브이로그 (부모와 알파세대가 함께 보는 경향)	서은이야기(SeoeunStory) / 940만 명	서은이네 가족의 브이로그
	뚜아뚜지TV(DDUADDUJI) / 105만 명	쌍둥이 뚜아, 뚜지네 가족의 브이로그

음의 선물은 보냈지만, 그를 스타가 아닌 내 주변의 편안한 친구로 인지하는 것이다.

이처럼 알파세대는 Z세대와 상당 부분의 공통점을 갖고 있지만, AI · 메타버스와 관련 서비스를 대하는 친밀도, 콘텐츠와 소셜미디어를 대하는 방식 그리고 라이프스타일에 영향을 주는 집단 등에서 의미 있는 차이를 보인다. 꽤 공통적인 뿌리 아래에서 성장한 Z와 알파세대가 서로 어떻게 다른지를 면밀히 들여다보는 것은 기업과 브랜드, 교육 기관들이 이들과 소통하는 데 큰 자산이 될 것이다.

왼쪽 표는 한국의 알파세대들이 즐겨보는 유튜브와 틱톡의 크리에이터 채널이다(단, 유튜브는 만 13세 이하의 데이터를 공개하지 않고, 상당수의 알파세대가 부모 계정으로 시청하므로 소셜 바이럴 위주로 선정). 알파세대 저연령층에서 학년이 높아질수록 이들의 취향 카테고리는 장난감(메타버스 게임과 상황극)에서 실험용 콘텐츠와 브이로그 등으로 이동하는 경향이 있다.

멤놀-모버실-휴먼 멀티모달의 페르소나 평행론을 이해하라

멤놀, 모버실, 베렝구어

지금부터 하는 말은 잘 이해되지 않을 것이다. 심지어 중간중간 소개되는 콘텐츠를 유튜브나 틱톡에서 찾아보는 성실한 독자분들은 더 난항에 빠질 수도 있다. 아무튼 시작해본다. 알파세대가 즐겨하는 '멤놀'이라는 놀이가 있다. '멤놀'은 '멤버놀이'의 줄임말인데 특정 연예인(대부분 아이돌 가수이다)의 성격, 말투, 습관 등을 똑같이 따라하는 역할 놀이극이다.

원래 멤놀은 초등학생들의 놀이가 아니었다. 2006년 즈음부터 다음, 네이버 같은 인터넷 카페에서 시작되었는데 카페에 가입한 회원이 좋아하는 연예인을 골라 그 연예인을 똑같이 따라했던 청소년 게임이 원조이다. 심지어 멤놀을 진심으로 하는 곳에서는 공연장, 피트니스 센터 등으로 가상공간을 설정해놓는 경우도 있었다. 거창하진 않지만 나름의 세계관을 부여하는 것이다.

이처럼 청소년들과 대학생들 일부가 인터넷 카페에서 시삭한 '멤놀'이 초등학생들의 카톡 오픈채팅방이나 (카톡 멤놀) 최근의 메타버스 플랫폼 등으로 퍼지고 있다. 필자가 이 책을 집필하면서 매일 열심히 놀았던 공간이 제페토와 본디인데 특히 제페토의 경우, 어느 월드에 떨어지더라도 '멤놀'을 제안하는 친구들이 늘 있다. 멤놀은 중독성도 강한 편이다. 멤놀 커뮤니티에서 상당히 자주 보이는 글이 "멤놀 끊는 법 아시나요? 수년간 멤놀하고 남은 건 향상된 맞춤법밖에 없습니다(멤놀인들은 맞춤법에 민감하다)"같은 푸념일 정도로 멤놀의 인기는 지속되고 있다.

이 같은 초딩 멤놀이 저학년들의 동영상 버전으로 진화된 게 베렝구어(리본돌)* 상황극이다. 주로 초등 1학년

---

* **베렝구어** 스페인의 살바도르 베렝구어가 디자인한 실제 아기 같은 인형

에서 3학년 아이들이 하는데 베렝구어 인형을 마치 아가 돌보듯이 어린이집, 예방접종, 이유식 먹이기 등 짤막짤막한 육아 상황극을 촬영해 유튜브에 올리는 것이다. 유튜브에서 '베렝구어 브이로그'를 보면 알파세대는 채널 구독자 수를 늘리는 것에는 큰 관심이 없다. 본인이 브이로그의 화자가 되어 인형 육아 콘텐츠로 소통하는 커뮤니티 형성에 집중한다.

틱톡에서 엄청나게 확산된 재난문자 상황극이라는 콘텐츠도 맥락이 비슷하다. 좀비, 바이러스, 지진처럼 국가적 위급 상황이 발생한 상황을 가정해 가족과 친구들에게 긴급 문자를 보내는 콘텐츠가 대유행했다. 말 그대로 '재난 상황이 생긴 것처럼' 가정해 주변에 긴급 연락하는 문자를 연이어 편집한 건데, 기성세대 입장에서는 도무지 이 세계관이 이해가 되지 않는다. 인형극은 뭐고, 벌어지지도 않은 재난 상황극은 또 왜 가정하는가? 한편으로는 코로나 바이러스 팬데믹이 장기화되고 2022년 10월 국가적 큰 슬픔으로 인해 아이들에게 '재난'이 상황극 소재로 이어진 것 같아 씁쓸하기도 하다.

'모버실'이라는 콘텐츠는 여기서 한술 더 뜬다. 한층 더 진화된 상황극이라는 뜻이다. 모버실은 '모든 버전 실

멤놀 〉 베렝구어 〉 재난상황극 〉 모버실로 이어지는 상황극

출처: 틱톡, 유튜브

시간'의 줄임말이다. 초등학생 사이에서 유행하는 알록
달록 슬라임을 손으로 조몰락거리면서 딱 그 영상 안에
서만 통용되는 상황을 설계하고 가상의 실시간 대화를
주고받는다. 슬라임 콘텐츠에 실시간 대화가 결합된 새
로운 장르이다.

예를 들어, '친구 남친이랑 몸이 바뀐 버전', '과일나
라에 끌려온 버전', '지인이 폰트 불법 다운로드해서 자
기가 만든 폰트라며 주는 버전+복수' 등 말도 안 될뿐더
러 기상천외한 상상력이 필요한 상황들이 태반이다. 이
해하려 할수록 미궁에 빠져들지만, 이쯤해서 모버실이
'모든 버전 실시간'임을 떠올리면, 알파세대는 실시간으
로 새로운 버전(세계)를 설계해 순간에 집중하고 있음을

알 수 있다. 즉, 여기서 '실시간'이란 시청자가 '실시간으로 시청한다Live Streaming'는 뜻이 아니라, '매 순간이 새로운 세계'라는 뜻의 '실시간'이다. 멤놀도, 베렝구어 상황극도, 재난문자 상황극도, 모버실까지 모두가 마찬가지다.

이처럼 알파세대는 자기만의 설정을 쉽게 설계하고 쉽게 빠져 나온다. 마블이나 스타워즈 세계관처럼 거대한 철학이나 약속을 시간을 두고 촘촘히 심어 놓는 것이 아니라, 콘텐츠 편집 과정에서 고작 한 줄의 문장으로 세계관을 만든다. 여기엔 알파세대 특유의 '내가 해버린다' 기질도 숨어 있다. 내가 정한 약속을 알리고 회수하고 이를 콘텐츠로 제작하는 데 이런 기질이 거리낌 없이 작용하고 있을 것이다.

그렇다면 이쯤에서 궁금해진다. 알파세대의 이러한 상황극은 Z세대가 요즘 푹 빠져 있다는 '컨셉질'과는 무엇이 다른가. 사전적 정의의 '컨셉질'이란 새로운 시기에 새로운 만남을 시작할 때 새로운 컨셉을 잡고 행동하는 전략을 말한다. 굳이 Z세대가 아니더라도 기성세대 역시 과거 학창시절에 새학기가 시작하는 3월 즈음에 새로운 반과 새로운 친구들에게 어떤 모습으로 보여야 할지 고민하던 기억이 있을 것이다. 중학교 2학년 학급에서 내 이미지가 실패했다면 3학년 때는 새로운 컨셉으로 밀고 가고 싶은 그런 설렘 말이다.

그런데 Z세대는 이런 컨셉질을 상황으로 만들어 (때로는 판타지도 등장한다) 콘텐츠를 만들고 몇몇 브랜드에서는 관련 상품들을 기획해 소위 대박 난 경우도 있었다. 다만 알파세대의 상황극처럼 인간, 동물, 가상현실 등을 오가며 SF끝판왕으로 달려가지는 않고 현실에 발을 딛고 있거나 적당한 만화 수준이라는 점이 다르다. 이러나 저러나 동일한 연장선상에 올라타 있는 Z세대와 알파세대이다.

물론 모든 알파세대가 베렝구어와 모버실 콘텐츠를 직접 만드는 건 아니다. 그러나 상당수의 알파세대가 유튜브와 틱톡에서 상황극 콘텐츠를 수시로 보는데 이는 곧 내가 설계한 것일 뿐 아니라, 타인이 만든 상황에도 쉽게 몰입하고 있다는 뜻이다. 다만 여기에 '세계관을 설정한다'는 표현을 쓸 수 있을지에 대해서는 설왕설래가 있을 것이다. 오히려 '오늘의 현실에서 잠깐 들렀다 온다'라는 뜻으로 '순간의 버전Version을 만든다'라는 표현이 맞지 않을까? 익히 설명한 '모버실 = 모든 버전 실시간'이라는 표현과도 잘 맞아 떨어질 테니 말이다.

몰입력, 순간의 설정

알파세대의 몰입력이나 순간의 버전을 만들어버리는 급작스러운 상황 설정은 어떻게 가능한가? 이에 대한 설명을 위해서는 생뚱맞지만 잠시 글로벌 미디어산업을 건드려야 한다. 최근 10여 년간 전 세계적으로 디지털 플랫폼은 과잉 공급되었고 콘텐츠는 넘쳐흐르는 중이다. 당연히 소비자의 시간은 늘 부족하고 이에 공급자들은 더 짧은 콘텐츠를 매력적으로 제공하는 데 집중하고 있다. 이렇다 보니 알파세대는 우리가 과거 즐겼던 기승전결의 서사형 콘텐츠를 잘 모른다. 그들에게 콘텐츠는 러닝타임 120분의 장편영화가 아니라 쇼츠(유튜브)와 릴스(인스타그램)와 틱톡 그리고 점점 짧아지는 넷플릭스의 시리즈형 콘텐츠인 것이다.

과거에는 10분 정도의 콘텐츠를 숏폼이라고 했다면 3~5분을 거쳐 최근엔 10~20초가 대세이다. 현재 유튜브 숏츠에서 가장 활발한 소비가 일어나는 콘텐츠도 '10초 일상'이라는 형식이다. 이러한 트렌드에서 창작자는 수초 안에 시청자의 마음을 사로잡아야 하니 콘텐츠 초반에 힘을 주게 된다. 바로 알파세대가 더 짧은 길이와 더 빠른 재미에 익숙해지고 있는 이유이다.

'더 짧고 더 빠르게', 무조건 서두에 클라이맥스를 두어 '스킵(건너뛰기)' 당하지 않아야 하는 전략, 이것이 바로 알파세대의 콘텐츠 문법이다. 주말이면 아이와 하는 약속이 있다. 아이가 숙제를 다 하면 넷플릭스나 디즈니 플러스 둘 중 하나를 선택해 2시간 시청이라는 선물을 준다. 그런데 아이는 매번 콘텐츠를 고르는 데 30~40분 이라는 아까운 시간을 날려버리곤 한다. 왜 저러나 힐끗 보면, PC에서 넷플릭스를 접속한 뒤 마우스 커서를 콘텐츠 이미지에 갖다 대면 플레이 버튼을 누르지 않아도 콘텐츠 미리보기가 된다. 미리보기로 콘텐츠를 볼지 말지를 결정해야 하는데 그 결정이 어려운 이유는 수천수만여 편의 '다음 영상보기' 버튼 때문이다. 넘치는 대체제 때문에 30분 이상을 콘텐츠 탐색만 하는 것이다.

알파세대의 인생에는 과거 우리처럼 일 년에 많아야 고작 열댓 편의 영화를 보는 것이 전부였던 시절이 없다. 태어나는 순간부터 유튜브를 시청한 알파세대는 하루에 최소 1시간만 시청해도 산술적으로는 350개 이상의 쇼츠를 보는 셈이다(물론 쇼츠만 보는 것은 아닐 테지만 말이다).

이쯤하면 우리의 궁금증도 서서히 풀려간다. 알파세

대는 초반 몇 초 안에 새로운 설정과 캐릭터에 몰입하고 빠져나오는 데 지독하게 훈련된 아이들이다. 건너뛰기와 배속(×1.5, ×2)의 시대에 최적화된 이들은 매번 상황극에서 빠르게 몰입하고 익숙한 재미를 느낀다. '1부 알파세대의 출현'에서 설명한 스크린에이저답게 스크린 터치 몇 번으로 나와 남이 설정한 콘텐츠 상황에 들어가고, 또 바로 적응하는 것이다. 한편으로는 긴 팬데믹을 버텨오면서 또래 친구들을 대면하기 어려우니 이것저것의 콘텐츠 상황극으로 가상의 커뮤니티를 만들고 있는 탓으로도 해석된다.

특히 지금 8~12살까지의 알파세대가 유독 그렇다. 이들은 한창 구르고 대화하고 부대끼며 사회적 관계를 맺어야 할 시기, 3년여의 긴 시간을 가족과 디지털서비스 안에 갇혀 버렸다. 2021년은 '키즈 코로나블루'라는 화두가 올라왔다. 교실과 운동장에서 시도 때도 없이 말하고 웃고 감정을 표출하며 상호작용을 해야 할 나이에 마스크에 갇혀 친구들과 오로지 '눈'으로만 표현했다. 아이들은 '입'과 '손'을 쓰지 못했다. 친구는 어떻게 사귀는지, 대화의 물꼬는 어떻게 트는지 대화 스킨십은 어떻게 하는지 등 켜켜이 쌓인 의문과 감정이 유튜브와 틱톡에서 다양한 상황극으로 표출된 것이다.

이처럼 알파세대는 디지털 세상에서 상황극과 역할 놀이라는 그들만의 방법으로 '인간 생존'을 해왔다. '인간 = 人間'의 한자를 보면 결국 사람과 사람 사이에 부대끼며 살아가는 존재들 아닌가?

왕성한 정보력, 업에이저

알파세대는 위처럼 하나의 상황에서 순간 몰입하고 빠져나오는 것 외에 여러 상황을 동시에 흡수하는 능력도 뛰어나다. 후자의 경우 우리는 흔히 '멀티모드가 좋다'라는 표현을 쓴다. 우리는 일상생활에서 모드Mode라는 단어를 매우 빈번하게 사용하곤 한다. 특히 가전제품에서 많이 쓰이는데 냉방모드, 온풍모드, 온돌모드 또는 한글모드, 영어모드 식이다.

이를 인간의 사고에 적용해보면 '멀티모드'는 다양한 채널을 통해 동시에 정보를 흡수하는 데 탁월하다는 뜻이다. 생각해보면 알파세대의 최연장자가 2010년생이니 이들은 단일 모드로 된 가전제품이나 디바이스를 본 적이 없는 세대이다. 하다 못해 넷플릭스를 접속해도 본인 캐릭터가 그려진 키즈 모드를 선택하고, AI 학습지를 풀 때도 모드에 모드를 순차적으로 들어가야 나만의 학습지가 펼쳐진다. 이들은 하나의 기능에 충실한 집 전화기라는 것은 본 적도 없고, LP턴테이블은커녕 CD 플레이어를 경험해본 아이들도 매우 드물다. 알파세대의 물건들 중에서 단일 모드로 되어 있는 게 뭐가 있을까 생각해보니 피아노나 바이올린 같은 악기 정도이다.

알파세대를 에워싼 이 같은 물리적 환경은 이들이 다양한 채널을 통해 흡수하고 사고하는 데에 실질적인 기여를 하고 있다. 아이들은 전통적인 학습 방법이었던 눈과 귀 외에도 디지털 서비스를 터치하고 AI에게 말을 걸면서 정보를 흡수하는 등 여러 방법을 통해 궁금증을 풀어나간다(단, 기억의 유지나 창의력, 비판적 사고 등은 손으로 필기할 때 다소 우월하다는 조사 결과가 있다). 다양한 채널을 매개해서 지식에 접근하고 간접 경험을 할 기회가 많아졌으며 이를 본인의 언어로 필터링하여 본인만의 창고에 내재화하는 특출함까지 보여준다.

그래서 매크린들연구소에서는 알파세대를 '업에이저 Up-Ager'라고 부른다. 과거 세대가 동일한 나이였을 때와

비교해보면 왕성한 정보력을 갖춘 알파세대가 사회문화
적으로 훨씬 아는 것이 많을 것이다. 서울시의 한 초등학
교 6학년 교사는 아이들이 픽션보다 다큐멘터리 같은 실
제 이야기에 최근 관심도가 높아진 이유도 세상사를 파
악하는 속도가 빨라 과거의 아이들에 비하여 허구의 이
야기가 덜 재미있기 때문이라고 말한다.

홍미로운 건 알파세대의 멀티모드 능력이 최근 글로
벌 빅테크 기업들의 '멀티모달AI'의 진화 방향과 상당
부분 유사하다는 점이다. 여기서 모달Modality이란 의사소
통 채널을 뜻하므로 '멀티모달AI'란 동시에 여러 채널에
서 정보를 흡수하여 사고하는 AI다. 구글, 아마존, 네이
버의 AI정보 처리 방식이 텍스트, 이미지, 목소리, 제스
처, 표정 등 복합적으로 들어오는 데이터를 마치 사람 한
명이 (나만의 언어로 나만의 처리 창고에서) 생각하고 판단하
는 것처럼 처리하는 방향성이다.

알파세대가 정보를 흡수하는 시스템이 멀티모달AI
모델과 비슷하다는 것이 꽤 거북한 건 사실이다. 그러나
이들이 태어나고 성장한 디지털 환경과 이것으로 학습
된 멀티모드 역량을 보면 매우 자연스러운 현상이다. 머
지않아 알파세대에게 '휴먼 멀티모달' 이라는 별칭이 생

길지도 모르는 일이다.

그런데 이 같은 다양한 상황극 놀이들과 휴먼 멀티모달 역량에는 어떤 공통점이 보인다. 순간의 태세 전환이 가능한 '실시간 몰입력'과 '다중 선택지'이다. 이들은 태어나는 순간부터 스크린 디바이스와 다중모드 서비스로 가득한 세상에서 살아가는 '스크린에이저'이다. 푸시Push와 터치Touch만으로 쉽게 선택할 수 있고 그 다음 선택도 줄을 지어 기다리는 시대에서 그들은 초인적인 탐색과 결정, 리셋 역량을 장착했다. 선택도 편하지만 버리는 것은 더 잘한다. 그렇다면 우리도 이들과 템포를 맞추기 위한 속도키를 우선 장착해야 한다. 그래서 시대적 상황 위에서 알파세대를 이해하되 직관적이고 상처받지 않는 소통을 위해서는 멤놀 - 모버실 - 휴먼 멀티모달의 '페르소나 평행론'을 이해해야 한다.

다음 표는 알파세대 아이들이 자주 사용하는 그들만의 언어이다. Z세대의 단어가 SNS를 통해 확산되며 다음 세대로 내려온 것으로 추정되는 단어들도 몇몇 보인다. 가족, 친척, 학생 등 주변에 알파세대가 있거나 또는 알파세대 비즈니스를 하는 이들이라면 이 중 얼마나 이해하고 있는지 스스로 체크해보기 바란다. 그 외 '어머나

알파세대 인기 유행어

단어	뜻 또는 사용하는 상황
어쩔티비	어쩌라고? 무슨 상관이야?
킹받는다	엄청 열받는다. 대체어로는 쫑받네, kg받네, 킹받뜨라쉬 등
응애, 나 얘기	나 잘 모르니깐 도와줘. '얘기'는 Beginner를 뜻하므로, 자신을 낮추는 방식으로 영리하게 친구에게 도움을 요청할 때 사용
재미뿌	재미가 없다, 노잼이다 재미가 부셔져 없어졌다는 맥락
개펀리펀	다시봐도 또 재미있다, 꿀잼이다 (개 Fun Re Fun)
구워버린다	짜증나, 혼내버린다
신방뿡방	진짜 신기하다 (신기방기뿡뿡방기)
궁사물사	궁금한 사람? 물어본 사람?
홀리몰리과카몰리	놀라운 얘기를 들었을 때
힝구리퐁퐁	매우 속상하고 서운하고 서럽고 슬퍼
ㄹㄱㅎㅃ	~~ 라고 할 뻔. (초성만 사용하여 의미를 전달)
sjdhsmfgkrdnjs RMxskrhajgo	"너 오늘 학원 끝나고 머해?" (한글로 바꿔서 해독해야 하는 재미를 줌)
H워얼V	이 글자를 뒤집으면 '사랑해'로 보임
절레절레전래동화	머리를 도리도리 흔드는 '절레절레'를 재미있게 표현

출처: 뉴스레터 캐릿

나이키키(어머나?)', '맙소사올랄라(맙소사)', '아차찹쌀떡 (아차차)'처럼 이들이 스스로 창조해서 유행시킨 감탄사 를 보면 역시 '재미'를 가장 우선시하는 세대라는 점도 드러난다. 특정 세대를 이해하려면 그 세대의 언어에서 출발해야 할 것이다. 이미 50% 이상은 알고 있다면 소통의 관점에서 매우 칭찬받아 마땅할 어른들이다.

일부 매체에서 알파세대를 '잼민이'라고 호칭하는 경우가 더러 있다. 2019년 게임 생방송 플랫폼 '트위치'에서 만들어진 신조어인데 이후 유치원생과 초등학생을 지칭하곤 한다. 다만 현실에서 사용될 때는 알파세대 중 주위에 민폐를 끼치는 장난꾸러기, 말썽꾸러기, 매너가 없는 어린이 등 부정적인 뜻으로 사용되는 것이 일반적이다. 마지막으로 '잼민이'에 관련된 재미있는 에피소드를 소개한다. 아이가 주말에 집에 친구를 데려와서 부모한테 "아빠, 얜 잼민이예요"라고 소개한다. 그러자 아빠가 하는 대답, "이름이 멋지구나. 잘 생겼네, 우리 재민이."

그린슈머를 넘어 ESG 철학을 함께 만들어가는 브랜드

MZ세대의 친환경 철학

MZ세대가 가정과 기업과 지역 커뮤니티의 중심이며 이들이 소셜의 중심이자 새로운 소비 권력이라고 전 세계가 떠들었고 지금도 마찬가지다. 소셜미디어의 중심인 이들은 인스타그램 해시태그 몇 번이나 유튜브 라이브로 수십 번의 광화문 집회들보다 더 큰 파급력과 빠른 확산을 불러일으킨다. 이에 기업과 브랜드는 MZ세대의 취향부터 소비 행태, 하다못해 연애 방식이나 결혼 철학에 이르기까지 일거수일투족에 촉각을 세우며 공부했다. 그러던 와중에도 명확히 이해가 안 되던 부분이 바로 이들의 ESG철학이었다.

넓리 알려져 있듯이 MZ세대는 친환경에 매우 민감하며, 기후 변화 이슈에 대해서도 적극적으로 행동한다. 물건을 구매할 때 브랜드의 인기나 제품의 기능성보다는 이 제품이 '지속 가능한가?'에 집중한다. 특히 Z세대가 유난히 그러하며, Z세대의 70% 이상이 브랜드보다 '지속 가능성'이 더 중요하다고 말하는 식이다. 여기에서 '지속'이란 브랜드 인기의 지속이 아니다. 제품과 회사가 환경과 소셜 문제 등을 지구가 원하는 방향으로 고민하고 실행하고 있는지를 말한다.

지구가 원하는 방향으로 가고 있는가? 이게 그들이 생각하는 (기업과 브랜드의) 지속 가능성이다. 국내에서 선도적으로 ESG경영을 추진하고 있는 한 기업 ESG전략실에서의 에피소드를 소개한다. ESG실행 로드맵 수립을 위해 아이디어를 수렴하는 워크숍이었다. 한 임원이 "복잡하게 생각하지 말고, 그냥 지금 Z세대 애들이 뭘 하고 있는지를 쫓아가다 보면 그게 곧 시작될 새로운 ESG 아이템입니다. 지난 수년 동안 늘 그래왔잖아요"라고 말하자 좌중이 박장대소했다는 거다.

이 밖에도 MZ세대가 전 세계적으로 2020년 인간과

자원의 공생, 기업의 사회적 책임과 관련한 프로젝트에 투자하는 '지속가능 펀드'에 투자한 금액이 511억 달러를 돌파했는데 이는 5년 전보다 10배 이상 높은 수치이다. 이미 MZ세대는 환경 마케팅을 유행처럼 따르는 기업이 아니라 인간과 사회와의 공생, 지배구조 전반에 대하여 진심으로 ESG경영을 실천에 옮기는 기업을 지지한다. 이렇게 MZ세대는 인간 – 사회 – 지구의 지속가능한 공존에 집착하고, 기업은 MZ세대의 마음을 잡기 위해 ESG경영 마케팅, 이 중에서도 특히 친환경 문제에 집중하고 있다.

현대자동차 그룹은 환경운동가이자 금융 재벌 로스차일드 가문의 '데이비드 드 로스차일드David De Rothschild'를 전기차 홍보대사로 임명했다(로스차일드는 1만 2,500개의 플라스틱 페트병으로 배를 만들어 태평양을 건넌 스토리텔링에 능한 환경운동가이다). 이 지점에서 그를 소개하는 건, '환경 보호를 위해 이런 건 하지 말라'는 방식이 지속 가능하지 않다는 것을 일찌감치 파악한 운동가이기 때문이다. 역설적으로 그는 인간의 '소비주의'에 주목하라고 한다. 대중과 친근한 기업과 개인이 이미 존재하는 시스템 안에서 사람들의 습관을 바꿔나가는 방식이다. 예를 들어, 미래 자율주행 시대에서 운전자의 손이 자유로워진 차에 택배 서비스를 더한다면, 그 어떤 환경운동보다 실질적일 테니 말이다.

알파세대로 이어지는 프로세스의 미학

이제 우리는 알파세대를 이야기해야 한다. MZ세대(특히 Z세대)의 ESG 감수성이 알파세대로 이어질 것인지를 말하기 위해서는 우선 MZ가 왜 ESG경영에 예민한지를 들여다봐야 한다. MZ세대는 개인의 판단과 가치를 최우선시한다. 이를 구매로 연결시키면, 광고나 브랜드의 유행에 좌지우지되지 않는 합리적 소비를 하면서도, 오히려 내 가치에 부합하는 물건에는 과감하게 돈을 쓴다는 뜻이다. 가성비가 좋은지 만족스러운 소비인지는 시장이나 가격 기준이 아니라 나만의 지표로 판단한다. 궁극적으로는 이러한 내 지표, 내 기준의 소비가 인류와 환경으로 확장된 것이 ESG소비이다.

혹자는 살아온 날들보다 살날이 더 남은 Z세대(10~20대)가 지구를 지키는 실천과 브랜드들을 귀히 여기고 지지하는 것은 당연하다고 해석한다. 15세 때 환경운동을 시작한 '그레타 툰베리Greta Thunberg(Z세대)가 유엔 기후변화협약 당사국총회COP24에서 "당신들은 자녀를 사랑한다 말하지만, 기후 변화에 대처하지 않는 모습으로 자녀의 미래를 훔치고 있다"는 발언도 이처럼 해석될 여지가 있다. 이렇게 Z세대의 ESG감성인 개인의 가치가 사회로 확장되고 결과보다는 과정의 가치를 높이 평가하는 공감대가 지금 알파세대에게 자연스럽게 전이되고 있다.

앞서 알파세대의 콘텐츠 창작 부분에서 이들은 '응원봉'의 완성된 디자인보다는 내가 좋아하는 사람에게 내 시간을 투자하여 선한 마음을 전달하는 노력과 정성을 높이 평가한다는 이야기를 했다. 그런데 시간과 에너지를 투자하려면 알파세대는 그 상품을, 그 브랜드를 또는 누군가의 본질을 정확히 알아야 한다.

실례로 앞서 소개한 디지털 응원봉에 열정을 쏟은 이유 역시 틱톡에서 수년간 채널 '뉴즈'의 콘텐츠에 유익함을 느꼈고 무엇보다 '뉴즈 언니(김가현 대표)'를 신뢰하기 때문이었다. 즉, 알파세대를 겨냥한 기업들은 그들과의 충분한 소통이 필수이며 무언가를 있는 그대로 이해시켜야 한다. 그리고 이를 위해서는 그들의 목소리를 가감

없이 듣고 그들이 올린 피드나 좁쌀만 한 댓글까지 읽으며 공감의 출발선을 맞춰야 할 것이다. 한편 상품과 콘텐츠의 기획과 개발(또는 제작), 마케팅과 유통 전반에 이르기까지 투명한 전달의 미덕도 요구된다.

알파세대에게 인기 있는 글씨 폰트를 만드는 앱이 있다. 영어 알파벳, 한글 모음과 자음 등을 따라 그리다 보면 나만의 글씨체가 완성된다. 그런데 이 앱의 목적은 내 글씨체를 만드는 게 아니라, 내 폰트를 만드는 과정을 촬영해 유튜브와 틱톡에 업로드하는 데 있다. 해시태그 역시 '#나만의폰트'를 홍보하는 것이 아니라 '#폰트만들기'에 집중되어 있다. 알파세대는 과정에 그야말로 집착한다.

결국 프로세스의 미학이다. 이전 세대의 눈에는 보이지 않던 '과정의 미학'들이 그들의 눈에는 귀하게 보이는 것이다. 이것이 사회와 기업이 알파세대의 ESG감수성을 이해하고 소통해야 하는 이유이며 동시에 인류는 점점 더 옳은 방향으로 흘러가고 있다는 증거이다. 우리는 무조건 싸고 많이 주는 물건의 시대를 지나 아름다움의 효용성이 높아진 시대를 살아가고 있다. 다음은 환경과 지구를 소중히 하고 사회적, 윤리적 가치에 관심을 갖는 기업과 브랜드가 지속가능한 시대가 될 것이다. 그리고 이

중심에는 과정의 진심, 과정의 미학을 귀히 여기는 알파
세대가 있다.

그렇다면 MZ세대의 ESG감수성이 알파세대로 이어
지고 있는 것은 이해가 된다. 그러나 아직 초등학생인 또
는 아직 태어나지도 않은 알파세대가(2024년 출생자까지가
알파세대이다) ESG경영철학에 대한 깊은 이해가 가능하
단 말인가? 실제로 초등학교 저학년에게 ESG에 대해 물
으면 90% 이상 모른다고 대답하며 일부 고학년의 경우
'환경과 사회를 중요시하고 좋은 일을 많이 하는 기업'
정도로 인식하고 있다. 그럼에도 알파세대는 태생적으로
개인의 가치를 우선시하기에 이를 사회적으로 확장시키
는 것이 옳다고 인식한다. 그리고 개인의 자아가 존엄한
만큼 다양한 사람들의 권리와 입장을 함께 보호해야 한
다는 것을 본능적으로 체화해간다.

예민한 사람이 남의 예민함을 이해하고, 까다로운 사
람이 남의 까다로움을 배려하기 마련이다. 내 가치가 중
요하면 사회적 가치도 중요하고, 내 권리만큼 인류가 누
려야 할 권리와 의무도 중요하다고 생각한다. 다만 그것
이 ESG경영철학에 부합하는지 그렇지 않은지 정확히는
알지 못하며 지금 당장은 중요하지도 않다. 그냥 알파세

틱톡에서 보이는 사회, 환경, 동물 보호와 관련된 초등학생들의 생각

출처: 틱톡의 뉴즈 채널

대는 끊임없이 개인의 권리뿐 아니라 사회, 환경, 동물 인권에 대해 관심을 쏟으며, 특정 담론에 대해서는 본인의 소신과 철학을 말할 수 있다.

팬데믹이 한창이던 때 틱톡의 한 채널에서 진행한 투표를 소개한다. 사회적으로 마스크 미착용에 대한 벌금이 필요한지 아닌지로 시끄러울 때였다. 틱톡의 한 채널에서 이를 투표에 부쳤다. 결과는 "당연히 벌금을 내야 한다"가 두 배 이상 높게 나왔다. 이 채널의 팔로워와 사용자의 90% 이상은 모두 알파세대이다. 투표의 의미는 결과 그 자체가 아니다. 초등학생들이 논란이 있는 사회적 담론에 대해 소셜 투표라는 방법으로 본인의 생각을 개진했다는 데 있다. 틱톡과 유튜브에서 슬라임을 주물 럭거리고 애기 소리를 내며 상황극에 몰입하는 것이 그들의 본질은 아니라는 것이다. 고작 초등학생들이 말이다. 이후 국가의 중요한 선거가 있을 때에도 마찬가지였다. 그들은 '내가 공약을 만든다면?'이라는 소셜 콘텐츠에 미래 교육, 공정 사회, 환경 보호, 동물 보호, 세금 등에 이르기까지 나와 너가 살아가는 시대의 사회적 현상들에 많은 관심을 갖고 자신의 생각을 표현하고 있었다.

세상의 중심은 '나' 하지만 아이러니하게도

이처럼 알파세대는 명민한 방향으로 개인을 넘어 사회와 인류, 동물, 지구 환경 등에 대해 관심을 넓혀가며 성장하고 있다. 세상의 중심이 나인 세대이지만, 아이러니하게도 내 가치의 소중함만큼 인류와 환경에 관심을 갖고 살아갈 세련된 아이들이다. 물론 ESG담론이 전 세계적으로 중요해지며 가정과 학교, 사회가 과거 세대보다 이들에게 ESG감수성을 인지시키는 교육을 하고 있는 것도 상당 부분 영향을 미쳤다. 이러한 상황은 인정하고 싶진 않지만 영국 플리머스Plymouth 대학의 조지 리틀존Gorge LittleJohn 교수가 "세계 인구가 83억 명이 될 2030년 즈음에는 50%의 음식물이, 30%의 신선한 물이, 50%의 에너지가 지금보다 더 필요하다. 지금 우리의 상황은 개더링 스톰Gathering Storm이다"라고 강조했던 생태계 경고와도 무관하지 않다.

이 같은 알파세대의 바람직한 '오지랖'은 투명하지 않은 신뢰 문제에 거부감을 표출하는 것과 연결된다. 이 역시 MZ세대 성향의 연장선상에 있다. 앞서 소개된 소셜 메타버스 '본디'는 2022년 말 개인정보 침해 논란으로 시끄러웠다. 관련하여 운영사인 '본디 코리아'가 충분히 합리적인 해명(유저의 허위사실 유포였다는 것)을 했지만 사용자들의 의구심은 쉽게 누그러지지 않았다. 물론 일각에서는 "이게 이렇게까지 큰 이슈냐?" 하는 시선도 존재한다.

다만 메타버스 서비스의 주고객은 어차피 Z세대와 알파세대이다. 전문가들은 그 어떤 세대보다도 윤리적 이슈에 예민한 이들을 잡기 위해서는 기업과 서비스가 더 예민하게 윤리적 이슈를 해결해야 한다고 말한다. 국

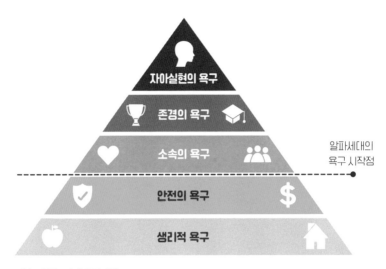

매슬로우의 5단계 욕구 이론

출처: Abraham Maslow

알파세대의
욕구 시작점

내 메타버스 분야의 권위자인 경희대 김상균 교수 역시 "이들은 질량 기반의 세대가 아닌 데이터 기반의 세대이다. 과거보다 디지털 세계에 더 많이 의존하고 있기 때문에 이제 어떤 플랫폼이든 살아남기 위해서는 알파세대에게 신뢰를 얻는 것이 가장 중요하다"라고 말한다.

다소 이론적인 접근이지만, 전 세계에서 알파세대를 처음으로 규정한 매크린들연구소는 이를 매슬로우Abraham Maslow의 인간 욕구 5단계로 설명한다. 1943년 제시된 매슬로우의 5단계 이론은 인간의 동기를 행동과학으로 설명하는 여전히 가장 영향력 있는 이론이다. 인간은 자아실현의 욕구에 이르기까지 다섯 가지 수준의 욕구를 가지고 있으며 생리적 욕구, 안전의 욕구, 소속의 욕구, 존경의 욕구, 자아실현의 욕구 순으로 욕구를 충족시켜 나간다는 것이다.

당연히 하위 단계의 욕구가 채워지면 다음 단계의 욕구를 갈망하게 된다. 그런데 알파세대는 바로 3단계인 소속의 욕구(각종 커뮤니티 등에서의 사회적 소속감)에서 출발하여 상위 욕구로 올라간다는 것이다. 그들은 생존이나 안전에 관련된 1, 2단계 욕구에는 그다지 관심도 없고, 걱정도 하지 않는다. 그들은 처음부터 인간이 타인과 연결되어 있다고 느끼는 사회적 상호작용, 즉 소속감과 관련된 욕구부터 갈망한다. 물론 밀레니얼세대의 부모들이 알파세대 자녀들의 1, 2단계의 욕구는 충분히 충족시켜 주고 있다는 것으로 해석할 수 있다.

결국 알파세대는 무언가를 결심하고 의사결정할 때 내가 소속된 사회, 커뮤니티 범주 안에서 생각한다. 물건을 사고, 공부를 하고, 일을 하고, 사랑하여 가정을 이룰 때도 마찬가지이다. 이는 산업적으로 큰 의미가 있는데, 이들이 본격적으로 소비자가 되었을 때 가격이나 품

질 보증서를 따지기보다 그들이 생각하는 사회적 가치와 맞아 떨어지는 것에 돈을 투자할 것이라는 점이다.

알파세대는 아직 어리다. 그러나 분명한 건 이들은 ESG철학이(2019년 BRT연례회의에서 기업의 새로운 목적, ESG철학을 담은 New Purpose 선언이 시작되었고, 한국에서는 2021년 한국거래소가 기업공시제도를 개선하였다) 이제 갓 태동한 시점과 함께 선 세계적으로 더 뚜렷해지고 있는 시대적 흐름에서 자라고 있다는 것이다. 알파세대는 MZ세대보다 더 공익과 환경보호에 집중할 것이며, 기업과 브랜드가 이러한 문제에 어떤 방식으로 대응하는지 얼마나 진심인지 꼬장꼬장하게 관심을 갖고 주목할 것이다.

알파세대는 기업이 단순히 이익 추구에만 초점을 맞추는 것이 아니라 지속가능한 브랜드가 되길 바라고 더 나아가 ESG철학을 함께 만들어가는 기업과 브랜드에 소셜 바이럴을 일으킬 준비가 되어 있다. 더욱이 개인의 가치가 제일 중요한 알파세대는 그 브랜드를 내가 입고 먹고 타는 것이 내 가치를 높이는 것이라 생각한다. 내 가치와 사회적 가치가 연결되고 지향점이 같을 때 비로소 멋지기 때문이다. 그리고 이것이 바로 매슬로우가 말하는 알파세대 욕구의 출발점이다. 이렇게 새로운 인류 알파세대는 스스로를 사회와 연결시키고 본인과 세상의 가치가 함께 성장해가도록 노력한다. 이 노력들이 알파세대가 이끌어갈 세상이 지속적으로 더 좋은 방향으로 흘러갈 이유가 될 것이다.

지금까지 우리는 온전히 21세기에 태어나 거대한 AI 융합서비스들과 공존하게 될 '새로운 인류'를 들여다보았다. 이들이 어떤 사회적 배경에서 출현하고 어떤 특징들을 가졌으며, 또 산업적으로는 어떤 의미로 작용하고 있으며, 이들과 어떻게 소통해야 하는지에 대해 살펴보았다. 새로운 인류이자 새로운 종인 알파세대는 저마다 바라보는 곳이 제각기 다른 특별한 아이들이지만 그 세대만이 만들어내는 공통의 기질과 현상들은 분명히 존재한다. 이 책이 알파세대를 이해하는 소소한 지침이 되길 바라며 그 어떤 세대보다 우수하고 빠른 회복력을 갖춘 객체이지만 그만큼 외로운 세대가 될 알파세대를 지지하고 응원한다.

알파세대를 위한 하이터치 감성

황보라 수학학원 ㈜리틀팝에듀 공동대표

연세대학교 화학과를 졸업하고, 연세대학교 경영학과 재무분과에서 석박사를 수료했다. 학생들을 가르치는 것을 좋아해 대학에서 재무관리 강의를 하며 박사 논문을 쓰던 중 가업인 ㈜라블라네트 주일리 대표직을 겸하게 되었으나, 교육사 업에 대한 미련을 지울 수 없어 수학학원 ㈜리틀팝에듀를 공동 설립하였다. 언 어를 좋아하는, 8살 딸을 키우고 있는 워킹맘으로 친정 엄마와 남편의 전폭적이 고 헌신적인 도움을 받아 사업과 육아를 이어가고 있다. 아이가 성인이 될 때까 지 배워야 할 최고의 덕목은 '자기조절 능력'이라고 생각하여, 매일의 루틴을 잘 지키는 연습을 최우선시한다.

현재 교육기관의 대표로, 알파세대는 물론이고 알파세대 부모들과도 많 은 소통을 하실 텐데요. 알파세대 부모들이 아이의 교육 방향이나 미래 진로를 상담하는 과정에서 과거와 달라진 점이 있을까요?

대부분의 학부모들이 미래 직업의 비전이 현재와 달라질 것이라는 사실 을 가정하며, '수학 능력'이 미래에 가장 중요할 것이라고 생각하고 있습니다. 저 역시도 마찬가지인데, 예를 들면 새로운 언어를 배우는 것이 그 자체로 의 미가 있다기보다 새로운 환경에 적응하고 새로운 지식을 쉽게 배우는 데 큰 역할을 한다는 것에 동의하는 것입니다. 그래서 현 시대의 교육을 미래에는 필요 없을 것 같다고 생각하여 등한시하기보다, 도구의 하나로 접근하고자 하는 학부모가 늘어가고 있는 듯해요. 국제 비즈니스 전략 분야의 석학인 '와 튼 스쿨' 마우로 기엔 박사의 《2030 축의 전환》이라는 미래 서적을 추천받아 최근에 읽었습니다. 2030년에 달라질 미래 형상을 독자들에게 강요하지 않고 논리적으로 설득시키는 것이 인상적이었는데 미래에는 오히려 필요한 지식을 찾는 방법을 지속해서 강조하고 있습니다. 그리고 이를 위해서는 '읽고, 쓰고, 생각하는 훈련하기' 그리고 마지막이 'Math' 였습니다. 마우로 기옌 박사가 말한 'Math'는 단순히 수학이 아닌, 수학적 사고를 의미할 것입니다. 수학적 사고는 사고의 연결을 위한 첫 단추가 될 것이므로 지금도 미래에도 계속 중요합니다.

알파세대는 2030년 즈음에는 대학생이, 2040년 즈음에는 활발한 경제 활동으로 시장의 중심에 있게 됩니다. 2030-2040년, 세상의 중심이 될 아이를 육아하면서 가장 중점으로 두는 가치와 덕목은 무엇인지요?

어른이 되어 보니 '자신의 욕구를 원하는 만큼 지연시키는 능력'이 삶을 편안하게 만든다는 것을 알게 되었습니다. 이 능력은 '자기조절 능력'을 얻으면서 발현된다고도 생각합니다. 아무리 창의성이 중요한 21세기라도 인간의 삶 자체가 완전히 바뀌지는 않을 것이라 생각하고 있는 엄마이기 때문이에요. 특히 어른의 삶을 살아보니, 창의적인 아이디어를 기반으로 그것을 현실화시킬 수 있는 능력이 실질적으로는 가장 중요하다는 것을 매순간 느끼고 있습니다. 그리고 그것이 바로 자기 조절 능력이라고 생각합니다.

20세기 인간들이 21세기에 태어난 아이들을 키운다지만, 그럼에도 시대적 변화와 무관하게 육아와 교육에서 달라지지 않는 부분들도 있을 텐데요. 어떤 생각을 갖고 계시는지요?

육아에서는 양육자의 일관성이고 교육에서는 기본 소양의 단단함이 가장 중요하다고 생각하고 있습니다. 특히 멀티버스 세계에서 충돌할 수 있는 한 개체하의 여러 캐릭터들이 의미 있게 살아남으려면 베이스가 되는 개체가 건강해야 한다고 믿기에 이 건강함을 만드는 기반은 양육자가 일관성 있는 기준으로 아이를 돌보는 것이라고 생각합니다. 그러나 20세기 인간으로 태어나 21세기 아이를 교육시키다 보니 확신은 없고 늘 끊임없이 고민하고 노력하는 중입니다.

알파세대는 AI와 공존하거나 경쟁하며 살게 될 첫 번째 인류라고들 하죠. 아이가 갖게 될 직업과 노동의 변화에 대해서는 어떤 생각을 갖고 계시는 지요?

우리 아이들이 어른이 되면, 알고리즘을 만드는 계층과 그 알고리즘 아래에서 살아가는 계층이라는 새로운 계층사회가 열릴 것이라고 생각합니다. 알고리즘을 만드는 계층이 부가가치를 더 많이 만들어내는 건 당연하지 않을까요? 그런 의미에서 AI가 현재 대부분의 직업을 대체한다기보다 현재 직업을 보완하는 쪽으로 발전할 것 같은 보수적인 생각을 하는 쪽입니다.

알파세대 전문가 INTERVIEW

커뮤니티 리더에
주목하라!

이소영 마이크로소프트 이사

> 한양대학교 영어교육학과를 졸업하고 핀란드 헬싱키대학교 MBA과정을 마쳤다. 마이크로소프트가 승승장구하던 때에 입사하여, 끝없이 추락을 거듭하던 시절을 보냈고, 최근 시가총액 1위 기업으로 화려하게 복귀하는 과정을 생생하게 경험했다. 10년간 마이크로소프트 글로벌 인플루언서 팀에서 일하면서 2,000여 명의 커뮤니티 리더들과 교류하였다. 이 커뮤니티 리더들은 우리가 기존에 중요하게 생각했던 학벌이나 경력이 화려하지 않음에도 불구하고, 세계 최고 IT 기업에서 원하는 인재로 성장한 이들이다. 저서로는 《홀로 성장하는 시대는 끝났다》, 《당신은 다른 사람의 성공에 기여한 적이 있는가》가 있다.

마이크로소프트를 포함하여 전 세계 최고의 글로벌 기업들은 수년 전부터 커뮤니티 리더에 주목하고 내부적으로 또는 외부 네트워크를 통해 양성하고 있습니다. 왜 그들은 커뮤니티 리더를 선호하고 육성에 많은 리소스를 투자하나요?

세계 최고의 IT 기업들은 지식과 정보를 다루는 기술을 가졌습니다. 이들 기업은 제품을 설계하는 단계에서부터 외부 정보를 유기적으로 흡수하고 분석해야 하고 실수요자로부터 수없이 많은 피드백을 받아 실시간으로 수정할 수 있어야 합니다. 그런 과정을 거쳐서 만들어야만 출시 이후에 소비자에게 환영을 받을 수 있지요. 그렇다면 이들 기업에 유의미한 피드백을 줄 수 있는 사람이 바로 기술에 대한 이해도와 열정이 높은 커뮤니티 리더들입니다. 세계 곳곳의 커뮤니티 리더가 제공하는 각종 피드백은 IT 기업이 더 나은 제품을 출시하는 데 아주 중요한 역할을 합니다. 그 외로는 커뮤니티 리더들이 또 다른 IT기술자에게 미치는 긍정적인 영향력과 IT기업의 가장 중요한 자산인 인적 자원 확보를 위해서이기도 합니다.

그동안 이사님과 저는 알파세대를 함께 키우는 워킹맘 동지로서 '공감근 육과 유연성'이 미래 아이들에게 가장 중요한 덕목일 것임을 늘 토론해 왔습니다. 4차 산업혁명과 웹3.0시대 그리고 미래 커뮤니티의 시대에서 '커뮤니티 리더'로 성장하기 위해서 공감과 유연성은 어떤 역할을 할 것 으로 보시는지요?

4차 산업혁명과 웹3.0 시대에는 모든 것이 융합되고 파괴됩니다. IT기 술로 무장한 카카오 차량 공유 시스템은 미국에서는 우버, 동남아에서는 그 랩으로 이미 세계적인 흐름이 되었지요. 실시간 위치 추적 기술과 무선 정보 통신 기술의 발전으로 차량 공유 시스템은 기존 택시 업계의 비즈니스 룰을 완전히 바꿔놓았습니다. 이처럼 3차 산업에서는 정보기술이, 4차 산업에서 는 AI가 산업 간 기술 간 융합을 주도합니다. 그로 인해 기존 질서는 무너지 고 새로운 질서가 생겨납니다. 이제 비즈니스 기회는 정해진 루트로 오지 않 는다는 뜻입니다. 취업도 마찬가지지요. 공개 채용은 사라지고, 필요한 인원 을 필요한 때에 채용하는 방식이 대세가 되고 있습니다. 틀을 정하는 것이 무 의미할 정도로 빠르게 변화하고 있고, 모든 것이 개별적으로 맞춤화되고 있 기 때문입니다. 이런 융합과 파괴가 수시로 진행되는 사회에서는 자신이 원 하는 기회를 연결해줄 수 있는 인적 네트워크가 필수입니다. 개인은 필요한 기술을 빨리, 깊게 배우는 능력을 갖추고 인적 네트워크를 유기적으로 만들 고 활용할 수 있어야 하고요. 그렇다보니 알파세대가 살아갈 미래에는 사람 을 연결하고 에너지를 만들어내는 리더십이 꼭 필요하고 이를 위해 가장 요 구되는 것이 바로 공감과 유연성이라고 생각합니다.

누구나 (대부분) 글로벌 시가총액 TOP10에 있는 글로벌 기업에 다니고 싶은 꿈이 싶습니다. 물론 기업마다 선호하는 인재상은 다르겠지만, 글로벌 기업들이 선호하는 미래 인재가 되기 위해 필요한 역량이 있을까요?

앞서 말씀드렸듯이, 글로벌 기업들이 선호하는 미래인재 덕목들 중에서 커뮤니티 경험이 다양한 커뮤니티 리더에게 중요한 비중을 차지합니다. 관심 분야가 생기고 공부해 보고 싶다는 마음이 생기면 이제 한 발짝 더 나아가야 합니다. 즉, 내가 먼저 배워 다른 사람과 나누겠다는 마음 한 자락을 더하는 것입니다. '자격증을 따기 위해 이왕 공부하는 것, 이 분야의 지식이 필요한 동료들과 나누는 것은 어떨까?', '점심시간을 이용해 스터디 그룹을 하나 만들어볼까?', '내가 공부한 내용을 잘 정리해서 블로그나 유튜브에 올려 봐야겠어', '이 주제에 관심 있는 사람들에게 도움이 될지도 몰라' 등 이렇게 선한 목표를 세우면 내 공부에 큰 영향을 줄 좋은 네트워크를 만들 확률이 높아지고 이게 바로 커뮤니티 리더가 되는 시작이 됩니다. 나만의 로드맵을 따라 배움을 습관으로 만드는 노력을 한다면 누구나 성공적인 커뮤니티 리더로 성장할 수 있습니다. 이러한 리더십으로 자신이 일하는 조직이나 기업을 넘어선 기술 영향력이 큰 사람들을 영입하기 위해 수많은 글로벌 IT기업들은 노력하고 있습니다.

글로벌 IT기업에서 다양한 리더들, 개발자들과 동고동락하고 계시잖아요. IT리더를 꿈꾸는 아이들이 학창시절이나 대학 때 어떤 활동을 하면 좋을지 조언 부탁드립니다.

대학에 들어가자마자 공무원 시험이나 각종 고시를 준비하는 학생들이 많다고 해요. 하지만 당장 생계를 책임져야 할 상황이 아니라면, 인생의 어느 한 시점에는 '생계'가 아닌 '흥미'를 기준으로 커뮤니티 공부를 해야 합니다.

흥미를 쫓아 공부해본 경험이 있는 사람과 없는 사람은 인생의 후반기로 갈수록 그 깊이와 넓이에서 차이가 납니다. 그리고 그렇게 순수한 마음으로 자신의 흥미를 쫓아 커뮤니티 공부를 지속해 나가면 그 누구와도 차별되는 '자기 스토리'를 만들 수 있고, 그게 바로 미래 인재의 필수 자질입니다. 시험 성적이나 상식, 소프트웨어 개발 능력으로는 AI와의 경쟁에서 이길 수 없습니다. 이들을 이길 수 있는 유일한 무기는 내가 태어나 지금 이 시각까지 살아온 이야기입니다. 다른 사람과 차별되는 스토리를 만들어놓길 바랍니다.

아이를 키우는 부모는 늘 이상과 현실에서 갈등하고 좌절하곤 합니다. 아이들을 교육하시면서 최우선으로 생각하시는 세 가지가 무엇인지 그리고 이들이 어떤 인재가 되기를 바라는지 궁금합니다.

첫 번째로는 아이들에게 특정한 목표, 예를 들면 일반적인 인생에서의 물질적인 성공이나 명예 등을 강요하지 않으려고 노력합니다. 특정한 목표에 매몰되면 우리에게 주어진 삶 그 자체나 조물주가 창조해둔 이 세계가 가진 아름다움을 충분히 만끽하고 살 시간적인 여유나 에너지가 부족해져서 안타깝게 느껴지거든요.

두 번째는 우리가 처한 현실도 있는 그대로 자각할 수 있는 지각력을 갖추길 바랍니다. 저희 아이들은 모두 자기가 좋아하는 방법으로 자신이나 우리 인류가 처한 여러 가지 문제나 도전 과제들, 사회의 부조리도 있는 그대로 파악하고 자각하도록 돕고 있습니다. 이를 위해 다양한 사회, 정치, 경제에 대해 많은 대화를 하려고 노력하고요. 어릴 때부터 아이들이 자신이 원하는 주제는 무엇이든 이야기할 수 있도록 독려해주었던 게 시간이 갈수록 도움이 되는 듯합니다. 가끔은 쓸데없는 이야기, 말이 되지 않는 이야기를 들어주느라 힘든 때도 많았지만요. (웃음)

세 번째는 용기인데요, 용기는 자신이 옳다고 믿고, 또 나쁜 아니라 공동체의 성장을 위해 헌신하기 위해서도 반드시 갖추어야 하는 능력이라고 생각합니다. 용기를 기르기 위해서는 독립심이 선행되어야 하는데요, 스스로를 책임질 수 없으면 진정한 용기를 내기가 어렵기 때문입니다. 작은 것에서부터 스스로 해내는 것들이 쌓일 수 있도록 돕고 있지만 서양의 부모들처럼 완벽하게 독립심을 기를 수 있도록 하는 데에 제 역량이 많이 미흡함을 느낍니다. 서구의 대부분의 아이들은 용돈을 스스로 벌거나 집안일을 도우면서 독립심을 배우는데 우리는 명절만 지나면 아이들이 몇 만 원을 쉽게 받는 문화에다 성적을 위해서는 모든 것을 부모가 감당하는 문화다 보니 참 어렵습니다.

제가 본 수많은 글로벌 IT 기업의 인재들은 자신이 좋아하는 것이 무엇인지 어릴 때부터 잘 알고, 냉철한 현실 인지 능력을 발판 삼아 스스로의 독립된 삶을 위해 노력을 경주한 사람들이었습니다. 우리 아이들도 어떤 분야에서든 이러한 기본적인 자질을 가지고 당당하게 살아가길 기원하고 그러한 본질적인 교육의 가치가 되살아나는 대한민국이 되길 희망합니다.

.

※ 저자 노가영은 Super Ego, Jin, 빈쭈 님, 김가현 님, 오제욱 님, 송영광 님, 양영
모 님, 이호 님, 정유라 님, 김상균 님, 이소영 님, 주힘찬 님, 임채정 님, 황보라 님,
Christine 엄, 구인정 님, 임영훈 님, 안소연 님, 최하나 님, 서고은 님, 최주혜 님,
박선임 님, 김정현 님, 이정훈 님, 선우의성 님, 태윤정 님, 김희수 님, 이호성 님,
Mark Mccrindle, John Naisbitt, Daniel Pink, 든든한 부모 동지이자 이웃사촌인
정광모 님과 윤수란 님, 늘 늦은 밤에 나의 치열한 토론 파트너가 되어준 진로
코칭 전문가 이소의 님께 감사합니다. 그리고 마지막으로 날카롭던 원고에
상업적인 방향성을 더해주신 정혜재 편집장님께 가장 큰 고마움을 전합니다.

새로운 인류 알파세대

초판 1쇄 2023년 5월 30일

지은이 노가영
펴낸이 최경선
펴낸곳 매경출판㈜
책임편집 정혜재 이예슬
마케팅 김성현 한동우 구민지
디자인 김보현

매경출판㈜
등록 2003년 4월 24일(No. 2-3759)
주소 (04557) 서울시 중구 충무로 2(필동1가) 매일경제 별관 2층 매경출판㈜
홈페이지 www.mkpublish.com
페이스북 facebook.com/maekyungpublishing   **인스타그램** instagram.com/mkpublishing
전화 02)2000-2641(기획편집) 02)2000-2645(마케팅) 02)2000-2606(구입 문의)
팩스 02)2000-2609   **이메일** publish@mkpublish.co.kr
인쇄 · 제본 ㈜M-print 031)8071-0961
ISBN 979-11-6484-566-8(03320)